# 山东省沂源县栖真观玉皇殿壁画保护研究

董伟丽 著

天津出版传媒集团

天津古籍出版社

**图书在版编目（CIP）数据**

山东省沂源县栖真观玉皇殿壁画保护研究 / 董伟丽著 . -- 天津 : 天津古籍出版社 , 2025.4
ISBN 978-7-5528-1416-3

Ⅰ.①山… Ⅱ.①董… Ⅲ.①寺庙壁画—文物保护—研究—沂源县 Ⅳ.① K879.414

中国国家版本馆 CIP 数据核字（2023）第 188944 号

# 山东省沂源县栖真观玉皇殿壁画保护研究

SHANDONG SHENG YIYUAN XIAN QIZHENGUAN YUHUANGDIAN BIHUA BAOHU YANJIU

董伟丽/著

| | |
|---|---|
| 出 版 | 天津古籍出版社 |
| 出 版 人 | 任 洁 |
| 地 址 | 天津市和平区西康路35号康岳大厦 |
| 邮政编码 | 300051 |
| 邮购电话 | （022）23517902 |

| | |
|---|---|
| 责任编辑 | 李 辰 |
| 装帧设计 | 宣 艺 |

| | |
|---|---|
| 印 刷 | 山东宣艺文化传播有限公司 |
| 经 销 | 全国新华书店 |
| 开 本 | 710×1000毫米　1/16 |
| 印 张 | 13 |
| 字 数 | 120 千字 |
| 版次印次 | 2025 年 4 月第 1 版　2025 年 4 月第 1 次印刷 |
| 定 价 | 98.00 元 |

# 目录

# 绪 论

## 第一节 研究背景

　　壁画是中国传统绘画的一种重要形式，是绘在建筑物表面承载特定历史与文化的宝贵物质遗存，是我们了解和把握古代优秀文化的重要资源，具有极高的历史、社会、科学、艺术和文化价值，它从内容与风格上体现了各时代多姿多彩的社会风貌和宗教崇拜，也反映着各个历史时期特有的文化，是人类不可多得的文化遗产。

　　我国对壁画的研究也随着文物保护意识逐渐提高与科学技术的进步，从偏重研究壁画内容与艺术风格逐渐向壁画工艺分析、病害机理研究和保护修复等领域过渡，从壁画的材料和制作工艺角度切入壁画的病害机理和保护修复工艺研究更是少见。壁画的全面调查是所有研究工作开展的前提，壁画制作材料和工艺研究是病害机理保护修复工作的基础，开展对壁画病害调查与制作材料分析不仅能明确壁画保存状况，获取壁画本身所蕴含的历史信息，而且能为保护修复工作提供理论依据。

　　栖真观位于山东省沂源县城西 17.5 千米的鲁村镇安平村，据观内"仙公山建栖真观"碑刻记载，栖真观始建于至元十八年（公元 1281 年），观内现存文物建筑为东院玉皇殿、真宫门，中院过厅。2013 年 10 月 10 日，栖真观被山东省人民政府公布为第四批省级文物保护单位。

　　玉皇殿后檐墙、东西山墙内墙面上绘有精美道教壁画，从保存壁画内容上看，绘有二十八星宿等内容的道教题材壁画，人物栩栩如生，虽然年代久远，但从这组壁画中仍然能够感受到令人惊叹的绘画技艺。人物画为工笔人物，造型准确，构图严谨，人物面部表情或亲切，或严肃，或端庄，或威严。色彩种类众多，有红色、褐色、石绿、蓝色、赭石色、黑色等颜色，根据不同对象"随类赋彩"，恰如其分地表现了各种人物的身份和器物质感，区区的数种颜色，却给人以丰富的画面感觉。

　　笔者通过现场调查发现，关帝庙建筑存在屋面漏雨、墙体裂缝等病害，且年久失修，壁画整体保存状况较差，病害主要表现为由于墙体变形等原因引起的地仗空鼓、开裂、酥碱及脱落，由于胶结材料老化及自然因素引起的颜料层酥粉、脱落及龟裂起甲，由于人为活动、雨水流挂引起的表面污染现象。所以对玉皇殿壁画的分析研究并进行保护修复刻不容缓。

# 第二节 研究综述

　　根据已经发表的国内外研究文献的分析，对古建筑壁画的研究主要集中在四个方面，分别是对壁画内容与艺术风格的研究、壁画制作材料及工艺方面的研究、壁画的病害类型及成因分析研究、壁画保护修复研究，在这四个方面研究，壁画保护修复的重要前提是对壁画的制作材料及工艺分析和壁画的病害机理分析，对此项工作的研究不仅可以获取丰富的壁画本身信息，而且可以了解壁画所处地域和所处时代的相关历史情况，从而有针对性地为壁画保护修复材料及修复方案提供准确的资料和依据。根据学者们的实地调查与相关的文献资料显示，目前山东济南、泰安、聊城、淄博等地区是现存壁画较多的地区。总体而言，山东地区现存的殿堂寺观壁画多集中于中部和南部地区，而东部地区相对较少，且到 2022 年 5 月山东地区壁画研究文献不过二十余篇，相关资料较少。山东地区古建筑壁画保护的研究，目前还处于初期的起步、发展阶段，目前学者对山东地区壁画研究主要分壁画的内容和病害与保护修复两部分。

## 一、山东地区壁画内容研究现状

　　山东地区的壁画分布和内容的研究多以墓葬壁画为对象，孟振亚[1]、刘善沂[2]、章丘区博物馆、临朐县博物馆等分别对嘉祥隋墓壁画、济南元代砖雕壁画和长清、平阴元代石刻壁画、章丘青野元代壁画墓和临朐北齐崔芬壁画墓壁画内容作了介绍；侯新佳[3]和周玲[4]对山东元代壁画墓壁画从壁画题材内容、内涵、艺术风格及壁画价值进行了探讨；许淑珍[5]、李鸿雁[6]、张光明[7]等人对淄博地区墓葬壁画从宋金、金以及清代角度对壁画内容进行了描述；韩小囡[8]主要以山东地区三座北朝墓葬壁画为对象，对壁画所体现的绘画风格和人物造型特征的变化进行了研究。

---

[1]　孟振亚：《山东嘉祥英山一号隋墓壁画的揭取》，《文物》1981 年第 4 期。

[2]　刘善沂：《山东长清、平阴元代石刻壁画墓》，《文物》2008 年第 2 期。

[3]　侯新佳：《试析山东元代砖雕壁画墓》，《洛阳理工学院学报》2008 年 23 卷第 1 期。

[4]　周玲：《山东元代墓室壁画的研究》，硕士学位论文，青岛科技大学，2014 年 6 月。

[5]　许淑珍：《山东淄博市临淄宋金壁画墓》，《华夏考古》2003 年第 1 期。

[6]　李鸿雁：《山东淄博市博山区金代壁画墓》，《考古》2012 年第 10 期。

[7]　张光明等：《山东淄博清代壁画墓发掘简报》，《中国国家博物馆馆刊》2016 第 10 期。

[8]　韩小囡：《简析山东地区北朝墓壁画所体现的画风流变》，《山东社会科学》2005 年　第 6 期。

除了对山东地区墓葬壁画的研究，也有少许建筑壁画的研究，其内容主要针对壁画内容风格进行分析，少数存在对壁画绘制年代进行考证。这些建筑壁画主要多见于冯猛[①]和石琳[②]对泰安岱庙天贶殿壁画人物服饰从礼制和纹饰进行了考证，并从年代和壁画艺术特点进行了研究；仝艳锋[③]对济南韩家庄关帝庙、章丘栖真观壁画中西游记人物及故事内容进行了考证，特别对人物从数量变化、出场顺序、装饰特征和动作特征等做了研究。

**二、山东地区壁画病害研究现状**

济南华阳宫古建筑壁画与泰山岱庙天贶殿壁画是学者们对山东地区壁画病害和保护进行研究的主要对象。对于济南华阳宫古建筑壁画，仝艳锋、李立[④]、侯鲜婷[⑤]等人对它进行了全面的病害调查，特别是对三皇殿壁画，并提出壁画病害的治理方法和保护修复对策；对于泰山岱庙天贶殿壁画，张乐珍、苑胜龙[⑥]对它首先进行现状调查，通过对壁画制作工艺的科学研究，得出壁画的保护工作需从环境监测、控制温湿度、检测病害趋势和客流量等方面进行考虑。赵祥明除了评估天贶殿壁画的价值外，还通过病害调查和环境监测对壁画病害进行了分析，也对颜料层起甲、粉化、沥粉帖金老化、酥碱病害、裂缝、历史干预痕迹和壁画污染做了具体修复工作，提出壁画数字化保护的概念。

综上所述，目前学者对山东地区壁画研究多是对墓葬壁画内容以及对济南华阳宫古建筑与泰山岱庙天贶殿两处壁画进行研究，对淄博沂源县栖真观的壁画研究实属空白。本研究以沂源县栖真观壁画为研究对象，综合病害调查及制作工艺，填补沂源地区壁画研究的空缺，并有针对性地提出相关保护建议。

**三、壁画制作材料及工艺研究现状**

壁画制作材料与工艺的研究是制定壁画保护修复方案，进行筛选修复材料和方法的重要前提。通过文献收集和调查，这里将学者们对壁画的研究主要分为综合研究和各工艺专门研究，如支撑体、地仗层、白粉层和颜料层的工艺研究。

（一）壁画的制作材料与工艺的综合性研究现状

---

① 冯猛：《启跸回銮图之人物服饰考》，硕士学位论文，中国美术学院，2009年。

② 石琳：《泰安岱庙天贶殿建筑装饰艺术研究》，硕士学位论文，南京师范大学，2012年。

③ 仝艳锋：《济南韩家庄关帝庙西游记故事壁画研究》，《齐鲁艺苑》2018年第4期。

④ 李立：《山东济南华阳宫古建筑壁画病害及其治理对策研究》，硕士学位论文，西北大学，2013年。

⑤ 侯鲜婷等：《山东济南华阳宫三皇殿壁画病害调查及修复研究》，《重庆交通大学学报》2014年第4期。

⑥ 张乐珍、苑胜龙：《泰山岱庙天贶殿壁画现状调查与保护》，《中国文物科学研究》2009年第3期。

对壁画的制作材料与工艺的综合性研究最早见于王文彬[1]，他将我国古代壁画的材料和工艺进行了总结概述。索朗日庆、其美多吉[2]对藏族传统绘画矿物颜料和植物颜料的原料、产地、加工工艺及配色工艺做了研究。侯晓斌[3]研究中国古代壁画的变化与发展，以史前时期到明清时期为时间轴，对壁画材料的使用和工艺进行总结研究；李蔓、王春燕[4]采用多种检测方式对中国部分石窟壁画，如阿尔寨石窟、炳灵寺石窟、敦煌壁画、克孜尔石窟等多个地区的石窟壁画制作工艺进行了分析和研究，并对绘画技法作了总结；王伟锋、李蔓[5]等人以中国古代部分典型墓葬壁画，选取河南、山西、陕西、山东、辽宁、湖南等地区典型墓葬壁画，采用偏光显微镜和拉曼光谱进行分析发现中国古代墓葬壁画大多使用草拌泥和不同土沙比例的地仗层，颜料以矿物颜料为主，胶结材料有鸡蛋、植物和动物胶，壁画制作工艺由简单到复杂，由随意到讲究，日趋完善。

对具体壁画的制作工艺研究中，西藏地区汪万福等人[6]和王力丹、郭宏[7]对西藏壁画和白居寺措钦大殿壁画制作材料与工艺进行了分析：白居寺措钦大殿壁画只有地仗层和颜料层，没有白粉层；支撑体主要有三种，块石墙、夯土墙及轻质篱笆墙；地仗层较厚；将桐油或清漆作为壁画表面涂层是西藏地区壁画制作的特点，颜料中出现了不常见的白色颜料碳酸镁和氧化锌，绿色颜料为碱式碳酸铜比较少见。青海地区：徐莉娜、李博[8]等人通过科学仪器检测分析，对青海湟源县城隍庙壁画、年都乎寺小弥勒殿、弥勒大殿和护法殿壁画制作材料与工艺研究后得出壁画由支撑体、麦草泥地仗层、白粉层和颜料层四部分组成。新疆地区李英亮、叶梅[9]等人以新疆龟兹库木吐喇石窟部分洞窟的壁画颜料、白粉层和地仗层利用剖面—显微、XRD、XRF、激光拉曼分析等试验进行了研究。甘肃地区主要是对敦煌莫高窟壁画研究，于宗仁和赵林毅、李燕飞、范宇权等人[10][11]通过便携式无损检测手段，分

[1] 王文彬：《我国传统壁画的材料工艺及应用》，《美术研究》1987第2期。
[2] 藏传颜料研究课题组：《藏族传统绘画颜料的历史及工艺研究》，《中国藏学》1999年第4期。
[3] 侯晓斌：《从材料的使用和制作工艺看中国古代壁画的变化与发展》，《文博》2011年第4期。
[4] 王春燕、李蔓、夏寅等：《中国古代石窟壁画制作工艺研究》，《文博》2014年第4期。
[5] 王伟锋、李蔓、夏寅：《中国古代墓葬壁画制作工艺初步研究》，《文博》2014年第5期。
[6] 汪万福、马赞峰、于宗仁等：《西藏布达拉宫、罗布林卡和萨迦寺壁画制作材料分析》，《敦煌研究》2002年第6期。
[7] 王力丹、郭宏：《白居寺措钦大殿壁画制作材料与工艺分析》，《中国藏学》2016年第3期。
[8] 徐莉娜、李季璋，郭宏：《青海湟源县城隍庙壁画制作材料与工艺研究》，《文博》2017年第5期。
[9] 李英亮、叶梅、王力丹等：《新疆龟兹库木吐喇石窟壁画制作工艺与材料分析》，《中国文物科学研究》2012年第4期。
[10] 于宗仁：《敦煌石窟元代壁画制作材料及工艺分析研究》，硕士学位论文，兰州大学，2009年。
[11] 赵林毅、李燕飞、范宇权等：《莫高窟第3窟壁画制作材料与工艺的无损检测分析》，《敦煌研究》2010年第6期。

别对莫高窟第 95 窟、第 3 窟、第 275，272 和 268 窟、第 8 窟制作材料和工艺进行了分析。内蒙古地区夏寅、沈灵等人[①]通过偏光显微镜分析、剖面—显微分析，并结合 XRD 分析，对内蒙古阿尔寨石窟壁画和内蒙古塔尔梁五代墓葬壁画制作工艺分析，明确了各地区壁画制作工艺的差异。针对华北地区，学者们的研究较多，主要有刘乃涛[②]、严静[③]等人分别对延庆辽代墓葬壁画、唐韩休墓壁画，还有陕西省寿峰寺壁画、陕西安康紫阳北五省会馆壁画和济南华阳宫三皇殿凤衔灵芝壁画采用多种分析手段对壁画的工艺及颜料进行了分析，其中韩休墓壁画制作在颜料的使用方面发现少见的矿物颜料浅黄色颜料钒铅矿与蓝色颜料靛蓝，这在墓葬壁画和石窟壁画中都很少见。

上述壁画制作材料和工艺综合性研究多见于对石窟壁画和墓葬壁画的研究，且多以西北地区壁画为主，华北地区壁画甚是少见。本研究以山东建筑壁画为切入点，研究其制作工艺，可以增加对华北地区建筑壁画制作材料工艺的认识，学者们对制作工艺的研究也将会对本次研究提供借鉴。

（二）壁画的制作材料与工艺的专门性研究现状

支撑体：殿堂寺观壁画、石窟壁画和墓葬壁画是中国古代壁画常见的主要的三种形式，这三种形式的壁画都有支撑体，但常常因其风格、环境、功能等方面的不同导致支撑体有多种形式，主要包括以下几种形式：岩石、砖石、土质材料、木材，也有土砖或土石混合结构。石窟壁画一般绘制在岩壁上，著名的敦煌壁画、云冈石窟壁画就是此类壁画的代表。殿堂寺观壁画的支撑体为由石块、土坯或者是青砖垒砌的墙体。对于墓葬壁画，其支撑体较为复杂，常见生土与砖混合的壁面。支撑体是壁画的基础，其特点往往可以决定壁画的工艺和材料特点，支撑体的稳定性直接决定了壁画的稳定性，所以在对壁画材料和工艺的研究中不能忽视对支撑体材料和性质的研究，特别是自然形成的岩石和土质材料。目前对壁画支撑体的研究大都包含于制作材料与制作工艺中，专门对壁画支撑体的研究并不多见，笔者这里只对壁画支撑体的专门研究分为支撑体材料研究和壁画支撑体的病害研究以及对支撑体的保护修复研究三部分：

杨文宗等人[④]对馆藏唐墓壁画支撑体进行了分类，详述了支撑体加固及病害情况，总结归

---

① 夏寅、郭宏、王金华等：《内蒙古阿尔寨石窟壁画制作工艺和颜料的分析研究》，《文物保护与考古科学》2007 年第 2 期。

② 刘乃涛、凡小盼：《延庆辽代墓葬壁画制作工艺及其颜料的物相鉴定》，《文物保护与考古科学》2007 年第 2 期。

③ 严静、刘呆运、赵西晨等：《唐韩休墓壁画制作工艺及材质研究》，《考古与文物》2016 年第 2 期。

④ 杨文宗、郭宏、葛琴雅：《馆藏壁画失效支撑体去除技术研究》，《文博》2009 年第 6 期。

纳出馆藏唐墓壁画不同支撑类型所呈现出的不同病害特征，以及对这些支撑体失效后去除技术及工艺进行了研究。张蜓[1]对壁画支撑保护体系材料、功能及整体性能进行了评估，也对支撑保护体系材料进行了筛选实验；姚黎暄[2]分析了壁画支撑体存在的病害，分析支撑体结构中的不稳定因素，并通过筛选、比较可能性的材料，找出碳纤维材料是比较适合的支撑体材料。

地仗层：地仗依附于壁画支撑体之上，并承接壁画画面内容。壁画地仗材料一般选取当地黏土和加筋材料。根据文献调查，多数殿堂寺观壁画含两层地仗，常见的地仗形式有粗黄泥地仗和石灰地仗。粗地仗一般厚度不均，主要根据壁画支撑体的具体情况来使壁画表面达到平整的效果。细地仗常见主要以石灰或者细泥为材料，为壁画绘画提供良好的吸水和着色表面，避免因粗泥层的问题导致壁画开裂。壁画地仗层的研究多包含于上文所述壁画制作材料和制作工艺中，这里不再赘述。对于地仗的专门研究主要分为材料性能研究、地仗病害以及保护修复两部分。

针对地仗材料与地仗性能研究，张明泉等人[3]、赵林毅等人[4]、陈庚龄[5]、刘宝[6]采用颗粒分析、XRD 分析和偏光显微镜观察等对莫高窟壁画、克孜尔石窟、柏孜克里克石窟、马蹄寺石窟、天梯山石窟、炳灵寺石窟以及河北磁县北朝壁画墓壁画地仗层制作工艺与材料进行了比较研究；马赞峰等人[7]、苏伯民等人[8]、杜建国等人[9]、赵天宇等人[10]、严耿升等

[1] 张蜓：《辽金时期弧形连砖揭取墓葬壁画的支撑保护体系研究》，硕士学位论文，西北大学，2009 年。

[2] 姚黎暄：《非平面类连砖揭取壁画的支撑体病害分析与保护研究》，硕士学位论文，西北大学，2013 年。

[3] 张明泉、张虎元、曾正中等：《莫高窟地仗层物质成分及微结构特征》，《敦煌研究》1995 年第 3 期。

[4] 赵林毅、李燕飞、于宗仁等：《丝绸之路石窟壁画地仗制作材料及工艺分析》，《敦煌研究》2005 年第 4 期。

[5] 陈庚龄：《天梯山石窟 9 窟彩塑与壁画地仗矿物及颜料分析》，《文物保护与考古科学》2010 第 22 卷第 4 期。

[6] 刘宝：《河北磁县湾漳北朝壁画墓壁画地仗层制作工艺与材料比较研究》，《文物世界》2017 年第 1 期。

[7] 马赞峰、汪万福、唐伟等：《不同土沙比壁画地仗性能测试》，《敦煌研究》2009 第 6 期，第 36—39 页。

[8] 苏伯民、陈港泉：《不同含盐量壁画地仗泥层的吸湿和脱湿速度的比较》，《敦煌研究》2005 年第 5 期。

[9] 杜建国、谢冰、刘洪丽等：《莫高窟壁画地仗试件物理力学性能分析》，《文物保护与考古科学》2016 年 28 卷第 2 期，第 38—43 页。

[10] 赵天宇、张虎元、严耿升等：《莫高窟壁画地仗土的土水特性研究》，《敦煌研究》2011 年第 6 期。

人[1]分别对莫高窟不同土沙比的地仗性能和壁画地仗层不同含盐量的吸湿和脱湿速度、物理力学性能分析、地仗土的土水特性以及壁画地仗非饱和渗透性进行了实验分析研究。

在对壁画地仗病害和保护加固方面，陈港泉等人[2]、闫玲[3]和对壁画地仗酥碱病害进行了含盐量与病害的关系分析，并证明酥碱病害是由于水盐运移引起的。张虎元等人[4]、姜啸等人[5]通过盐分毛细输送机制的实验来分析地仗盐害，指出水盐运移是导致壁画盐害形成的主要原因，荆海燕和李文怡[6]分别用双通道离子色谱法和沉淀电导滴定法测定壁画地仗中的阴阳离子，这对地仗酥碱和盐害的治理有很大的帮助。不过需要指出的是后者的研究方法用于现场快速剖析地仗中可溶盐主要阴离子的含量；岳永强等人[7]、赵林毅等人[8]、杨景龙和马赞峰[9]、罗黎[10]、马赞峰等人[11]、陈庚龄、马清林等对壁画地仗层脱落、地仗加固材料、加固工艺以及地仗的修复保护技术进行了实验研究，特别是陈庚龄，马清林对潮湿环境下壁画地仗加固修复材料与技术进行了探讨，最后实验得出水合烧料礓石无机胶凝材料是最理想的加固材料。

白粉层：学者们对白粉层的专门性研究较为少见，壁画的白粉层位于地仗和颜料之间，旨在为壁画的绘制提供良好附着环境。但有的壁画无白粉层，在地仗层上作画，如克孜尔石窟壁画，存在无地仗层直接在岩体上绘制壁画的情况。白粉层最早使用在史前时期，人们在墙体上作画时为起到防潮的效果在壁面涂抹石灰。到魏晋南北朝时期，石膏、

① 严耿升、张虎元、刘平等：《壁画地仗非饱和渗透性研究》，中国岩石力学与工程学会：《第十一次全国岩石力学与工程学术大会论文集》，2010年。

② 陈港泉、苏伯民、赵林毅等：《莫高窟第85窟壁画地仗酥碱模拟试验》，《敦煌研究》2005年第4期。

③ 闫玲：《壁画地仗酥碱病害非饱和水盐迁移试验研究》，硕士学位论文，兰州大学，2009年。

④ 张虎元、姜啸、王锦芳等：《壁画地仗中盐分的毛细输送机制研究》，《岩土力学》2016年37卷第1期。

⑤ 姜啸、张虎元、严耿升等：《湿度对盐溶液在壁画地仗中的毛细迁移影响研究》，《岩土力学》2014年35卷第2期。

⑥ 荆海燕、李文怡：《双通道离子色谱法测定壁画地仗中的阴阳离子》，《宁夏大学学报》第34卷第3期，2013年。

⑦ 岳永强、王通玲、徐博凯等：《古代壁画地仗缺失部位的修复研究》，《新丝路（下旬）》2016年第7期。

⑧ 赵林毅、李黎、樊再轩等：《古代墓室壁画地仗加固材料的室内研究》，《敦煌研究》2016年第2期。

⑨ 杨景龙、马赞峰：《墓葬壁画地仗层加固修复技术研究》，《中国文物科学研究》2014年第1期。

⑩ 罗黎：《唐墓壁画地仗层加固及材料研究》，《中国文物科学研究》2009年第2期。

⑪ 马赞峰、青木繁夫、犬竹和：《敦煌莫高窟壁画地仗修补材料筛选》，《敦煌研究》2007年第5期。

石灰为白粉层的主要成分，如马蹄寺石窟、麦积山和榆林石窟壁画白粉层。唐代出现高岭土，如韩休墓壁画白粉层。元明清时期高岭土、石英、石灰和石膏等常被作为白粉层的材料。白粉层的研究多包含于壁画颜料或者制作工艺研究中，这里只对白粉层作总结性研究。

通过 X 射线衍射技术的成熟，壁画白粉层研究在 20 世纪 80、90 年代开始逐渐增多，且多以石窟壁画为研究对象，到 21 世纪开始墓葬壁画和寺观壁画白粉层的研究相应增多，一般石窟壁画白粉层主要是石灰和石膏，莫高窟壁画绘制年代不同其白粉层一般为高岭土、石灰和石膏，个别窟存在将滑石和方解混合作为白粉层。白粉层的材料和地仗的取材类似遵循就近原则。以碳酸钙为主要成分的白粉层是使用最为广泛的，北方较为多见，南方也有零星分布，如闽台宫庙壁画。相比之下，高岭土为主要成分的白粉层就比较少，我国高岭土主要分布在陕西、山西、辽宁和湖南等地，所以在当地壁画有高岭土的存在，陕西紫阳北五省会馆、山西太原纯阳宫壁画、山西太原纯阳宫壁画、辽宁奉国寺壁画等。白粉层也有方解石、滑石和石英两两组合的形式，如莫高窟第 8 窟和塔尔梁墓葬壁画白粉层分别为方解石和滑石、方解石和石英。总体而言，壁画白粉层的专门性、系统性的研究并不多见。

颜料层：在壁画的制作工艺研究中对颜料分析研究是最多的，早见于 20 世纪 60 年代，随着科技的发展，大量检测分析仪器和方法的出现，20 世纪 80 年代，对壁画颜料的研究逐渐增多。徐位业[1]、周国信[2]等人先后利用 X 射线剖析出莫高窟、永靖炳灵寺、千佛洞、天水麦积山石窟等多处壁画颜料进行了实验分析，大部分都能检测出结果，但有些颜料因为实验条件和方法的限制没有结果；王进玉[3]、李最雄[4]等人对莫高窟红色颜料来源及颜料变色成因进行了推断，并得出铅丹变色是受湿度变化的影响；再有美国学者罗瑟福·盖特斯[5]、日本学者山崎一雄[6]等人分别对莫高窟壁画和法隆寺壁画的颜料研究进行了相关介绍。

20 世纪 90 年代，壁画颜料的研究逐渐增多，周国信、程怀文[7]利用 XRD、XRF 分别得

① 徐位业、周国信、李云鹤：《莫高窟壁画、彩塑无机颜料的 X 射线剖析报告》，《敦煌研究》1983 年。

② 周国信：《古代壁画颜料的 X 射线衍射分析》，《美术研究》1984 年第 3 期。

③ 王进玉：《敦煌壁画中使用的绛矾及其它含铁颜料》，《敦煌研究》1986 年第 4 期。

④ 李最雄，Stefan Michalski：《光和湿度对土红、朱砂和铅丹变色的影响》，《敦煌研究》1989 年第 3 期。

⑤ 罗瑟福·盖特斯、江致勤：《中国颜料的初步研究》，《敦煌研究》1987 年第 1 期。

⑥ 山崎一雄、段修业：《法隆寺壁画的颜料》，《敦煌研究》1988 年第 3 期。

⑦ 周国信、程怀文：《丝绸之路古颜料考（III）》，《现代涂装》1996 年第 2 期。

出了西千佛洞、麦积山石窟及云冈石窟的颜料成分，同时二人还对丝绸之路沿线的颜料进行探究，按照时间顺序对不同时代颜料分别作有介绍；段修业[1]、王进玉[2]、郭宏[3]等人对莫高窟、青海瞿昙寺、东千佛洞做了研究，薛俊彦、马清林[4]对甘肃酒泉、嘉峪关壁画墓和炳灵寺石窟的颜料进行了研究，以上研究主要采用 XRD 和 XRF 分析，辅以显微观察。除了上述分析检测颜料仪器，拉曼光谱也逐渐出现于视野中，20 世纪 90 年代拉曼光谱用于壁画颜料的分析最早见于左健和许存义[5]对河北磁县湾漳东魏北齐壁画墓中壁画颜料的研究，这一时期除了相关常见颜色颜料的分析研究外，李最雄[6]等人还专门对莫高窟壁画红色和青金石颜料进行了科学分析，在对青金石颜料的研究中得出古代绘画一般不与调色使用的结论。

21 世纪壁画颜料研究达到高峰期，学者们这个时段侧重对颜料分析检测技术研究，在这方面王晓琪、张尚欣、常晶、王进玉[7]以各个地区的石窟壁画、墓葬壁画为对象研究拉曼光谱在颜料壁画分析中的使用；显微分析在壁画颜料分析中的应用研究中马赞峰、夏寅、杨景龙、刘照军等人分别以莫高窟壁画、甘肃省天水伏羲庙壁画、秦代咸阳宫建筑壁画和明代古墓葬壁画颜料进行相关实验分析；在高光谱技术和可见光谱的研究中王乐乐等人[8]和补雅晶[9]、梁金星等也作了专门分析，此外李志敏、王乐乐等以西藏拉萨大昭寺壁画为对象采用便携式 X 射线荧光分析对壁画颜料进行了研究，最后证明此种检测方式所需样品数量较少，过程方便简捷，符合壁画颜料的微损分析，对保护壁画具有重大意义。除了技术层面的研究和一些检测分析的颜色，如红色颜料、黑色颜料和白色颜料，对其他不同颜色颜料的专门性研究也相应增多，例如绿色颜料、蓝色颜料和黄色颜料等，特别是张治国，马清林[10]等人也进一步研究了硅酸铜钡颜料的制作和应用历史，并做了模拟制备实验。这个时

[1]　段修业、李军、李铁朝等：《莫高窟 232、35 窟壁画颜料的分析和讨论》，《敦煌研究》1991 年第 3 期。

[2]　王进玉、李军、唐静娟等：《青海瞿昙寺壁画颜料的研究》，《文物保护与考古科学》1993 年第 2 期。

[3]　郭宏、段修业：《东千佛洞壁画颜料色彩规律及壁画病害治理的研究》，《敦煌研究》1995 年第 3 期。

[4]　薛俊彦、马清林、周国信：《甘肃酒泉、嘉峪关壁画墓颜料分析》，《考古》1995 年第 3 期。

[5]　左健、许存义：《古壁画、陶彩颜料的拉曼光谱分析》，《光散射学报》1999 年第 3 期。

[6]　李最雄：《莫高窟壁画中的红色颜料及其变色机理探讨》，《敦煌研究》1992 年第 3 期。

[7]　王晓琪、王昌燧、杨景龙等：《冯晖墓壁画颜料的高分辨电镜和拉曼光谱分析》，《分析测试学报》2004 年第 3 期。

[8]　王乐乐、李志敏、马清林：《高光谱技术无损鉴定壁画颜料之研究——以西藏拉萨大昭寺壁画为例》，《敦煌研究》2015 年第 3 期。

[9]　补雅晶：《基于可见光谱的壁画颜料无损识别方法研究》，硕士学位论文，武汉大学，2017 年。

[10]　张治国、马清林、海因兹·贝克等，《中国古代人造硅酸铜钡颜料研究进展》，《中国文物科学研究》2011 年第 4 期。

期研究范围除了 20 世纪 80、90 年代多见的敦煌莫高窟及周边地区的石窟壁画，山西、陕西、湖南等地壁画研究也有增加，例如忻州九原岗北朝墓葬壁画、唐懿德太子墓壁画、西安周至胡家堡关帝庙壁画、湖南娄底明代壁画等。

　　国外 KalininaK.B, onaduceI 等人使用扫描电镜及能谱和偏光显微法对俄罗斯圣彼得堡冬宫博物馆收藏的意大利文艺复兴时期杰出艺术家洛伦佐四幅作品的颜料进行了测定。FukunagaK, Hosakoi 等人利用太赫兹成像技术结合 X 射线荧光、拉曼光谱分析了喇嘛教寺庙的历史壁画，证明了太赫兹成像技术可以用于文化遗产的无损分析。21 世纪随着分析检测手段发展以及学界对壁画保护的重视，壁画研究深度和广度一直在不断推进。

　　综合上述对支撑体、地仗层、白粉层和颜料层的专门性研究总结发现：对壁画地仗和颜料的分析较为丰富全面，这些内容将为本研究在地仗材料分析提供借鉴，也将指导颜料的检测工作；对支撑体研究较为少见，而这两部分对壁画保护修复工艺材料的筛选意义重大，所以本研究将会对支撑体做专门的研究；文献资料中对壁画白粉层的专门研究几乎没有，本研究对玉皇殿壁画白粉层进行研究。

# 第三节 研究意义

　　通过对栖真观壁画的保存现状、病害特征、保护修复方法的研究，可以拓宽山东省壁画保护领域研究对象的范围，为栖真观壁画的保护修复提供详实的理论基础，为其病害机理形成和病害修复问题的解决提供理论支撑和技术依据。

　　本研究通过栖真观壁画这一个案着手，以栖真观壁画的原材料、原工艺为出发点，深入研究其病害机理、保护修复材料和工艺研究，结合栖真观壁画的病害特征探索对栖真观壁画保存与修复的有效方法，最终实现病害治理这一现实问题与理论研究的统一。

# 第四节 研究方法

　　本研究以沂源县栖真观玉皇殿壁画为研究对象，从栖真观壁画保护的整体角度入手，采用多种研究方法相结合，主要有以下几个方面：

## 一、实地调查法

　　按照中华人民共和国文物保护行业标准《古代壁画病害与图示》《古代壁画现状调查规范》的要求，对栖真观壁画保存现状进行了详细的调查。

1. 摄影

记录壁画现状为其他保护工作提供资料依据，并为现状调查提供底稿。对每一块壁画进行拍照。拍摄时采用色标卡矫正选择合适曝光和色值。拍摄采用尼康 D80 相机，照明用新闻灯 2 只（各 1000W）。

2. 绘制壁画病害图

此次现场调查中，对保护修复方案所涉及壁画的保存现状进行了详细调查，为了准确、直观反映壁画修复前的状况，使用 AutoCAD 软件并以拍摄的数码照片为底图，按照调查标准，绘制壁画病害图。

经现场勘察分析，玉皇殿壁画主要病害有：表面污染、地仗层缺失、损毁及空鼓，裂隙，酥碱，颜料层龟裂起甲、脱落、粉化，生物损害等。

3. 实时监测

在现场实时监测与玉皇殿壁画相关的气候、水文、生物、地质环境等数据。如温湿度、风速、风向、降水、光照等气象数据，大气质量数据如甲醛、有机物污染、悬浮颗粒物等数据，室内环境数据如光照度、水分、温湿度，有害生物如昆虫、鼠类、爬行动物、鸟类、霉菌等数据。

## 二、文献研究法

通过收集、查阅国内外关于山东地区、淄博地区壁画保护研究等相关文献，随时关注国内外壁画保护学术研究前沿，及时掌握新信息及新动态，认真研究相关专著、论文等前人研究的丰富成果，并在此基础上系统研究玉皇殿壁画保护的相关问题。

## 三、实验法

通过采集玉皇殿壁画的支撑体、地仗层、颜料层等样品运用现代科技手段，如显微镜、能量散射 X 射线荧光光谱仪、红外光谱仪等仪器设备分别对其材质成分性能进行测试，并确定玉皇殿壁画的制作材料、工艺及病害成分、成因等。

通过模拟试验在壁画材料样品上试验并验证各类修复材料及工艺，并确定适合玉皇殿壁画的修复材料和工艺，试验主要包括清洗加固实验、除虫防霉材料实验、地仗粗泥材料实验、地仗纸张材料实验、加固材料实验、清洗材料实验等。

# 第五节 研究内容

## 一、研究思路

本研究主要采取文献调查、实地考察、过程分析、模拟试验和综合分析的具体技术路线。

1.根据《古代壁画现状调查规范》，通过历史文献调查和现场实地考察，明确栖真观壁画的形成历史、制作工艺及保存现状，对壁画的历史价值、艺术价值进行评估，对壁画病害类型进行分析、归类，对壁画病害的发展程度进行评估。

2.按照《古代壁画病害与图示》的绘图规范，通过壁画摄影、测量手绘与计算机制图等方法绘制栖真观壁画的保存现状图和病害图，统计各种不同病害发生的部位、数量、比例和频率，探讨栖真观壁画不同病害类型的共有致害因素，以寻求其共通性和差异性。

3.采集栖真观壁画的支撑体、地仗层和颜料层样品，运用现代科技手段，如采用实体显微镜、能量色散 X 射线荧光光谱仪以及红外光谱仪等仪器分别进行形貌观察和材质成分、性能测试，确定栖真观壁画的制作材料、工艺以及病害成分、成因、保存状态。

4.查阅文献、现场调查和实时监测与栖真观壁画密切相关的气候生物、水文、地质环境等数据。气象数据如温湿度、降水、风速、风向光照等，大气质量数据如悬浮颗粒物、甲醛、有机污染物等，建筑基础状况如土壤成分、含水率、不良地质现象和地下水环境等。室内环境数据如温湿度、水分、光照度等；有害生物如霉菌、昆虫、鸟类、鼠类、爬行动物等。

5.以文献资料和测试数据为依据，结合壁画的病害特征和气候、生物、水文、地质环境等数据，探索栖真观壁画病害发生、形成的机理，预测其演化、发展趋势，提出适宜栖真观壁画病害的防治材料和修复工艺。

6.通过模拟试验在壁画材料样品上试验并验证各种修复材料、工艺以确定适宜于栖真观壁画的修复方案、材料和工艺。根据壁画保存地区的自然气候、人文环境特点，提出栖真观壁画保管过程中的环境条件、维护措施。最后总结技术成果，完善保护理论模型。

## 二、具体内容

本研究主要从栖真观壁画的制成材料和制作工艺、壁画病害的表现特征和形成机理以及壁画病害的预防保护手段和治理保护方式等方面来深入探索栖真观壁画病害特征和保护手段。

1.研究栖真观壁画的制成材料

在查阅栖真观和壁画的历史文献基础上，结合对壁画支撑体、地仗层、颜料层材料的实体显微镜、X射线荧光光谱（RF）拉曼光谱仪等分析结果确定壁画的制成材料和制作工艺。在此基础上，探讨壁画的支撑体、地仗层和颜料层材料对壁画稳定性、耐久性的制约，并且对壁画各部位出现的病害寻找其内部结构的关联因素。

2. 研究栖真观壁画病害的表现特征

结合《古代壁画现状调查规范》和《古代壁画病害与图示》，对壁画病害通过摄影、手工和AutoCAD绘制壁画病害图等调查记录手段，来统计分析建筑不同区域出现病害类型的异同，寻找各种类型病害之间的区别和联系，评估各种类型病害对栖真观壁画的危害程度。以壁画支撑体、地仗层和颜料层为研究对象，分别对各种病害类型描述特征、确定种类和归纳总结。支撑体病害表现为坍塌、位移、空鼓、剥落和酥粉等，地仗层病害表现为脱落缺失、酥碱、空鼓、剥离支撑体、裂隙或裂缝等，颜料层病害表现为脱落、粉化、污染、覆盖污斑、龟裂起甲、水渍、泥渍等。

3. 研究栖真观壁画病害的形成机理

影响栖真观壁画保存的环境条件有温度、湿度、水分、空气污染物、光照、通风、灰尘等，危害方式复杂多样，以分解壁画的制成材料、降低壁画的机械强度为主。栖真观壁画的生物危害来源于霉菌类和昆虫类、鸟类、鼠类、爬行类等动物，以机械磨损和分泌有害物为主。人为病害表现为机械病害、污染覆盖画面等。

4. 研究栖真观壁画的预防保护手段

以栖真观壁画周围环境的空气污染、有害生物、自然气候数据为依据，有针对性地提出适宜于栖真观壁画支撑墙体的预防处理、内部环境的控制、周围环境的净化防护、栖真观壁画的日常维护以及栖真观壁画的特殊预防性保护手段。

5. 研究栖真观壁面的保护修复方式

根据栖真观壁画的黄泥地仗材料以及白灰地仗材料的种类，使用与壁画材料相似的黏土、白灰、麻刀和绘画颜料，分别试验壁画的画面污染清理、颜料层加固、地仗层加固修补、局部地仗层揭取加固回贴、画面整体美学修复的操作工艺技术并应用于模拟材料和小区域壁画实物上进行修复效果验证，选择出适宜栖真观壁面的治理保护手段。

# 第一章 概述

## 第一节 栖真观概述

### 一、文物概况

栖真观位于山东省沂源县城西 17.5 千米的鲁村镇安平村，地理坐标为东经 118° 00′ 28″，北纬 36° 08′ 19″。据观内"仙公山建栖真观"碑刻记载，栖真观始建于至元十八年（公元 1281 年），为丘处机弟子张志顺筹建。坐北朝南，原由东、中、西三个院落组成。现仅存东院和中院。东西总长 59.4m，南北总宽 42.4m，占地面积约 2518.60 ㎡。

观内现存文物建筑为东院玉皇殿、真宫门、中院过厅，其中玉皇殿后檐墙、东西山墙内墙面上绘有精美道教壁画，经专家评定，此壁画为清代壁画。现存文物建筑形制为清代重修时形成，原建筑形制已难确知。

### 二、历史及管理沿革

（一）历史沿革

元至元十八年（1281 年）由丘处机弟子张志顺筹建。

明嘉靖元年（1522 年）重修栖真观。

清同治十一年（1872 年）由当地乡绅捐资，重修中院过厅。

清宣统三年（1911 年）重修栖真观。

民国十八年（1936）年重修中院过厅。

2007 年安平村村民集资维修东院玉皇殿、真宫门及中院过厅。

（二）管理沿革

中华人民共和国成立后中院作为学校使用，20 世纪 80 年代学校迁出。

1973 年文物普查时对栖真观进行了登录。

1981 年文物普查时对栖真观进行了复查。

1999 年 10 月 21 日，栖真观被沂源县人民政府公布为县级文物保护单位。

2006 年 6 月 5 日，栖真观被淄博市人民政府公布为市级文物保护单位。

2013 年 10 月 10 日，栖真观被山东省人民政府公布为第四批省级文物保护单位。

三、建筑特征

玉皇殿位于东院二进院内，坐北朝南，面阔三间，进深两间，带前廊硬山顶建筑。通面阔 9.64m，通进深 6.05m，建筑面积 58.3 ㎡。建筑檐高 5.11m，总高 8.46m。布瓦筒瓦屋面，抬梁式木构架，共 4 榀梁架。砖石砌筑墙体，前檐墙厚 650mm，后檐墙厚 620mm，山墙厚 600mm。室内墙面为白灰抹面，后檐墙及两侧山墙室内墙面上身绘有道教壁画，内容为二十八星宿。室外两山及后檐墙为清水砖石墙面，山墙山尖部位墙面为红灰墙面，前檐墙上身为白灰墙面，下碱为清水石作墙面。前檐明间设板门、次间设直棂窗，板门后期改为平开玻璃窗，室内为青砖（240mm×120mm×60mm）地面，后期室内改为水泥砂浆地面，前廊地面改为水泥制砖块铺设。前廊明间地面设分心石，门下槛设槛垫石、柱础设鼓形柱础石，建筑前部明间设二级踏跺石。

# 第二节 玉皇殿壁画概述

## 一、壁画分布

壁画位于玉皇殿内，分布于东墙、西墙和北墙上，总面积 39.4 ㎡。

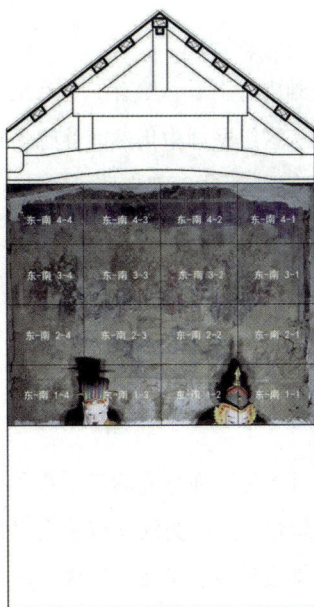

图 1-1 东山墙壁画分布图

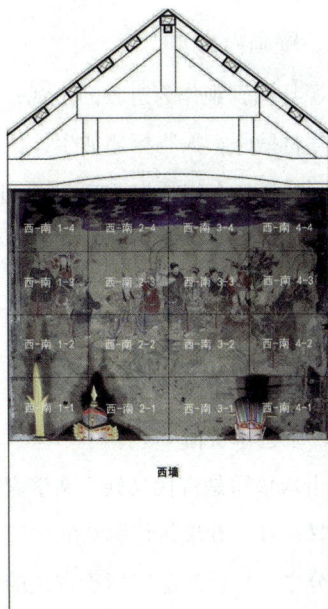

图 1-2 西山墙壁画分布图

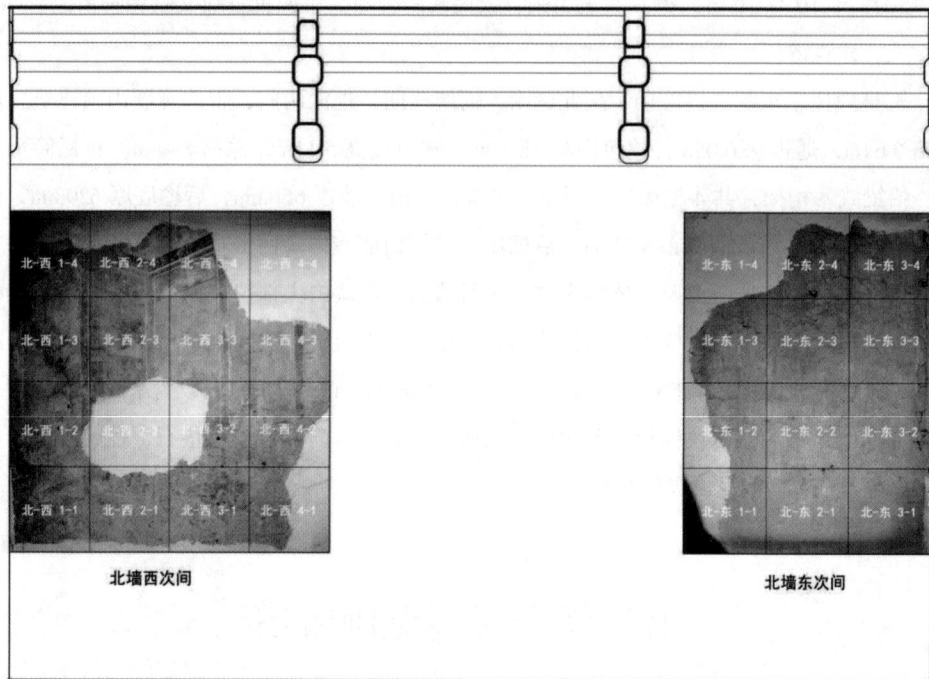

图 1-3 后檐墙壁画分布图

## 二、壁画内容

沂源县栖真观作为道教的道观，从玉皇殿保存壁画内容上看，绘有二十八星宿等内容的道教题材壁画，人物栩栩如生，虽然年代久远，但从这组壁画中仍然能够感受到令人惊叹的绘画技艺。人物画为工笔人物，造型准确，构图严谨，人物面部表情或亲切、或严肃、或端庄、或威严。色彩种类众多，有红色、褐色、石绿、蓝色、赭石、黑等颜色，根据不同对象"随类赋彩"，恰如其分地表现了各种人物的身份和器物质感，区区数种颜色，却给人以丰富的画面感觉。

## 三、壁画价值

（一）艺术价值

二十八星宿是古代汉族天文学家为观测日、月、五星运行而划分的二十八个星区，用来说明日、月、五星运行所到的位置。每宿包含若干颗恒星。作为汉族传统文化中的重要组成部分之一，曾广泛应用于古代的天文、宗教、文学及星占、星命、风水、择吉等等术数中。不同的领域赋予了它不同的内涵，相关内容非常庞杂。它的最初起源，目前尚无定论，以文物考查发现，随县出土的战国时期曾侯乙墓漆箱，上面首次记录了完整的二十八星宿名称。史学界公认二十八星宿最早用于天文，所以它在天文学史上的地位相当重要，一直以来也是中外学者感兴趣的话题。二十八星宿是古人推论日时吉凶的一个重要理论依据。二十八星宿的说法不仅在中国，而且在古印度、古罗马等文化古国都有，只是名称和意义不尽相同。道教的神团系统是十分庞大而复杂的，不但有天神、地鬼、人鬼，有长生不死的神仙，还有一些先王先贤及人间王鬼卒，二十八星宿为护卫之神也是其中的一个组成部分。玉皇殿的二十八星宿人物个性鲜明，艺术特色不同于他处，主要有以下两方面：

1. 人物形象与动物形象的巧妙结合

二十八星宿最早萌发于夏商时代，春秋、战国时期得到进一步发展，在《尚书》《左氏春秋》均有记载。二十八星宿原是我国古代天文学上用以计算天体经纬度和观测四季运行的二十八组赤道星座。"宿"者，指星的位次和集合体，即一撮星也。古人把连续通过南中天的恒星分为二十八群，并分为东、南、西、北四个方位，每方七宿，每宿各以一个字来命名，即：角、亢、氐、房、心、尾、箕；井、鬼、柳、星、张、翼、轸；空、娄、胃、昴、毕、觜、参；斗、牛、女、虚、危、室、壁。唐初五行学家袁天罡把二十八星宿与二十八种动物联系在一起，并且在星宿名下再分别缀以木、金、土、日、月、火、水，星座的名称变为三个字，即角木蛟、亢金龙等。

玉皇殿中的二十八星宿像是人物形象和动物形象的巧妙结合，即把星座一律画作人像，有长者、青年、武士等，再用动物加以标识，从而创造出有血有肉的神话人物形象。"形象突出内在心灵的刻画和运用写实、想象与象征相结合的手法，达到互相和谐而又富于变化的艺术效果。"人物与动物不但动态呼应，而且情态呼应，显得生动、丰富且耐人寻味，且动物如狗、兔、鼠、鹿、虎等形象也惟妙惟肖。

2. 写实手法与象征手法相结合

写实手法方面：二十八星宿人物比例适当，面容生动，神态各异，个性鲜明。人物形象有的秀丽温柔，有的温谦凝重，老者睿智慈祥，武士孔武有力等等，人情味非常浓。衣饰处理上也是疏密有致，纹饰简洁凝练，起承转折生动自然，与人体动态结合得十分巧妙，刚柔相济，富有装饰美。

象征手法方面：把天界的神君想象成人界的品质，化抽象为具体，人物类型分明，无呆板雷同感，充分体现了作者丰富的想象力。动物像灵性自然，与星宿融为一体，体现了绘画者的智慧，是写实手法与象征手法的完美结合。

（二）历史价值

道教是我国土生土长的传统宗教，道教的发展一般分为汉魏两晋的起源时期、唐宋的兴盛、元明期间全真教的出现和清以后衰落四个时期。

道教的形成是一个缓慢的发展过程。作为道教最终形成的两个标志性事件，一是《太平经》的流传，二是张道陵的五斗米道（天师道）。汉顺帝时（公元 126 年—144 年），于吉（一说干吉）、宫崇所传的《太平清领书》（即所谓《太平经》，据信传自汉成帝时齐人甘忠可编著的《包元太平经》）得到广泛传播。到汉灵帝时，张角奉《太平清领书》传教，号为太平道，自称大贤良师，信徒遍布天下九州，已是颇有影响。后来，黄巾起义失败，太平道日趋衰微。同样是在东汉顺帝时，张道陵学道于蜀郡鹤鸣山，招徒传教，信道者出米五斗，故称五斗米道（也有研究称，乃因其崇信北斗南斗等五星，加之与蜀地弥教结合，故称五斗弥教，后讹为五斗米教）。其孙张鲁占据汉中多年，后又与最高统治当局合作，使得五斗米道的影响从西南一隅播于海内，遂发展为道教正宗天师道。可以说，商朝前的巫术信仰是战国方仙道的前身、方仙道是汉末天师道的前身。

两晋南北朝时期，随着炼丹术的盛行和相关理论的深化，道教获得了很大发展。同时道教也吸取了当时风行的玄学，丰富了自己的理论。东晋建武元年，葛洪对战国以来的神仙家理论进行了系统地论述，著有《抱朴子》，是道教理论的第一次系统化，丰富了道教的思想内容。南北朝时，寇谦之在北魏太武帝支持下建立了"北天师道"，陆修静建立了"南天师道"。到了唐宋，唐高祖李渊认老子李耳为祖先，宋真宗、宋徽宗也极其崇信道教，宋徽宗更自号"教主道君皇帝"，道教因而备受尊崇，成为国教。此时出现了茅山派、阁皂派等派别，天师道也重新兴起。自汉晋以来一直隐而不显的道教金丹一派，由于汉钟离、吕洞宾等人的大力倡导，内丹之学始露于世。在理论方面，吕洞宾、陈抟、张伯端等人阐述的内丹学说极为盛行。

在宋朝的道教，信州龙虎山天师世系之受封，始自宋真宗大中祥符九年（公元 1016 年）赐张正随为贞静先生。又据《宋史·仁宗本纪》记载：天圣八年（公元 1030 年）五月甲寅，赐信州龙虎山张乾曜号澄素先生。到宋徽宗时，徽宗虽宠信道士林灵素，但对天师世系亦只给予一般封赠。

宋末元初的道教，在华北出现了王重阳创导的全真道。后来，王重阳的弟子丘处机为蒙古成吉思汗讲道，颇受信赖，被元朝统治者授予主管天下道教的权力。而同时，为应对全真道的迅速崛起，原龙虎山天师道、茅山上清派、阁皂山灵宝派合并为正一道，尊张天师为正一教主，从而正式形成了道教北有全真派、南有正一派两大派别的格局。到元世祖未得位时，常遣所信王先生渡江为间，不得达，留宿淮西者久之。欲归，惧诛：念北人好鬼，可以计脱也。

明朝时，永乐帝朱棣自诩为真武大帝的化身，而对祭祀真武的张三丰及其武当派大力扶持。此时，道教依然在中国的各种宗教中占据着主导的地位。

清兵入关以后，清朝帝王与贵族信奉萨满教和藏传佛教，不太信奉汉族人信仰的道教，甚至对道教开始压制，道教走向了衰落。

在沂源县内，保留有规模完整的道观、题材明确的主题性壁画，因此，栖真观建筑与壁画的保存对于研究道教在此地区的发展具有重要的史料价值，对于研究清代道教在华北、华东地区的影响与作用，具有重要的史料价值。

（三）社会价值

栖真观，相传唐开元盛世时栽植银杏树并建此观。从道观内遗存的石碑考证，1220年，全真道龙门派道长丘处机奉诏前往大雪山觐见成吉思汗时，专门指派弟子张志顺在此建观传道，并有当时大元皇帝诏书赐额——栖真。2006年栖真观列为淄博市重点文物保护单位。

为弘扬中华文明，让广大群众游览赏识历史古迹和文化瑰宝，栖真观每年农历三月三都举办千年庙会；农历六月六举办千年栖真观拜山祈福会；农历九月九举办千年栖真观九九重阳民俗文化节。2013年九九重阳节，栖真观景区隆重推出了道家全真教龙门派历史文化瑰宝"栖真古琴"，有山东全真祖庭栖真观第一位女观主胡诚真道长率栖真琴舍弟子登台表演；现场组织道教锦鲤放生仪式；现场表演沂蒙乡村民俗文化节目……千年银杏树依然枝繁叶茂，观阁巍然屹立、雄伟壮观，前来烧香许愿的善男信女接踵而至、络绎不绝，这座千年道场，由于风雨侵蚀与历史变迁，不少古代建筑已不复存在。

因此，玉皇殿壁画和建筑物整体保护有助于保存栖真观整体的文物价值，有助于保存沂源县整体的建筑文化价值与道教文化价值，有助于保存旅游景点的遗产价值。将文物保护项目与旅游开发相结合，将文物保护知识通过保护修复项目实施与旅游项目相结合，有助于深层次开发旅游项目资源，有助于普及文物保护知识。

# 第二章 玉皇殿建筑
# 保存状况及修缮措施

## 第一节 玉皇殿保存现状

玉皇殿是位于东院二进院内,坐北朝南,面阔三间,进深两间,带前廊硬山顶的建筑。通面阔9.64m,通进深6.05m,建筑面积58.3㎡。建筑檐高5.11m,总高8.46m。布瓦筒瓦屋面,抬梁式木构架,共4榀梁架。砖石砌筑墙体,前檐墙厚650mm,后檐墙厚620mm,山墙厚600mm。室内墙面为白灰抹面,后檐墙及两侧山墙室内墙面上身绘有道教壁画,内容为二十八星宿。室外两山及后檐墙为清水砖石墙面,山墙山尖部位墙面为红灰墙面,前檐墙上身为白灰墙面,下碱为清水石作墙面。前檐明间设板门、次间设直棂窗,板门后期改为平开玻璃窗。室内为青砖(240mm×120mm×60mm)地面,后期室内改为水泥砂浆地面,前廊地面改为水泥制砖块铺设。前廊明间地面设分心石,门下槛设槛垫石、柱础设鼓形柱础石,建筑前部明间设二级踏跺石。

具体形制详见以下照片及图纸。

2-1 玉皇殿南立面

2-2 玉皇殿东立面

2-3 玉皇殿垂脊

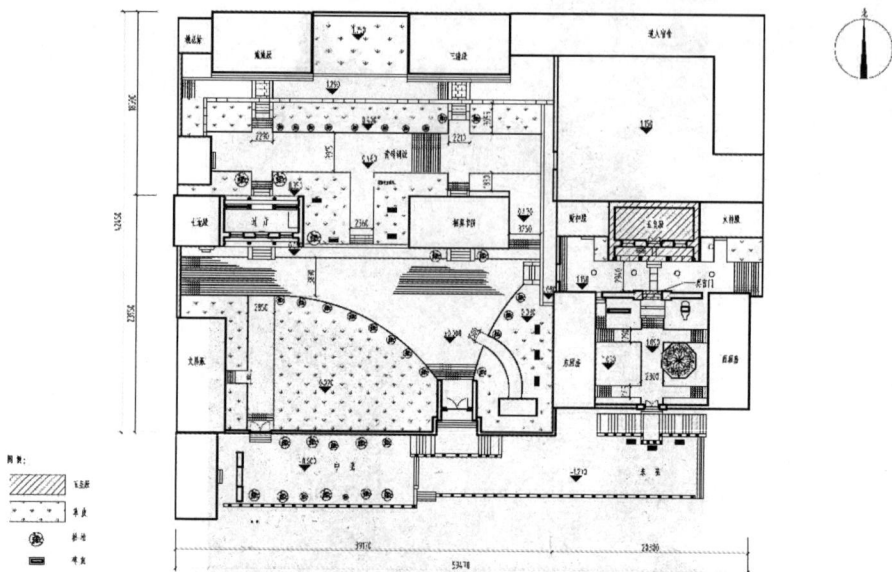

栖真观总平面图 1：250

2—4 栖真观总平面图

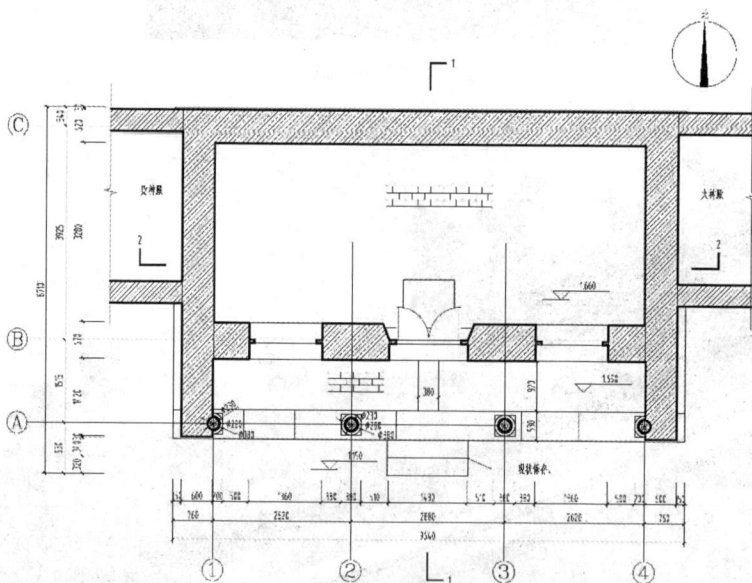

玉皇殿平面图 1：50

2—5 玉皇殿平面图

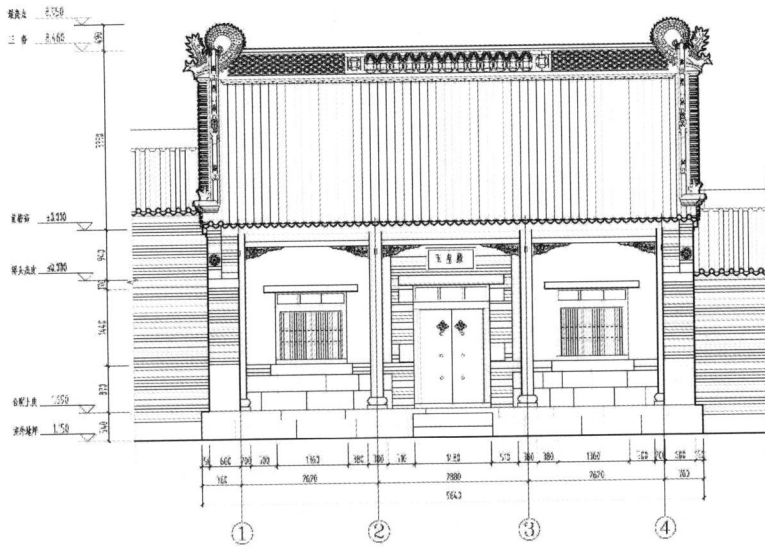

2—6 玉皇殿南立面图

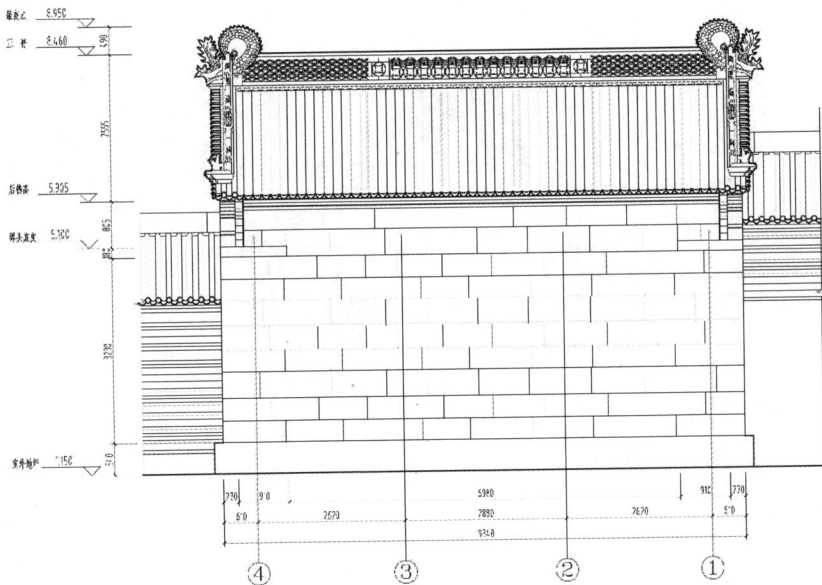

2—7 玉皇殿北立面图

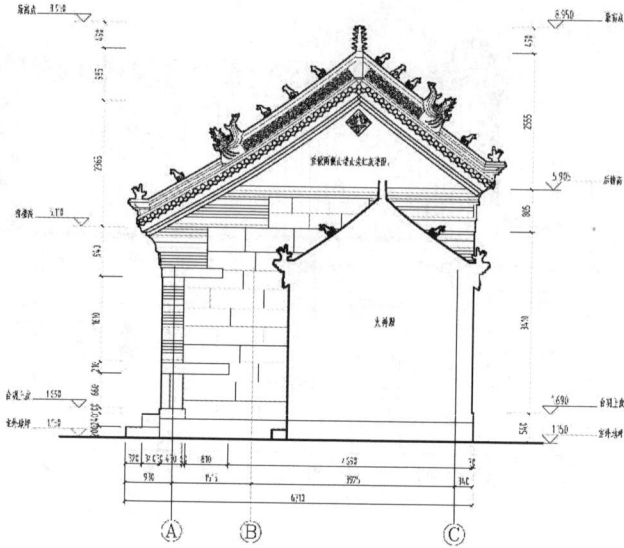

玉皇殿东立面图 1:50

2—8 玉皇殿东立面图

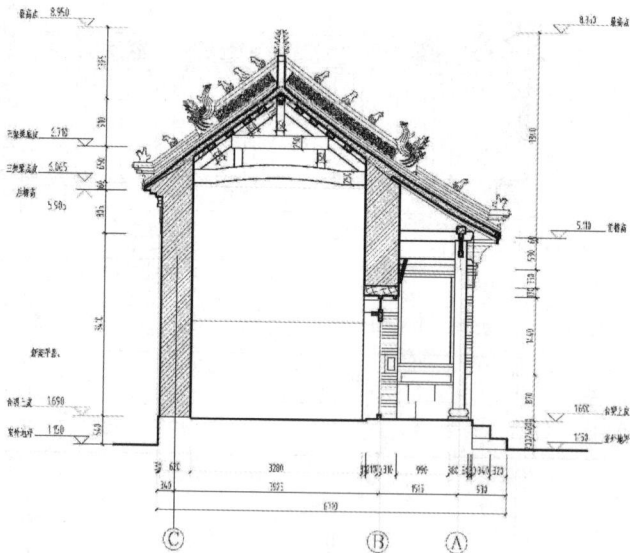

玉皇殿1-1剖面图 1:50

2—9 玉皇殿 1—1 剖面图

## 一、屋面现状

屋面为 2007 年维修时将干槎瓦屋面改为布瓦筒瓦屋面，垂脊断裂，瓦件残损松动。

表 2—1 屋面残损记录表

| 名称 | | 基本情况 | 病害类型 | 现状情况说明 | 危害 |
|---|---|---|---|---|---|
| 屋脊 | 正脊 | 正脊为花瓦脊，花瓦图案分为两种，中间部分图案为板瓦锁链，两侧花瓦图案为沙锅套，正脊长 8820mm，高 500mm，厚 130mm。正脊两端安装望兽。 | —— | 良好 | —— |
| | 垂脊 | 垂脊为铃铛排山脊，每条垂脊垂兽后安 3 个跑兽，兽前安 2 个跑兽。垂脊兽前长 2840mm，高 350mm，厚 130mm，兽后长 1630mm，高 200mm，厚 130mm。排山勾滴。 | 不当修缮 | 后檐东、西两侧兽前垂脊与垂兽相接处盖瓦缺失，水泥砂浆勾抹。 | 影响外观 |
| | | | 残损 | 排山滴水残损 21 块。 | 影响外观 |
| | | | 断裂 | 前檐西侧垂脊断裂。 | ①影响外观②垂脊稳定性降低 |
| 瓦面 | | 布瓦筒瓦屋面，筒瓦规格：170mm×90mm×10mm（长×宽×厚），板瓦规格：145mm×140mm×135mm×12mm（长×前宽×后宽×厚）。 | 拆改 | 2007 年维修时将干槎瓦屋面改为布瓦筒瓦屋面。 | ①影响外观②改变原形制 |
| | | | 残损 | 前檐滴水缺损 7 个，后檐滴水残损 9 个。 | 影响外观 |
| | | | 脱灰松动 | 筒瓦之间捉节灰脱落，瓦件松动 10%。 | 影响外观 |

## 二、木基层现状

椽子、望板、遮椽板、灰背层为 2007 年维修时新作。

### 表 2—2 木基层残损记录表

| 名称 | 基本情况 | 病害类型 | 现状情况说明 | 危害 |
|---|---|---|---|---|
| 灰背层 | 望板上铺水泥珍珠岩颗粒层（30mm），其上为水泥砂浆找平层，（20mm），水泥砂浆层上做滑秸泥背（30mm）。 | | 后期维修时未按照传统工艺进行施工，而是采用新建技术制作灰背层。 | 改变屋面苫背原做法 |
| 望板 | 望板厚 25mm。 | 不当修缮 | 后期维修时，新做望板缝隙过大。 | 影响外观 |
| 瓦口 | 瓦口使用水泥砂浆勾抹。 | 缺失 | 后期维修时用水泥砂浆制作。 | ①影响外观②改变原形制 |
| 连檐 | 无大、小连檐。 | 缺失 | 后期维修时未安装连檐。 | ①影响外观②改变原形制 |
| 椽子 | 仅前廊布置方椽，尺寸 100mm×60mm，椽距中到中 260mm，飞椽椽头 100mm×70mm。 | —— | 良好。 | —— |
| 遮椽板 | 遮椽板厚 150mm×25mm（宽×厚）。 | —— | 良好。 | —— |

### 三、檩条、木构架现状

檩条、L02 为 2007 年维修时新作，梁架表面多处被污染，檩条、木构架产生多条裂缝。

表 2—3 檩条、木构架残损记录表

| 名称 | 基本情况 | 病害类型 | 现状情况说明 | 危害 | 备注 |
|---|---|---|---|---|---|
| 檩条 | 材质：松木<br>支撑情况：LT01、LT11、LT21 两端支承在柱上，LT02—LT10、LT12—LT20、LT22—LT30 两端均支承在梁上<br>檩条数量：30 根<br>檩条编号：LT01—LT30<br>檩条规格：截面为矩形，LT01、LT11、LT21 尺寸为 170mm×130mm（宽×高），其余檩条尺寸为 150mm×90mm（宽×高）<br>随檩枋编号：LF01—LF03<br>随檩枋规格：70mm×70mm（宽×高）<br>其他：仅脊檩带有随檩枋 | 裂缝 | 1. LT01 出现一条横向干缩裂缝，裂缝长度 400mm，深度 10—20mm，宽度 3—10mm。<br>2. LT03 出现一条横向干缩裂缝，裂缝长度 700mm，深度 15—30mm，宽度 7—15mm。 | ①影响外观<br>②强度降低、承载力降低 | LT：表示檩条<br>LF：表示随檩枋<br>L：表示梁架<br>BTL：表示报头梁<br>CF：表示穿插枋<br>YZ：表示檐柱<br>GZ：表示瓜柱，数字为序号 |
| 梁架<br>三架梁<br>五架梁 | 材质：松木<br>支撑情况：两端均支撑在墙体上<br>梁架数量：四榀梁架<br>编号：L01—L04<br>三架梁规格：250mm×250mm（宽×高）<br>五架梁规格：250mm×250mm（宽×高） | L01 | 五架梁出现多条横向干缩裂缝。长度 400—800mm，深度 5—20mm，宽度 3—15mm。 | ①影响外观<br>②强度降低、承载力降低 | |
| | | 污染 | 梁架表面灰尘水渍污染。 | 影响外观 | |

续表

| 名称 | 基本情况 | | | 病害类型 | 现状情况说明 | 危害 | 备注 |
|---|---|---|---|---|---|---|---|
| 梁架 | 三架梁 五架梁 | 材质：松木<br>支撑情况：两端均支撑在墙体上<br>梁架数量：四榀梁架<br>编号：L01—L04<br>三架梁规格：<br>250mm×250mm（宽×高）<br>五架梁规格：<br>250mm×250mm（宽×高） | L02 | 裂缝 污染 | 五架梁出现一条横向干缩裂缝。长度500mm，深度5—10mm，宽度3—5mm。 | ①影响外观<br>②强度降低、承载力降低 | |
| | | | | 污染 | 梁架表面灰尘水渍污染。 | 影响外观 | |
| | | | L03 | 裂缝 | 1.三架梁上出现一条横向干缩裂缝。长度2200mm，深度15—20mm，宽度10—15mm。<br>2.五架梁上出现一条横向干缩裂缝，长度2280mm，深度30—40mm，宽度10—20mm。 | ①影响外观<br>②强度降低、承载力降低 | |
| | | | | 不当改造 | 梁架上有缠绕裸露电线。 | 影响外观 | |
| | | | | 污染 | 梁架表面灰尘水渍污染。 | 影响外观 | |
| | | | L04 | 裂缝 | 五架梁出现一条横向干缩裂缝。长度1300mm，深度30—40mm，宽度10—20mm。 | ①影响外观<br>②强度降低、承载力降低 | |
| | | | | 污染 | 梁架表面灰尘水渍污染。 | 影响外观 | |

| 名称 | 基本情况 | 病害类型 | 现状情况说明 | 危害 | 备注 |
|---|---|---|---|---|---|
| 梁架 | 抱头梁 | 材质：松木<br>支撑情况：一端支撑在墙上一端支撑在柱上。<br>梁架数量：四榀<br>梁架号：BTL01—BTL04<br>抱头梁规格：170mm×190mm（宽×高）<br>穿插枋编号：CF01—CF04<br>穿插枋规格：110mm×40mm（宽×高） | —— | 保存良好。 | —— | |
| | 檐柱 | 材质：松木<br>数量：4根<br>檐柱编号：YZ01—YZ04<br>规格：直径230mm | 裂缝 | 1. YZ02檐柱出现多条竖向干缩裂缝。裂缝长800—1000mm、深15—25mm，宽度10—20mm。<br>2. YZ03檐柱出现多条竖向干缩裂缝，裂缝长400—900mm，深度4—20mm，宽度3—15mm。 | ①影响外观②强度降低、承载力降低 | |
| | 瓜柱 | 材质：松木<br>数量：12根<br>瓜柱编号：GZ01—GZ12<br>规格：直径150mm | 裂缝 | 1. GZ03出现一条竖向干缩裂缝。裂缝长度330mm，深度3—10mm，宽度在3—5mm。<br>2. GZ07出现一条竖向干缩裂缝。裂缝长度170mm，深度5—15mm，宽度在5—8mm。<br>3. GZ08出现一条竖向干缩裂缝。裂缝长度300mm，深度5—10mm，宽度在3—10mm。 | ①影响外观②强度降低、承载力降低 | |
| | | | 污染 | GZ01—GZ12表面多处灰尘、水渍污染。 | 影响外观 | |

## 四、墙体、墙面现状

室外墙面后期不当修缮，室内墙白灰面空鼓、开裂严重。

### 表2—4 墙体、墙面残损记录表

| 名称 | 基本情况 | | 病害类型 | 现状情况说明 | 危害 | 备注 |
|---|---|---|---|---|---|---|
| 墙体墙面 | 后檐墙 | 墙体厚600mm，方整石砌筑，上身与瓦顶之间为石砌两层直檐。 | 不当修缮 | 墙面勾缝灰脱落后期维修时用水泥勾抹。 | 影响外观 | |
| | | | 拆改 | 观内道人在紧挨墙体处搭建临时平板房用作斋堂。 | ①影响外观 ②影响文物安全 | |
| | 前檐墙 | 墙体厚650mm，上身青砖砌筑，下碱方整石。青砖尺寸：260mm×130×60mm（长×宽×厚）下碱为清水石作墙面，上身为白灰墙面。 | 空鼓 | 白灰墙面空鼓30%。 | 影响外观 | |
| | | | 开裂 | 白灰墙面开裂60%。 | 影响外观 | |
| | | | 污染 | 白灰墙面污染50%。 | 影响外观 | |
| | 山墙 | 墙体厚600mm，墙心、下碱方整石砌筑，上身青砖砌筑。青砖尺寸：280mm×140mm×60mm。两侧山墙为清水砖石墙面，山墙山尖部位红灰抹面。 | 裂缝 | 西山墙南侧墀头部位出现裂缝，裂缝长450mm，宽20mm。 | ①影响外观 ②墀头失稳 | 墀头裂缝是由于上部荷载过大引起的荷载裂缝， |

续表

| 名称 | 基本情况 | | 病害类型 | 现状情况说明 | 危害 | 备注 |
|---|---|---|---|---|---|---|
| 山墙 | 墙体厚600mm，墙心、下碱方整石砌筑，上身青砖砌筑。青砖尺寸：280mm×140mm×60mm。两侧山墙为清水砖石墙面，山墙山尖部位红灰抹面。 | | 酥碱 | 西山墙北侧盘头砖雕酥碱，酥碱深度最大10mm，砖雕图案消失。 | 影响外观 | 据近年来观察，裂缝在缓慢扩大。 |
| | | | 脱落 | 两侧山墙山尖部分红灰抹面脱落40%。 | 影响外观 | |
| | | | 不当修缮 | 1. 后期维修过程中青砖墙面用石灰砂浆抹面，并喷涂炭灰，勾勒砖块形状，用白灰勾缝，灰缝粗糙。2. 两侧山墙墙心勾缝灰全部脱落，后期用水泥勾抹。 | ①影响外观②改变原形制 | |
| 室内墙面 | 室内前檐墙面为白灰抹面，后檐与两侧山墙内墙面下碱白灰抹面，上身绘有道教壁画。 | | 空鼓 | 室内白灰墙面空鼓20%。 | 影响外观 | |
| | | | 开裂 | 室内白灰墙面开裂60%。 | 影响外观 | |
| | | | 污染 | 室内白灰墙面污染40%。 | 影响外观 | |

## 五、木装修现状

门、横披、倒挂楣子为 2007 年维修时新作。窗框裂缝、窗过梁下弯变形。

### 表 2—5 木装修残损记录表

| 名称 | | | 基本情况 | 病害类型 | 现状情况说明 | 危害 | 备注 |
|------|---|---|---------|---------|-------------|------|------|
| 木装修 | 门 | M1 | 材质：松木<br>样式：平开玻璃木门<br>位置：前檐明间<br>门洞尺寸（高×宽）：<br>2160mm×1480mm。 | 拆改 | 原为板门，后期维修时改为平开玻璃木门。 | ①影响外观<br>②改变原形制 | M：表示门<br>C：表示窗<br>数字代表序号 |
| | 窗 | C1—1 | 材质：松木<br>样式：直棂窗<br>位置：前檐西次间<br>窗洞尺寸（高×宽）：<br>1340mm×1360mm。 | 弯曲变形 | 木过梁下弯变形，最低处下弯15mm。 | ①影响外观<br>②强度降低、承载力降低 | |
| | | | | 不当修缮 | 后期维修时在窗外侧添加玻璃。 | 影响外观 | |
| | | C1—1 | 材质：松木<br>样式：直棂窗<br>位置：前檐西次间<br>窗洞尺寸（高×宽）：<br>1340mm×1360mm。 | 裂缝 | 窗框出现多条横向干缩裂缝。裂缝长 50—80mm，宽 3—4mm。 | 影响外观 | |
| | | | | 不当修缮 | 后期维修时在窗外侧添加玻璃。 | 影响外观 | |
| | 横披 | | 前檐檐檩下设有横披。 | —— | 良好。 | —— | |
| | 倒挂楣子 | | 材质：松木<br>数量：3个<br>位置：安装在前檐横陂之下<br>倒挂楣子编号：MZ01—MZ03。 | 拆改 | 后期维修时将雀替改为倒挂楣子。 | ①影响外观<br>②改变原形制 | MZ：表示倒挂楣子数字代表序号 |

## 六、地面、台基现状

2007 年维修时，室内、前廊地面被改造，踏跺为后期新作，阶条石裂缝。

### 表 2—6 地面、台基残损记录表

| 名称 | 基本情况 | | 病害类型 | 现状情况说明 | 危害 |
|---|---|---|---|---|---|
| 地面 | 室内地面 | 室内水泥砂浆地面。 | 不当修缮 | 原为青砖地面，后期维修时改为水泥砂浆地面。 | ①影响外观②改变原形制 |
| | | | 残损 | 水泥砂浆地面残损20%。 | 影响外观 |
| | 前廊 | 前廊水泥砖地面。水泥砖尺寸 260mm×150mm×60mm。 | 不当修缮 | 原为青砖地面后期维修时改为水泥砖铺设。 | ①影响外观②改变原形制 |
| 台基 | 台明高540mm，明间前檐设两阶踏跺。 | | 拆改 | 踏跺为后期维修时新作。 | ①影响外观②改变原形制 |
| | | | 裂缝 | 前檐西次间阶条石有一条长150mm，宽10mm，深130mm裂缝。 | 影响外观 |

33

## 七、油饰、彩绘现状

部分构件后期维修中刷现代油漆。

**表 2—7 油饰、彩绘残损记录表**

| 名称 | | 基本情况 | 病害类型 | 现状情况说明 | 危害 | |
|---|---|---|---|---|---|---|
| 油饰 彩绘 | 木基层 | 望板、遮椽板、檐椽、飞椽表面刷现代红色油漆。 | 脱落 | 望板、椽子、遮椽板红色油漆脱落30%。 | 影响外观 | L：表示檩条，数字代表序号。 |
| | 檩条 | 檩条、随檩枋表面刷现代红色油漆。 | 脱落 | 檩条、随檩枋红色油漆脱落40%。 | 影响外观 | |
| | 木构架 | L01、L03、L04 表面做单皮灰地仗，表面均有彩绘。抱头梁、L02 表面刷现代红色油漆。 | 脱落 污染 | L02 抱头梁红色油漆脱落40%；L01、L03、L04 油饰彩绘表面60%被水渍污染，梁架上表面落满灰尘。 | 影响外观 | |
| | 柱 | 檐柱表面做单皮灰地仗，刷现代红色油漆。 | 脱落 | 檐柱红色油漆脱落80%。 | 影响外观 | |
| 木装修 | 门、窗、横披、倒挂楣子 | 门、窗、横批表面刷红色油漆。倒挂楣子表面刷现代绿色油漆。 | 脱落 不当修缮 | 门扇、窗、横披红色油漆脱落20%。倒挂楣子后刷现代绿色油漆。 | 影响外观 | |

栖真观玉皇殿整体结构稳定性较好，真实性一般。由于年久失修、人为拆改及不当修缮等因素使现存各文物建筑出现了不同程度的损坏，主要表现为：存在后期维修过程中将屋面、木基层、室内地面、门窗等进行拆改，屋面瓦件残损、缺失，望砖缺失，木构架普遍出现干缩裂缝，墙体抹面起鼓开裂等病害，这些病害削弱了文物建筑的真实性和完整性。随着时间推移，病害会不断地发展，危及文物建筑的安全，亟须对文物建筑出现的问题进行科学分析并制定相应的保护措施。

# 第二节 玉皇殿修缮措施

## 一、设计依据、目的、原则与要求

（一）设计依据

1．有关法律法规

（1）《中华人民共和国文物保护法》（2017 年修正）。

（2）《中华人民共和国文物保护法实施条例》（2017 年修正）。

（3）《文物保护工程管理办法》（2003 年）。

（4）《山东省文物保护条例》（2016 年修订）。

2．有关规范、规程及标准

（1）《中国文物古迹保护准则》（ICOMOSCHIINA，2015）。

（2）《古建筑木结构维修与加固技术规范》（GB50165—92）。

（3）《房屋建筑制图统一标准》（GB50001—2001）。

（4）其他相关的国家标准和技术规范。

3．有关资料、文献

（1）《沂源栖真观现状勘察报告》。

（2）相关调查、访问记录和历史资料。

（二）设计目的

1．最大限度地保存建筑的历史风貌，尽可能地保留和真实反映建筑的历史信息。

2．通过科学有效的技术手段，使损害和病害得到修复和遏制，使建筑保持在一个历经年岁后自然、健康的状态。

3．经过甄别，拆除人为拆改后与历史原貌不相协调的部位，充分体现文物建筑历史面貌的真实性和完整性。

（三）设计原则与要求

1. 本维修设计依据《中华人民共和国文物保护法》"对不可移动文物进行修缮、保养、迁移必须遵守不改变文物原状的原则"结合《古建筑木结构维护与加固技术规范》（GB50165—92）对古建筑进行修缮时的基本要求，遵循以下原则进行设计：

（1）保持原来的形制，包括原来建筑的平面布局、造型、法式特征、艺术风格和手法等；

（2）保持原来的建筑结构；

（3）在质量保证的前提下，使用原来的建筑材料；

（4）保存原来的工艺技术。

2. 本维修设计针对已发生的损害，力图做到标本兼治。维修设计必须强调建筑的地域特征和时代特征，充分体现建筑外观、建筑工艺和建筑装饰的地方手法、特色，对于需修的内容必须经过周密详细的调查，掌握充分的依据后方可实施。

3. 对建筑维修所采用的维修手段不能对文物本体造成新的损伤。

4. 坚持维修过程中保护措施的可逆性原则，保证修缮后的可再处理性，尽量选择使用与原结构相同、相近或兼容的材料，尽量采用传统工艺，为后人研究、识别、处理、修缮提供最准确的信息。

## 二、维修技术说明

（一）屋面维修工程

根据现场访谈、老照片及相关资料记载，玉皇殿原为干槎瓦屋面。由于屋面存在人为改动较大，屋面瓦件残损，长有杂草等病害，鉴于恢复建筑原有风貌和长期使用的要求，拟对屋面采取全面揭顶维修，恢复干槎瓦屋面。

1. 屋面揭顶维修要求

屋面卸瓦时，注意尽最大的可能保护原来的瓦件。将瓦件洗净后挑选出完好的瓦件。更换时优先选用同规格、同材质的旧瓦，但必须满足材料的性能要求，如无旧瓦可用，则按原样定烧。瓦件重新烧制时，应及早提出计划，样品送窑厂进行复制，新瓦的质量应保证瓦件无开裂、沙眼、颜色与原瓦统一，不变形，尺寸误差小于3毫米。清除灰背层时避免把望砖（望板）戳穿，以防发生工伤事故。若发现椽子、望板有朽折、断裂的部分，需预先在底部支搭安全架。拆除瓦顶过程中，应配合照相记录。

2. 苫背

苫背时按当地传统工艺分层施工，自下而上做法依次为：25厚望板—油灰勾缝—25厚滑秸泥背［滑秸应经石灰水烧软后再与泥拌匀。要早闷好。泥：滑秸 =100：20（体积比）］—

50厚青灰背赶光压实（灰：麻刀=100：6）—晾干后用麻刀灰泥挂瓦；板瓦做到压六露四，瓦件底部用灰泥垫牢。

3. 挂瓦施工

挂瓦前，对灰浆取样进行材料分析，注意控制砂浆水灰比，瓦件坐浆必须饱满。挂瓦时分号中垄后先瓦两山附近的一陇，每陇从檐头滴水开始，往上用麻刀灰瓦底瓦，为使底瓦（滴水）伸出外尺寸一致，应在檐头挂线，然后挂线瓦底瓦。往上用3：7灰泥一直瓦到脊部，底瓦压六露四。底瓦头部先挂麻刀灰后再铺瓦，以保证瓦与瓦之间缝隙严密。瓦完后要求普遍擦洗一遍，发现有断裂和碎瓦（碎裂超过20%）必须更换。佤瓦的总要求除坚固外，从外观上做到"当匀垄直"。

屋面揭顶不包括正脊、垂脊，只对需维修部分做局部修整。

（二）木构架及木基层维修工程

揭顶后对隐蔽部位的椽子、望板（望砖）、檩条进行进一步的检修，若发现与现状勘察报告有不符之处，施工方应及时通报甲方与设计方，待进一步确认损坏状况后，再确定其具体维修措施。对现状勘察报告中发现的木构件、木基层病害的维修方法如下：

1. 木构架的维修

玉皇殿木构架存在的病害主要表现为干缩裂缝、烟灰污染，柱根糟朽。

（1）干缩裂缝：裂缝宽度在5mm以下，裂缝用油灰（白灰膏：熟桐油：麻刀=100：20：8）腻子堵抹严实。裂缝宽度在5—25mm之间（包括5mm和25mm），裂缝用木条黏牢补严。如果裂缝不规则，可用凿铲制作成规则槽缝，以便容易嵌补。嵌补之前将木屑杂物清除干净，然后用干燥的旧木料（尽量用和木构件同样的木料或其他容易制作、木料本身颜色接近木构件木料颜色的木料）进行填缝。木构件表面裂缝嵌补时，选用白乳胶进行黏接。在使用黏结剂进行施工时，操作人员应熟悉各黏结剂的使用方法及特性，防止因施工的疏忽和野蛮施工造成木构件损坏或文物建筑被黏结剂污染。

（2）糟朽装修：柱根局部糟朽不超过50mm时，挖补糟朽的柱根。

挖补的具体做法：先将糟朽部位用凿子或扁铲剔成容易嵌补的几何形状，如三角形、方形、半圆或圆形等形状，剔挖的面积以最大限度地保留柱身没有糟朽的部分为原则，为便于嵌补，要把所剔的洞边铲平，洞壁也要稍微向里倾斜，洞底要平实。再将干燥的木料（尽量用和木构件同样的木料或其他容易制作木料本身颜色接近木构件木料颜色的木料）制作成已凿好的补洞形状，补块的边、壁、棱角要规矩，将补洞的木块楔紧，用胶黏结，待胶干后，用刨子或扁铲做成随柱身的弧形，补块较大的可用钉子钉牢，将钉帽嵌入柱皮以利于补腻补油饰。补块黏结时选用聚酯酸乙烯乳酯 LT—01 黏结剂进行黏结。在使用黏结剂进行施工时，操作人员应熟悉各黏结剂的使用方法及特性，防止因施工的疏忽和野蛮施工造成木构件损坏或文物建筑被黏结剂污染。

2. 木基层的维修

（1）椽子的维修

椽子糟朽深度在 20mm 以内时，长度小于三分之一时，用干燥旧木料进行剔补，椽子糟朽深超过 20mm 时，更换椽子。

（2）雀替维修

拆除倒挂楣子按原形制进行恢复，雀替长度 750mm，高 230mm，厚 50mm。

（3）污染

清除室内椽子表面布满的烟灰。对其维修措施为：首先用毛刷将椽子表面的烟灰清理干净，然后采用砂纸打磨椽子表面，以露出椽子木质层为准。注意在打磨过程中不要对椽身造成损害。

（三）墙体、墙面维修

1. 裂缝墀头维修

（1）对于墀头裂缝宽度小于 5mm 的裂缝，采取压力灌浆方式加固，即向裂缝内灌注细水泥浆进行加固。灌浆材料为白灰膏、细砂、少量水泥配置成的稀浆。水灰比为 0.6—0.7。

（2）对于墀头裂缝宽度大于 5mm 的，在维修屋面时，拆卸屋面瓦件及灰背层后，局部拆卸出现裂缝的墀头，拆卸过程中尽量保持原砖不受损坏，然后按照原砌筑工艺、原样式恢复墀头。

2. 墙面维修

对玉皇殿前檐白灰墙面清除后重做，墙面做法从里往外做法为：20mm 厚滑秸泥找平—5mm 厚麻刀灰—白灰罩面。

3. 室内空鼓、开裂、污染墙面维修

清除出现空鼓、开裂、污染的内白灰墙面，依照原做法重做白灰墙面。墙面做法从里往外做法依次为：第一层 20mm 厚滑秸泥找平、第二层 10mm 厚麻刀灰、第三层 5mm 白灰罩面。

（四）地面维修工程

室内及前廊地面维修

本次维修拆除水泥砂浆及水泥砖地面，恢复青条砖十字缝地面。地面所用青砖规格：260mm×160mm×50mm。强度标号不小于 MU7.5。地面做法为：①素土夯实。②3：7 灰土一步，虚铺 21cm，夯实后达到 15cm。③找平灰土垫层并用铁拍子将表面拍平蹭亮。④灰土垫层表面泼洒三遍白灰浆。⑤铺25毫米厚掺灰泥（1：3白灰砂浆）坐底垫层，四角抄平，以黑或红线在墙壁四周弹出水平线，将砖块逐行按线摆正，用水平尺和拐尺检验砖块是否方正，边棱接缝是否严密平直。⑥依据原样分出行数，挂线进行铺墁。砖块接缝处用青白麻刀灰砂浆勾缝，然后逐行逐块进行铺墁。随时用木墩锤击震，将砖缝挤严，四角合缝，砖面平整。室内墁砖地面干后，打扫干净，先刷生桐油1遍，再涂油灰1遍，最后刷光油1遍。

（五）石作维修工程

对断裂阶条石、柱础的维修应使用环氧树脂（E51）黏接剂予以黏接，黏接前应先清除接缝处的污渍，接缝时，为了不使黏合剂溢出拼接口外，应将黏合剂涂到距离外口约0.2—0.3厘米处为宜，预留的缝隙再用同样色泽的石粉和环氧树脂黏接剂，勾抹严实，最后用錾子或扁子修正接缝，以看不出接缝的痕迹为佳。

（六）油饰维修工程

拟对无彩画的木构件进行表面清理后重做红色油饰，椽头做绿色油饰。

油饰维修做法：

对各构件表面老化、掉色、剥落的油饰采用物理方法（蒸馏水、毛刷、铁铲）清除干净，并做砍净挠白处理。施工时，刮腻子应从上往下由左向右操作，尽量减少接头。刷油时要均匀一致，垂直表面最后一次应由上往下刷，水平表面最后一次应顺光线照射的方向进行。

木基层地仗做法为两道灰。其地仗施工工艺为基层处理→捉缝灰→打磨→清理→细灰→磨细钻生→打磨→清理。

檐柱、金柱、檩条槛框、门窗地仗做法为三道灰。其地仗施工工艺为基层处理→捉缝灰→打磨→清理→中灰→打磨→清理→细灰→磨细钻生→打磨→清理。

地仗做好干透后，磨平扫净，刷生桐油一道，湿布擦净，然后断白。再用细砂纸细磨，湿布擦净，再刷光油一道（熟桐油加颜料），干后磨细擦净，最后刷一道不加颜料的熟桐油。

捉缝灰：油满：血料：砖灰=1：1：1.5（重量比）；捉缝灰干透后，细磨，清除表面浮尘，刮靠中灰[油满：血料：砖灰=1：1.8：3.2（重量比）]；中灰干透后，用细砂纸细磨，刷一道稀释汁浆，满刮细灰[油满：血料：砖灰=1：10：39（重量比）]。

油饰用的色油、彩画原料，用无机矿物颜料配制。

（七）防虫防腐

维修时对所有木构件进行防虫防腐处理。要求更换的构件先进行防虫防腐处理后才能安装，隐蔽部位的防虫防腐处理应特别注意。与墙体接触的木构件，先进行防虫防腐处理后再刷油饰方可安装。

推荐使用的药剂

二硼合剂（代号 BB）

主要成分组成：硼酸 40%、硼砂 40%、重铬酸钠 20%

剂型：5%—10% 的水溶液或高含量浆膏

用量：5—6kg/m³ 或 300g/m²

使用方法：高浓度药液浸泡，对不能拆卸的木构件裸露部分涂刷 3 道。

药剂特点及使用范围：不耐水，略能阻燃，适用于室内与人有接触的部位。

（八）材料使用要求

1. 青砖使用要求

所需青砖主要使用在室内地面、前廊地面及院落地面的维修中。采用青色条砖，规格为 260mm×160mm×50mm，强度不低于 MU7.5。

2. 砂浆的使用要求

维修中使用的砂浆主要有：

（1）1：2 石灰砂浆，主要用于砌筑、墙体和地面灰缝的勾缝，砂浆用砂为细砂，砂的含泥量不得大于 5%。砂浆使用生石灰熟化成的石灰膏，熟化前应用孔径小于 3mm×3mm 的滤网过滤，熟化时间不能少于 7 天，沉淀池中的石灰膏应采取防止干燥、冻结和污染的措施，严禁使用脱水硬化的石灰膏。

（2）1：3 石灰砂浆，作为地面铺地与灰土垫层之间的结合层。

3. 木材

本次维修所需木材主要使用在木构件裂缝嵌补、木装修的补配和门窗的修补上。所需木材的缺陷值要求符合《木结构设计规范》《古建筑木结构维护与加固技术规范》相关规范的选材标准。木材的含水率应符合相关规范的要求。木材的材质应优先选用原材种，如由于鉴定困难或原材种采购困难，可选用材质相近的材种。

（九）施工过程中壁画、木构架彩绘的保护措施

在对玉皇殿修缮过程中，采用对具体木构件彩绘和壁画的封护性保护与施工期间的防护布保护两种手段，确保壁画、彩画在施工期间不受风、雨、雪等外因侵蚀及施工中的碰撞干扰。

1. 壁画的保护措施

为杜绝施工过程中对壁画产生损害，必须在施工之前对壁画做临时保护措施，具体为：

（1）制作顶板。首先根据壁画的大小、形状制作顶板。顶板以木框为基础，表面固定木板，

木板上敷贴泡沫板，泡沫板上敷贴纱布。

（2）固定顶板。将顶板按照分块的形状安装在壁画四周，用支顶架或其他方法固定。

（3）为防止施工过程中风、雨、雪侵蚀，自墙顶两侧向下覆盖二层防风雨布（罩在顶板外部），下部直到地面，并固定好，直到完工后拆除。

2. 玉皇殿木构架彩绘的保护措施

对木梁表面彩绘的保护，制定了"清除彩绘表面尘垢灰尘、原位保护"的原则。在施工前先清理干净木构件表面的灰尘、水渍，然后用细纸、拷贝纸各一层依梁身一周包裹，外面覆裹海绵，再用塑料布、防水油毡包裹。最后用方形木盒罩在梁四周，防止施工过程中重物落在梁上对彩绘造成损害。保护措施为：

（1）细纸或熟宣一道，由构件底面顺两侧包裹至构件顶部素面处，用团粉糨糊黏合封闭，每段细纸叠压长度不小于20cm。

（2）拷贝纸覆裹一层，方法同上。

（3）拷贝纸外侧包裹塑料布一层，同时用2cm厚的柔性垫层（海绵）包裹，外侧再用防水油毡一层覆裹，接头部位选在梁表面彩画较少处，设木骨（条）压钉至牢。

（4）依木构件断面做一矩形木框。对横向构件（矩形木框上部开口）由构件底部向上以1.5m为间距设一框，套卡后，再行封闭上方。对竖向构件，矩形木框全部封闭，然后上下间距0.6m套卡。

（5）木框外用3cm厚板材封闭，钉入木框上。遇有开榫或弧形构件所钉木框及板材均随弯就势钉设。

3. 对壁画、彩绘的保护施工前要对壁画、彩绘进行详细测绘和拍照，施工完毕后，要对保护效果进行对比和评估。

4. 注意事项

（1）壁画、彩画保护期间，施工人员须系安全带、戴安全帽，不要穿拖鞋上架施工。

（2）施工人员要管理好自己的工具，不要掉落。

（3）施工时最好在干燥的天气状况下实施，此时浮尘容易脱离壁画、彩画表面。

（4）清扫壁画、彩画表面时宁可残留一些灰尘，也不能损伤彩画。

### 三、维修措施表

#### 表 2—8 屋面修缮措施表

| 名称 | | 病害类型 | 病害情况说明 | 维修做法 | 备注 |
|---|---|---|---|---|---|
| 屋面 | 正脊 | —— | 良好。 | 现状保存。 | |
| | | 不当修缮 | 后檐东、西侧兽前垂脊与垂兽相接处盖瓦缺失，水泥砂浆勾抹。 | 拆除水泥砂浆。恢复兽前垂脊盖瓦，重新归安垂兽。 | |
| | 垂脊 | 残损 | 排山滴水残损 21 块。 | 更换残损滴水。 | |
| | | 断裂 | 前檐西侧垂脊断裂。 | 拆砌断裂垂脊。 | |
| 瓦面 | | 拆改 | 2007 年维修时将干槎瓦屋面改为筒瓦布瓦屋面。 | 全面揭顶维修屋面。拆除筒板瓦屋面，按原形制恢复干槎瓦屋面。 | 依据 20 世纪 90 年代老照片中屋面瓦件样式。 |
| | | 残损 | 前檐滴水缺损 7 个，后檐滴水残损 9 个。 | | |
| | | 脱灰 松动 | 筒瓦之间捉节灰脱落，瓦件松动 10%。 | | |

#### 表 2—9 木基层修缮措施表

| 名称 | 病害类型 | 现状情况说明 | 维修做法 | 备注 |
|---|---|---|---|---|
| 灰背层 | 不当修缮 | 后期维修时未按照传统工艺进行施工，而是采用新建技术制作灰背层。 | 按传统做法，重做灰背层。 | |
| 望板 | 不当修缮 | 后期维修时，新做望板缝隙过大。 | 屋面揭顶后，检修归安望板。 | |
| 瓦口 | 缺失 | 后期维修时用水泥砂浆制作。 | 剔除水泥砂浆。恢复木制瓦口。 | |
| 连檐 | 缺失 | 后期维修时未安装连檐。 | 按设计恢复木制连檐。 | |
| 椽子 | —— | 良好。 | 现状保存。 | |
| 遮椽板 | —— | 良好。 | 现状保存。 | |

表 2—10 木构架修缮措施表

| 项目名称 | 病害类型 | | 现状情况说明 | 维修措施 |
|---|---|---|---|---|
| 檩条 | 裂缝 | | LT01 出现一条横向干缩裂缝，裂缝长度 400mm，深度 10—20mm，宽度 3—10mm。 | 1. 用干燥旧木条嵌补裂缝宽度在 5—15mm（包括 5mm 和 15mm）之间的裂缝，并用白乳胶进行黏接。<br>2. 油灰腻子堵抹裂缝宽度在 5mm 以下的裂缝。 |
| 梁 | 三架梁、五架梁 | L01 裂缝 | 五架梁上出现多条横向干缩裂缝长度 400—800mm，深度 5—20mm，宽度 3—15mm。 | 1. 用干燥旧木条嵌补裂缝宽度在 5—15mm（包括 5mm 和 15mm）之间的裂缝，并用白乳胶进行黏接。<br>2. 油灰腻子堵抹裂缝宽度在 5mm 以下的裂缝。 |
| | | L01 污染 | 梁架表面表面灰尘水渍污染。 | 清除灰尘水渍污染。 |
| | | L02 裂缝 | 五架梁出现一条横向干缩裂缝长度 500mm，深度 5—10mm，宽度 3—5mm。 | 油灰腻子堵抹裂缝宽度在 5mm 以下的裂缝。 |
| | | L02 污染 | 梁架表面灰尘水渍污染。 | 清除灰尘水渍污染。 |
| | | L03 裂缝 | 1. 三架梁上出现一条横向干缩裂缝，长度 2200mm，深度 15—20mm 宽度 10—15 mm。<br>2. 五架梁上出现一条横向干缩裂缝，长度 2280mm，深度 30—40mm，宽度 10—20mm。 | 用干燥旧木条嵌补裂缝宽度在 5—15mm（包括 5mm 和 15mm）之间的裂缝，并用白乳胶进行黏接。 |
| | | L03 污染 | 梁架表面灰尘水渍污染。 | 清除灰尘、水渍。 |
| | | L03 不当改造 | 梁架上有缠绕裸露电线。 | 拆除梁架上老化的配电气线路，按国家有关规定更换梁架上老化的电气线路并用阻燃管穿线。 |
| | | L04 裂缝 | 五架梁表面出现一条横向干缩裂缝长度 1300mm，深度 30—40mm，宽度 20—30m。 | 用干燥旧木条嵌补裂缝宽度在 5—15mm（包括 5mm 和 15mm）之间的裂缝，并用白乳胶进行黏接。 |
| | | L04 污染 | 梁架表面灰尘水渍污染。 | 清除灰尘水渍污染。 |
| | 抱头梁 | —— | 保存良好。 | 保存良好。 |

续表

| 项目名称 | | 病害类型 | 现状情况说明 | 维修措施 |
|---|---|---|---|---|
| 柱 | 檐柱 | 裂缝 | 1. YZ02檐柱出现多条竖向干缩裂缝。裂缝长800—1000 mm、深15—25 mm、宽度10—20 mm。<br>2. YZ03檐柱出现多多条竖向干缩裂缝.裂缝长400—900 mm、深度4—20 mm、宽度3—15mm。 | 1. 用干燥旧木条嵌补裂缝宽度在5—15mm（包括5mm和15mm）之间的裂缝，并用白乳胶进行黏接。<br>2. 油灰腻子堵抹裂缝宽度在5mm以下的裂缝。 |
| | 瓜柱 | 裂缝 | 1. GZ03出现一条竖向干缩裂缝。裂缝长度330mm，深度3—10mm，宽度在3—5mm。<br>2. GZ07出现一条竖向干缩裂缝。裂缝长度170mm，深度5—15mm，宽度在5—10mm。<br>3. GZ08出现一条竖向干缩裂缝。裂缝长度300mm，深度5—10mm，宽度在3—10mm。 | 1. 用干燥旧木条嵌补裂缝宽度在5—15mm（包括5mm和15mm）之间的裂缝，并用白乳胶进行黏接。<br>2. 油灰腻子堵抹裂缝宽度在5mm以下的裂缝。 |
| | | 污染 | GZ01—GZ12表面多处灰尘、水渍污染。 | 清除GZ01—GZ12表面灰尘水渍污染。 |

表2—11 墙体、墙面修缮措施表

| 名称 | | 病害类型 | 现状情况说明 | 维修措施 |
|---|---|---|---|---|
| 墙体墙面 | 后檐墙 | 不当修缮 | 墙面勾缝灰脱落后期维修时用水泥勾抹。 | 清除勾缝水泥，用白灰砂浆重新勾缝。 |
| | | 拆改 | 观内道人在紧挨墙体处搭建临时平板房用作斋堂。 | 拆除后期搭建平板房。 |

| 名称 | | 病害类型 | 现状情况说明 | 维修措施 |
|---|---|---|---|---|
| | 前檐墙 | 空鼓 | 白灰墙面空鼓 30%。 | 重做白灰墙面。 |
| | | 开裂 | 白灰墙面开裂 60%。 | |
| | | 污染 | 白灰墙面污染 50%。 | |
| | 山墙 | 裂缝 | 西山墙南侧墀头部位出现裂缝。裂缝长 450mm，宽 20mm。 | 局部拆砌出现裂缝的墀头。 |
| | | 酥碱 | 西山墙北侧盘头砖雕酥碱。酥碱深度最大 10mm，砖雕图案消失。 | 清理盘头砖雕表面酥碱部分后现状保存。 |
| | | 脱落 | 两侧山墙山尖部分红灰抹面脱落 40%。 | 重做两侧山墙山尖红灰墙面。 |
| | | 不当修缮 | 1. 后期维修过程中青砖墙面用石灰砂浆抹面，并喷涂炭灰，勾勒砖块形状，用白灰勾缝，灰缝粗糙。2. 两侧山墙墙心勾缝灰全部脱落，后期用水泥勾抹。 | 1. 清除外墙石灰砂浆抹面，用白灰砂浆重新勾缝。2. 清除水泥勾缝，用白灰砂浆重新勾缝。 |
| | 室内墙面 | 空鼓 | 室内白灰墙面空鼓 20%。 | 重做白灰墙面。 |
| | | 开裂 | 室内白灰墙面开裂 60%。 | |
| | | 污染 | 室内白灰墙面污染 40%。 | |

### 表2—12 木装修修缮措施表

| 名称 | | 病害类型 | | 现状情况说明 | 维修措施 |
|---|---|---|---|---|---|
| 木装修 | 门 | M1 | 拆改 | 原为板门后期维修时改为平开玻璃木门。 | 拆除木制玻璃门，按照设计恢复木制板门。 |
| | | | 磨损 | 门框为原构件，下槛边缘磨损10%。 | 现状保存。 |
| | 窗 | C1—1 | 裂缝 | 窗框出现多条横向干缩裂缝，长100—150mm，宽0.3—0.4mm。 | 油灰腻子堵抹裂缝。 |
| | | | 拆改 | 后期维修时在窗外侧添加玻璃。 | 现状保存。 |
| | | C1—2 | 弯曲变形 | 木过梁下弯变形，最低处下弯15mm。 | 现状保存。 |
| | | | 拆改 | 后期维修时在窗外侧添加玻璃。 | 现状保存。 |
| | 横披 | —— | | 良好。 | 现状保存。 |
| | 倒挂楣子 | 拆改 | | 后期维修时将前檐雀替改为倒挂楣子。 | 拆除后加的倒挂楣子，按照设计图纸，恢复前檐雀替。 |

### 表2—13 地面、台基修缮措施表

| 名称 | | 病害类型 | 现状情况说明 | 维修措施 |
|---|---|---|---|---|
| 地面 | 室内地面 | 拆改 | 原为青砖地面后期维修时改为水泥砂浆地面。 | 拆除水泥砂浆地面后恢复青砖地面，地面铺砌方式为十字缝。青砖尺寸为260mm×160mm×50mm。 |
| | | 残损 | 水泥砂浆地面残损20%。 | |
| | 前廊地面 | 拆改 | 原为青砖地面后期维修时改为水泥砖铺设。 | 拆除水泥砂浆地面后恢复青砖地面，地面铺砌方式为十字缝，青砖尺寸为260mm×160mm×50mm。 |
| 台基 | | 拆改 | 踏跺为后期维修时新作。 | 现状保存。 |
| | | 裂缝 | 前檐西次间阶条石有一条长150mm，宽10mm，深130mm裂缝。 | 用环氧树脂黏接断裂的阶条石。 |

表 2—14 油饰、彩绘修缮措施表

| 名称 | | 病害类型 | 现状情况说明 | 维修措施 |
|---|---|---|---|---|
| 油饰、彩绘 | 木基层 | 脱落 | 望板、椽子、遮椽板红色油漆脱落30%。 | 清除望板、椽子、遮椽板表面油漆,重做红色油饰。重做椽头绿色油饰。 |
| | 木构架 — 檩条 | 脱落 | 檩条、随檩枋红色油漆脱落40%。 | 清除檩条、随檩枋表面油漆,重做铁红色油饰。 |
| | 木构架 — 梁架 | 脱落 | L02、抱头梁红色油漆脱落40%;L01、L03、L04油饰彩绘表面80%被水渍污染,梁架上表面落满灰尘。 | 清除L02、抱头梁、穿插枋表面油漆,重做铁红色油饰。清除彩绘表面的水渍、灰尘。 |
| | 木构架 — 柱 | 脱落 | 檐柱红色油漆脱落80%。 | 清除檐柱表面油漆,重做檐柱铁红色油饰。 |
| | 木装修 — 门、窗、横披 | 脱落 | 门扇、窗、横披红色油漆脱落30%。 | 清除窗、横披、门框表面油漆。板门门扇做黑色油饰。 |
| | 木装修 — 倒挂楣子 | 不当修缮 | 倒挂楣子刷现代绿色油漆。 | 拆除后加的倒挂楣子,恢复雀替后重做铁红色油饰。 |

# 第三章 玉皇殿壁画保存现状调查

## 第一节 壁画保存环境

### 一、沂源县环境特征

沂源县地处今淄博市最南端，属沂蒙山区北端，因地处沂河发源地段而得名，西接莱芜市，南邻蒙阴县。

1. 地质地理特征

沂源县处于鲁西台背斜鲁中隆起区中部，地跨鲁山断裂凸起，沂山断裂凸起，金星头断块凸起3个五级构造单元。县内地层较全，构造复杂，岩浆活动较弱，岩浆岩不甚发育。沂源县地质构造复杂，基底为线形紧闭的垭或褶皱类型，且伴有断裂构造；盖层区以断裂构造为主，局部有小型的褶皱。岩浆岩在沂源县不甚发育，以中性、酸性侵入岩为主，多以脉岩形式产出。仅在金星头一带有较大规模的闪长扮岩岩体，出露面积数十平方公里，呈岩株状，与围岩接触构成蚀变带，其宽度百余米。带内蚀变强烈，以角岩化、矽卡岩化、硅化、大理岩化为主。其次，有磁铁矿化、绿帘石化、黄铁矿化、黄铜矿化等。局部有小磁铁矿体，且伴有铜、金等金属矿体。

境内地貌，因受地质构造、岩性、河流、气候等内外引力作用的控制和影响，山峦起伏、沟壑纵横，地势自西北向东南倾斜。西北部鲁山主峰海拔1108.3米，东南沂河谷地海拔180米。全县总面积1732平方千米，中山、低山和丘陵面积占99.3%，系纯山区。全县地形复杂，地貌类型较多，主要有中山、低山、丘陵和山前倾斜平地等几种。

沂源县地势高，无客水过境。沂河、弥河、泣河均发源于境内，形成3条水系，以沂河水系最大，属淮河流域。

2. 自然气候特征

沂源县属暖温带季风区域大陆性气候，四季分明。春季回暖迟而迅速，风大雨少。夏季湿热多雨，间有干旱。秋季凉爽，干燥少雨。冬季寒冷，雨雪稀少。因受山区地形影响，小气候特点明显，干旱威胁较严重。

境内历年日照时数平均 2592 小时，日照百分率为 59%。常年日照时数最多的是 5 月份，为 277 小时；日照最少的是 12 月份，为 181 小时。太阳辐射量年均 125.8kcal/cm²。年辐射量最多的是 5 月份，为 15.3kcal/cm²；最少的是 12 月份，为 6.1kcal/cm²。太阳辐射能的 99% 集中在波长为 0.3—4.0μm 的光线范围内，生理辐射量为 62.9kcal/cm²。

境内常年平均气温 11.9℃，年均最高气温 12.7℃，年均最低气温 10.8℃，相差 1.9℃。一年中，最热月为 7 月，月均温为 25.2℃；最冷月为 1 月，月均温为 –3.7℃。受地理方位和海拔影响，全县各地气温差异很大。在海拔 200—300m 之间的平洼地带，每百米温度梯度为 0.63℃；海拔 300—500m 之间的丘陵地带，温度梯度为 0.35℃；海拔 500—800m 的低山带，温度梯度为 0.8℃。县境西部海拔 600m 以上的低山地带，比东南部海拔 200m 的河谷地带，年均气温低 3.6℃。

历年平均降水量 690.9mm。最多年降雨量 l616.7mm（1964 年），最少年降水量 407.6mm（1989 年），相差 3 倍。年内降水不均，春季占 14%，夏季占 64%，秋季占 18%，冬季占 4%。七八月份降水量最集中，占全年降水量的 51.75。受地形影响，北部山区、东南部沂河谷地为多雨区，东里一带年均降雨 808.5mm，较全县年多降雨 117.6mm；鲁村洼地为少雨区，包家庄一带年均降雨 660.5mm，较全县少 30mm。生态环境对降水影响也很大，鲁山、毫山等国有林场附近，年降水量偏多 5%—10%。田庄水库库区降水量比距离 3km 的县城偏多 27.6mm。降水程度以 7 月份最大，平均 14.9mm/ 日，1 月份最少，平均 2.5mm/ 日。年降水日数，历年平均 86 天，多雨年 110 天，少雨年 72 天。

境内相对湿度年均 63%，以七八月份最大，为 79%；4 月份最小，为 51%。整个春季在 51%—54% 之间，为全年湿度最小季节，春季比冬季更干燥。全县历年平均蒸发量为 1836.1 毫米，是年均降水量的 2.65 倍。全年除 7 月份降水量大于蒸发量外，其它月份降水量均小于蒸发量，故发生干旱。蒸发量最大的 5 月份，为 288.1mm，相当于 12 月份和 1 月份之和的 5.7 倍。

境内以静风、西风和东东北风为最多，以北风、北北东风、南南东风、南南西风和西北风为最少。年平均风速 2.3m/s。各季风速中，春季风速大，4 月份最大，为 3.2m/s。4 月份以后渐减，八九月份最小，仅为 1.5m/s。11 月份风速达到全年次高值，2.2m/s。每年 2—3 月份，多为东北东风，频率 10%—11%；4—5 月份多为西南西风，频率 10%；6—9 月份多东北东风，频率 8%—10%；11—12 月份和 1 月份多为西风，频率 11%—13%。

3. 土壤植被特征

沂源县可利用土地面积 240.17 万亩。全县土壤按级分 3 个土类、8 个亚类、1 个土属、56 种。棕壤土类面积 108.39 万亩，占全县可利用土地面积的 45.13%，主要分布在大张庄、黄庄、张家坡、鲁村、徐家庄、土门、悦庄、南麻、三岔等乡（镇）。褐土土类面积127.58 万亩，占全县可利用土地面积的 53.12%，主要分布在燕崖、中庄、梭背岭、东里、石桥、南麻、土门、鲁村等乡（镇）的青石山区。潮土土类境内只有河潮土一个亚类。面积 4.2 万亩，占全县可利用土地面积的 1.8%，分布在南麻、悦庄、鲁村、大张庄、黄庄等乡（镇）的沿河两岸，呈零星分布。

全县土壤质地划为 3 类，即砂土，面积 80 万亩，占可利用土地面积的 33.31%；砾石土，面积 73.37 万亩，占可利用土地面积的 30.55%；壤质土（包括沙壤土、轻壤土、中壤土、重壤土），面积 86.8 万亩，占可利用面积的 36.14%。

全县植被总面积 206 万亩，占全县总面积的 79.2%。可分为自然植被和人工植被两类植被区。自然植被面积 55.5 万亩，占全县植被总面积的 21.3%。主要分布在山岗上部、林场附近、村边封山、河边道旁。生有松柏、刺槐、野榆、椿树等树木和酸枣、荆棵等灌木丛及黄蒿、蒺藜、茅草、野艾等杂草。人工植被面积 150.5 万亩，占全县总面积的 57.9%。其中，有林地面积 75.49 万亩，疏林地 3.32 万亩，幼林地 14.15 万亩，"四旁（河、路、沟、渠）"树木近千万株，树木植被覆盖率 38%，主要树种有杨树、刺槐、花椒、苹果、桃、杏、柿树和桑树。耕地面积 52.55 万亩，占全县耕地总面积的 20.4%。主要种植小麦、玉米、谷子、高粱、地瓜、小杂粮等粮食作物和黄烟、花生、芝麻、瓜菜等经济作物。

4. 环境生物特征

沂源县的植被以农作物和林地为主，因此环境中的害虫包括农业害虫和林业害虫以及部分小型哺乳动物。

小麦虫害有蚜虫、麦叶蜂、红蜘蛛、麦秆蝇、潜叶蝇、黏虫及地下害虫蛴螬、金针虫、地老虎、蝼蛄等，危害最大的是红蜘蛛和蚜虫。玉米虫害有蚜虫、玉米螟、条螟、黏虫、瑞典蝇等，蚜虫和玉米螟危害最重。地瓜害虫有斜纹叶蛾、地瓜天蛾、卷叶螟及地下害虫蝼蛄、蛴螬等。花生虫害有花生蚜、棉铃虫、花生造桥虫及蝼蛄、蛴螬等，花生蚜和蛴螬为害最重。棉花虫害有蚜虫、棉铃虫、红铃虫、红蜘蛛、卷叶螟、造桥虫、盲椿象等，以棉蚜虫危害最大最普遍。烤烟虫害有蚜虫、烟叶夜蛾等。谷子虫害有栗穗螟、栗灰螟、黏虫、栗杆蝇等。高粱害虫有高粱条螟、蚜虫、穗虫、天社蛾等。大豆害虫有造桥虫、食心虫、豆夹螟、豆天蛾、蚜虫、卷叶虫、豆秆蝇等。

害鼠主要有社鼠、小家鼠、黑线姬鼠和褐家鼠。

林业虫害主要有赤松毛虫、侧柏毛虫、光肩星天牛、青杨枝天牛、白杨透翅蛾、杨树扇舟蛾、刺槐小皱蝽、麻栋天社蛾、膜肩网蝽、柳毒蛾、揪梢螟等。赤松毛虫是危害松林最大的害虫。

## 二、栖真观气候环境特征

栖真观地质地理环境通过文献调查和现场观测进行。自然气候环境监测内容包括玉皇殿内外的紫外线强度、甲醛、温度、相对湿度、PM2.5、PM10、VOC 和空气指数，通过周期性使用监测设备进行。土壤植被、生物环境特征通过现场观测进行。

### 1．栖真观自然气候特征

空气质量设备使用上海岚宝科技生产的空气质量监测仪。监测位置分别位于玉皇殿殿内西北角和殿外东南角屋檐下。监测高度均为离地高 1 米。监测时间为白天工作时间每隔一小时监测一次。依次记录甲醛、温度、相对湿度、PM2.5、PM10、VOC 和空气指数，结果如表 3—1 所示。

根据监测结果，可以看出，玉皇殿殿内外甲醛的浓度均很小，多数时间内对壁画影响可以忽略不计，极少数时间为 mg。室内有机污染物的含量在 0.02—0.68mg，室外为 0.02—0.35mg，其中 4 月 23 日早上 9：00 监测出最高值 0.68mg 和 0.35mg，系由 22 日晚间玉皇殿内外焚香直接相关，平常未焚香时室内外最高值分别为 0.24 mg、0.18 mg。

关于细颗粒物 PM2.5 的含量，室内为 107—502ug，室外为 96—205ug，其中 23 日早上 502ug 系与 22 日晚间玉皇殿内外焚香直接相关，平常室内最高为 254ug。室内 PM2.5 的含量普遍高于室外的含量，仅在每天 14、15 点的下午时段，两者比较接近，而这一时间段内室内人员活动较少。关于粗颗粒物 PM10 的含量，室内为 137—803ug，室外为 136—287ug，其中 23 日早上 803ug 系与 22 日晚间玉皇殿内外焚香直接相关，平常室内最高为 355ug。室内 PM10 的含量普遍高于室外的含量，仅在每天 14、15 点的下午时段，两者比较接近。室内外细颗粒物 PM2.5、粗颗粒物 PM10 的含量的变化趋势比较接近。

关于玉皇殿内外的温度，白天室内温度范围为 16—19.5℃，变化范围为 3.5℃；室外温度范围为 1—25℃，变化范围为 9℃。室外温度最高值高于同时期室内温度，室外温度最低值低于同时期室内温度，室外温度变化范围明显高于室内温度变化范围，即室内温度更加稳定，变化幅度小。关于玉皇殿内外的相对湿度，白天室内相对湿度为 30%—44.3%，变化范围为 14.3%；室外相对湿度为 15%—43%，变化范围为 18%。室外相对湿度最高值低于同时期室内相对湿度，相对湿度最低值也低于同时期室内温度，室外相对湿度变化范围明显高于室内相对湿度变化范围，即室内相对湿度绝对值高，更加稳定，变化幅度小。

关于玉皇殿内外的空气指数，白天室内空气指数范围为 129—500 μg/m³，其中极值 500 μg/m³ 与 22 日晚间玉皇殿内外焚香直接相关，除此之外的最高值为 277 μg/m³，变化范围为 148 μg/m³；室外空气指数范围为 128—228 μg/m³，变化范围为 100 μg/m³。室内空气指数普遍高于室外空气指数，仅在每天 14、15 点的下午时段，两者比较接近。室内空气指数变化范围明显高于室外空气指数变化范围，即室内空气指数变化幅度大，处于不稳定状态。

## 表 3—1 沂源县栖真观壁画现状气象环境监测记录

| 时 间 | 甲醛（mg） | | PM2.5（ug） | | PM10（ug） | | VOC（mg） | | 温度（℃） | | 湿度（%） | | 空气指数 | |
|---|---|---|---|---|---|---|---|---|---|---|---|---|---|---|
| | 室内 | 室外 | 室内 | 室外 | 室内 | 室外 | 室内 | 室外 | 室内 | 室外 | 室内 | 室外 | 室内 | 室外 |
| 19 日 10：15 | 0.004 | 0 | 144 | 120 | 188 | 156 | 0.06 | 0.08 | 19.5 | 23 | 39.4 | 15 | 152 | 128 |
| 19 日 11：15 | 0 | 0 | 149 | 144 | 193 | 167 | 0.05 | 0.02 | 16.7 | 18 | 44.3 | 19 | 172 | 165 |
| 19 日 12：15 | 0 | 0 | 145 | 96 | 188 | 182 | 0.14 | 0.08 | 19 | 18 | 27 | 21 | 168 | 163 |
| 19 日 14：15 | 0 | 0 | 126 | 140 | 163 | 182 | 0.5 | 0.12 | 19 | 19 | 31 | 24 | 150 | 163 |
| 19 日 15：15 | 0 | 0 | 129 | 140 | 162 | 183 | 0.04 | 0.08 | 18 | 18 | 36 | 28 | 167 | 164 |
| 19 日 16：15 | 0 | 0 | 128 | 143 | 165 | 185 | 0.06 | 0.12 | 18 | 18 | 34 | 26 | 150 | 166 |
| 19 日 17：15 | 0 | 0 | 124 | 148 | 161 | 192 | 0.04 | 0.04 | 18 | 18 | 36 | 35 | 152 | 167 |
| 19 日 18：15 | 0 | 0 | 144 | 129 | 187 | 167 | 0.02 | 0.06 | 18 | 18 | 40 | 39 | 167 | 152 |
| 20 日 8：00 | 0 | 0 | 189 | 187 | 245 | 243 | 0.08 | 0.04 | 17 | 17 | 43 | 43 | 223 | 210 |
| 20 日 9：00 | 0 | 0 | 180 | 125 | 243 | 162 | 0.06 | 0.12 | 18 | 22 | 43 | 30 | 203 | 152 |
| 20 日 10：00 | 0 | 0 | 160 | 140 | 192 | 182 | 0.04 | 0.06 | 18 | 19 | 43 | 32 | 184 | 166 |
| 20 日 11：00 | 0 | 0 | 140 | 129 | 184 | 166 | 0.08 | 0.06 | 18 | 18 | 38 | 29 | 165 | 151 |
| 20 日 12：00 | 0 | 0 | 125 | 123 | 162 | 159 | 0.08 | 0.08 | 18 | 18 | 39 | 25 | 148 | 146 |
| 20 日 14：00 | 0 | 0 | 122 | 106 | 158 | 137 | 0.08 | 0.18 | 19 | 19 | 35 | 23 | 145 | 129 |
| 20 日 15：00 | 0 | 0 | 123 | 121 | 159 | 157 | 0.05 | 0.06 | 18 | 18 | 35 | 29 | 144 | 144 |
| 20 日 16：00 | 0 | 0 | 125 | 124 | 162 | 162 | 0.08 | 0.06 | 18 | 18 | 34 | 32 | 150 | 149 |
| 20 日 17：00 | 0 | 0 | 107 | 105 | 139 | 136 | 0.04 | 0.14 | 19 | 19 | 31 | 24 | 130 | 187 |
| 20 日 18：00 | 0 | 0 | 107 | 129 | 137 | 167 | 0.05 | 0.06 | 18 | 18 | 35 | 30 | 129 | 152 |
| 21 日 9：00 | 0 | 0 | 206 | 148 | 288 | 192 | 0.08 | 0.14 | 18 | 17 | 41 | 20 | 229 | 171 |
| 21 日 10：00 | 0 | 0 | 201 | 180 | 281 | 240 | 0.05 | 0.02 | 17 | 20 | 42 | 34 | 224 | 208 |

续表

| 21 日 11：00 | 0 | 0 | 189 | 182 | 245 | 236 | 0.06 | 0.05 | 18 | 20 | 43 | 32 | 212 | 205 |
|---|---|---|---|---|---|---|---|---|---|---|---|---|---|---|
| 21 日 12：00 | 0 | 0 | 181 | 169 | 235 | 219 | 0.06 | 0.08 | 19 | 19 | 39 | 34 | 235 | 192 |
| 21 日 14：00 | 0 | 0 | 164 | 200 | 213 | 280 | 0.06 | 0.05 | 17 | 18 | 43 | 29 | 187 | 223 |
| 21 日 15：00 | 0 | 0 | 126 | 124 | 163 | 161 | 0.04 | 0.08 | 17 | 16 | 40 | 40 | 149 | 147 |
| 21 日 16：00 | 0.01 | 0.002 | 180 | 145 | 234 | 187 | 0.2 | 0.05 | 18 | 18 | 41 | 35 | 152 | 152 |
| 21 日 17：00 | 0.019 | 0 | 129 | 149 | 167 | 185 | 0.24 | 0.05 | 18 | 18 | 40 | 30 | 152 | 169 |
| 21 日 18：00 | 0.006 | 0 | 146 | 147 | 189 | 189 | 0.18 | 0.08 | 18 | 18 | 39 | 33 | 169 | 170 |
| 22 日 8：00 | 0.002 | 0 | 254 | 202 | 355 | 282 | 0.04 | 0.04 | 16 | 25 | 41 | 24 | 277 | 225 |
| 22 日 9：00 | 0 | 0 | 202 | 141 | 282 | 183 | 0.04 | 0.14 | 17 | 24 | 36 | 20 | 226 | 164 |
| 22 日 10：00 | 0 | 0.008 | 202 | 205 | 282 | 287 | 0.02 | 0.18 | 17 | 20 | 37 | 20 | 225 | 228 |
| 22 日 11：00 | 0.005 | 0 | 207 | 149 | 282 | 193 | 0.18 | 0.06 | 17 | 18 | 35 | 23 | 225 | 172 |
| 22 日 12：00 | 0 | 0 | 143 | 146 | 185 | 189 | 0.06 | 0.05 | 17 | 18 | 33 | 19 | 166 | 169 |
| 22 日 15：00 | 0 | 0 | 128 | 121 | 166 | 157 | 0.05 | 0.18 | 18 | 19 | 30 | 18 | 151 | 146 |
| 22 日 16：00 | 0 | 0 | 147 | 128 | 191 | 166 | 0.05 | 0.06 | 17 | 18 | 31 | 25 | 170 | 151 |
| 22 日 17：00 | 0 | 0 | 209 | 125 | 292 | 162 | 0.05 | 0.04 | 18 | 18 | 34 | 22 | 232 | 163 |
| 23 日 9：00 | 0.107 | 0.043 | 502 | 168 | 803 | 218 | 0.68 | 0.35 | 18 | 20 | 31 | 26 | 500 | 113 |

在玉皇殿内人员活动较多时，殿内细颗粒物 PM2.5、粗颗粒物 PM10 的含量和空气指数大于殿外，而当殿内人员活动较少，室内外三者的监测值比较接近。可以看出，玉皇殿内壁画受到颗粒物污染的影响多数来源于人类活动，即人们焚香活动是主要影响因素，人类走动产生的灰尘和新陈代谢是次要影响因素。

为了评估光照对壁画的危害，需要使用紫外线光照计测量壁画表面的强度。分别于 4 月 22 日中午 12 时、下午 3 时 30 分以及 4 月 23 日上午 9 时来测量壁画表面的光照强度。使用仪器为北京师范大学生产的 UV—B 型紫外辐照计（单通道），辐照度测量范围为（0.1—199.9 × 103）μW/cm²。

现有壁画分布区域按照 1 米 ×1 米分为网格，测量各个网格交点处的光照强度。东墙由下向上由南向北依次编号为东墙 1—1、1—2、1—3、1—4，2—1、2—2、2—3、2—4，3—1、3—2、3—3、3—4，4—1、4—2、4—3、4—4。西墙由下向上由南向北依次编号为西墙 1—1、1—2、1—3、1—4，2—1、2—2、2—3、2—4，3—1、3—2、3—3、3—4，4—1、4—2、4—3、4—4。北墙东侧由下向上由东向西依次编号为北墙东侧 1—1、1—2、1—3、1—4，2—1、2—2、2—3、2—4，3—1、3—2、3—3、3—4。北墙西侧由下向上由西向东依次编号为北墙西侧 1—1、1—2、1—3、1—4，2—1、2—2、2—3、2—4，3—1、3—2、3—3、3—4，4—1、4—2、4—3、4—4。2017 年 4 月 22 日中午 12 时、下午 3 时 30 分以及 4 月 23 日上午 9 时的测量结果如表 3—2、表 3—3、表 3—4 所示。

### 表 3—2 沂源县栖真观壁画现状调查紫外线强度监测记录

4 月 22 日中午 12 时 单位：$\mu W/cm^2$

| 位置 | 编号 | 强度 | 位置 | 编号 | 强度 |
|---|---|---|---|---|---|
| 东墙 | 1—1 | 0 | 北墙东侧 | 1—1 | 0 |
| 东墙 | 1—2 | 0 | 北墙东侧 | 1—2 | 0.1 |
| 东墙 | 1—3 | 0 | 北墙东侧 | 1—3 | 0.1 |
| 东墙 | 1—4 | 0 | 北墙东侧 | 1—4 | 0.1 |
| 东墙 | 2—1 | 0 | 北墙东侧 | 2—1 | 0.3 |
| 东墙 | 2—2 | 0 | 北墙东侧 | 2—2 | 0.4 |
| 东墙 | 2—3 | 0.1 | 北墙东侧 | 2—3 | 0.1 |
| 东墙 | 2—4 | 0 | 北墙东侧 | 2—4 | 0.2 |
| 东墙 | 3—1 | 0 | 北墙东侧 | 3—1 | 0.1 |
| 东墙 | 3—2 | 0 | 北墙东侧 | 3—2 | 0.2 |
| 东墙 | 3—3 | 0.1 | 北墙东侧 | 3—3 | 0.3 |
| 东墙 | 3—4 | 0 | 北墙东侧 | 3—4 | 0.3 |

| 东墙 | 4—1 | 0.1 | —— | —— | —— |
|---|---|---|---|---|---|
| 东墙 | 4—2 | 0.1 | —— | —— | —— |
| 东墙 | 4—3 | 0.1 | —— | —— | —— |
| 东墙 | 4—4 | 0.1 | —— | —— | —— |
| 西墙 | 1—1 | 0 | 北墙西侧 | 1—1 | 0.1 |
| 西墙 | 1—2 | 0 | 北墙西侧 | 1—2 | 0.1 |
| 西墙 | 1—3 | 0 | 北墙西侧 | 1—3 | 0.1 |
| 西墙 | 1—4 | 0 | 北墙西侧 | 1—4 | 0.1 |
| 西墙 | 2—1 | 0 | 北墙西侧 | 2—1 | 0.3 |
| 西墙 | 2—2 | 0 | 北墙西侧 | 2—2 | 0.2 |
| 西墙 | 2—3 | 0.1 | 北墙西侧 | 2—3 | 0.2 |
| 西墙 | 2—4 | 0.1 | 北墙西侧 | 2—4 | 0.2 |
| 西墙 | 3—1 | 0 | 北墙西侧 | 3—1 | 0.2 |
| 西墙 | 3—2 | 0.1 | 北墙西侧 | 3—2 | 0.2 |
| 西墙 | 3—3 | 0.1 | 北墙西侧 | 3—3 | 0.3 |
| 西墙 | 3—4 | 0.1 | 北墙西侧 | 3—4 | 0.5 |
| 西墙 | 4—1 | 0.1 | 北墙西侧 | 4—1 | 0.1 |
| 西墙 | 4—2 | 0.1 | 北墙西侧 | 4—2 | 0.2 |
| 西墙 | 4—3 | 0.1 | 北墙西侧 | 4—3 | 0.6 |
| 西墙 | 4—4 | 0.1 | 北墙西侧 | 4—4 | 0.6 |

## 表 3—3 沂源县栖真观壁画现状调查紫外线强度监测记录

4 月 22 日下午 3 时 30 分 单位：μW/cm²

| 位置 | 编号 | 强度 | 位置 | 编号 | 强度 |
|------|------|------|------|------|------|
| 东墙 | 1—1 | 0 | 北墙东侧 | 1—1 | 0.1 |
| 东墙 | 1—2 | 0 | 北墙东侧 | 1—2 | 0 |
| 东墙 | 1—3 | 0.1 | 北墙东侧 | 1—3 | 0.1 |
| 东墙 | 1—4 | 0.1 | 北墙东侧 | 1—4 | 0.1 |
| 东墙 | 2—1 | 0 | 北墙东侧 | 2—1 | 0.2 |
| 东墙 | 2—2 | 0 | 北墙东侧 | 2—2 | 0.2 |
| 东墙 | 2—3 | 0.1 | 北墙东侧 | 2—3 | 0.1 |
| 东墙 | 2—4 | 0.1 | 北墙东侧 | 2—4 | 0.1 |
| 东墙 | 3—1 | 0 | 北墙东侧 | 3—1 | 0.1 |
| 东墙 | 3—2 | 0 | 北墙东侧 | 3—2 | 0.1 |
| 东墙 | 3—3 | 0.1 | 北墙东侧 | 3—3 | 0.3 |
| 东墙 | 3—4 | 0.1 | 北墙东侧 | 3—4 | 0.3 |
| 东墙 | 4—1 | 0 | —— | —— | —— |
| 东墙 | 4—2 | 0.1 | | | |
| 东墙 | 4—3 | 0.1 | | | |
| 东墙 | 4—4 | 0.1 | | | |
| 西墙 | 1—1 | 0 | 北墙西侧 | 1—1 | 0 |
| 西墙 | 1—2 | 0.1 | 北墙西侧 | 1—2 | 0.1 |
| 西墙 | 1—3 | 0.1 | 北墙西侧 | 1—3 | 0.1 |
| 西墙 | 1—4 | 0.1 | 北墙西侧 | 1—4 | 0.1 |
| 西墙 | 2—1 | 0 | 北墙西侧 | 2—1 | 0.3 |
| 西墙 | 2—2 | 0 | 北墙西侧 | 2—2 | 0.2 |

续表

| 西墙 | 2—3 | 0.1 | 北墙西侧 | 2—3 | 0.1 |
|---|---|---|---|---|---|
| 西墙 | 2—4 | 0.1 | 北墙西侧 | 2—4 | 0.2 |
| 西墙 | 3—1 | 0 | 北墙西侧 | 3—1 | 0.3 |
| 西墙 | 3—2 | 0 | 北墙西侧 | 3—2 | 0.3 |
| 西墙 | 3—3 | 0.1 | 北墙西侧 | 3—3 | 0.3 |
| 西墙 | 3—4 | 0.1 | 北墙西侧 | 3—4 | 0.3 |
| 西墙 | 4—1 | 0.1 | 北墙西侧 | 4—1 | 0.1 |
| 西墙 | 4—2 | 0.1 | 北墙西侧 | 4—2 | 0.7 |
| 西墙 | 4—3 | 0.1 | 北墙西侧 | 4—3 | 0.6 |
| 西墙 | 4—4 | 0.1 | 北墙西侧 | 4—4 | 0.5 |

表3—4 沂源县栖真观壁画现状调查紫外线强度监测记录

4月23日上午9时　单位：μW/cm²

| 位置 | 编号 | 强度 | 位置 | 编号 | 强度 |
|---|---|---|---|---|---|
| 东墙 | 1—1 | 0 | 北墙东侧 | 1—1 | 0.2 |
| 东墙 | 1—2 | 0 | 北墙东侧 | 1—2 | 0.2 |
| 东墙 | 1—3 | 0 | 北墙东侧 | 1—3 | 0.2 |
| 东墙 | 1—4 | 0 | 北墙东侧 | 1—4 | 0.2 |
| 东墙 | 2—1 | 0 | 北墙东侧 | 2—1 | 0.3 |
| 东墙 | 2—2 | 0 | 北墙东侧 | 2—2 | 0.3 |
| 东墙 | 2—3 | 0.1 | 北墙东侧 | 2—3 | 0.3 |
| 东墙 | 2—4 | 0.1 | 北墙东侧 | 2—4 | 0.3 |
| 东墙 | 3—1 | 0 | 北墙东侧 | 3—1 | 0.3 |
| 东墙 | 3—2 | 0.1 | 北墙东侧 | 3—2 | 0.3 |
| 东墙 | 3—3 | 0.2 | 北墙东侧 | 3—3 | 0.3 |

| 东墙 | 3—4 | 0.2 | 北墙东侧 | 3—4 | 0.3 |
|------|-----|-----|----------|------|-----|
| 东墙 | 4—1 | 0.1 | —— | —— | —— |
| 东墙 | 4—2 | 0.2 | —— | —— | —— |
| 东墙 | 4—3 | 0.3 | —— | —— | —— |
| 东墙 | 4—4 | 0.3 | —— | —— | —— |
| 西墙 | 1—1 | 0 | 北墙西侧 | 1—1 | 0.1 |
| 西墙 | 1—2 | 0 | 北墙西侧 | 1—2 | 0.1 |
| 西墙 | 1—3 | 0 | 北墙西侧 | 1—3 | 0.1 |
| 西墙 | 1—4 | 0 | 北墙西侧 | 1—4 | 0.1 |
| 西墙 | 2—1 | 0 | 北墙西侧 | 2—1 | 0.2 |
| 西墙 | 2—2 | 0 | 北墙西侧 | 2—2 | 0.2 |
| 西墙 | 2—3 | 0.1 | 北墙西侧 | 2—3 | 0.2 |
| 西墙 | 2—4 | 0.1 | 北墙西侧 | 2—4 | 0.2 |
| 西墙 | 3—1 | 0 | 北墙西侧 | 3—1 | 0.2 |
| 西墙 | 3—2 | 0.1 | 北墙西侧 | 3—2 | 0.3 |
| 西墙 | 3—3 | 0.1 | 北墙西侧 | 3—3 | 0.3 |
| 西墙 | 3—4 | 0.1 | 北墙西侧 | 3—4 | 0.3 |
| 西墙 | 4—1 | 0.1 | 北墙西侧 | 4—1 | 0.1 |
| 西墙 | 4—2 | 0.1 | 北墙西侧 | 4—2 | 0.3 |
| 西墙 | 4—3 | 0.1 | 北墙西侧 | 4—3 | 0.3 |
| 西墙 | 4—4 | 0.1 | 北墙西侧 | 4—4 | 0.3 |

　　根据表3—2、表3—3、表3—4中紫外线的光照强度测量结果，在外部环境是晴天的状态下，外界太阳光的紫外线辐射强度均超过了500，而玉皇殿内壁画表面的强度最高为0.7，可见外界太阳光的紫外线辐射对于壁画的破坏非常微弱。从水平方向来看，东墙、西墙的南

侧长期处于比较黑暗的状态，紫外线辐射极弱。北墙正对着南侧的大门，仅在中午时刻，紫外线相对较强，因此北墙靠近中间的部分受紫外线辐射影响最强。从垂直方向来看，壁画的下部靠近地面处和上部靠近屋檐最高处，紫外线辐射相对较弱，最强处为离地面 3—4 米高的区域。整体来看，现有壁画离地面较高，受到外部太阳光紫外线辐射较弱，与玉皇殿的建筑结构密切相关。玉皇殿仅在南侧有正门两扇，窗户两扇，整体呈现相对密闭的空间，玉皇殿墙体厚度 0.6 米，外界阳光可以被阻隔一部分。殿前为宽约 1.3 米的廊厦，也能够阻隔一部分阳光，玉皇殿前 8 米有树龄千年银杏树，上午、正午时刻的阳光大部分被银杏树的阴影所阻挡，仅在每天下午，殿内的紫外线辐射相对较强。

为了获得水分对壁画的影响程度，使用 testo 红外成像仪对壁画所在内外墙体进行了湿度测量。测量时间选择为 4 月 22 日上午，由于 21 日晚上栖真观所在地降雨 10 mm 左右，因此次日测量降水及地下水对壁画的影响时机比较恰当。测量区域包括建筑内东墙上部和底部南侧，西墙上部和底部南侧，北墙西侧上半部和底部；建筑外墙的东墙底部和西墙底部。测量后使用 testo 红外图像处理软件提取竖直方向上湿度变化曲线，东墙上半部内部湿度曲线如图 3—5 所示，东墙南侧底部内部湿度曲线如图 3—6 所示，东墙外部底部湿度曲线如图 3—7 所示，西墙中上部内部湿度曲线如图 3—8 所示，西墙南侧底部内部湿度曲线如图 3—9 所示，西墙外部底部湿度曲线如图 3—10 所示，北墙西侧上半部内部湿度曲线如图 3—11 所示，北墙西侧底部内部湿度曲线如图 3—12 所示。

东墙、西墙和北墙均呈现出相同的湿度变化规律，即上部湿度高，中部湿度最低，靠近地面的墙体湿度最高。建筑内上部湿度保持在 51%，底部则达到了 65%，壁画主体所在的中部位置湿度则保持在 47%。玉皇阁的东墙、西墙和北墙外均在近 10 年建造了新的建筑，新建筑高度和进深均小于玉皇阁，因此玉皇阁的墙面中部就被新建筑遮挡了一部分的降水，但是地下水的影响仍然没有明显减弱。墙体上部湿度高的原因主要是降雨，而底部湿度高的原因则与地下水的毛细作用关系更为密切。同时，建筑内地面和底部的湿度要高于同时段建筑外墙和地面的湿度，可以断定建筑内潮湿的地面对于墙体和壁画的影响持续时间更为久远。建筑内湿度减小的幅度小，下降的速度较小，当外部墙体和地面已下降较大幅度的湿度时，而建筑内的湿度仍然保持较高的水平。

最小值: 46.8 %rH 最大值: 51.3 %rH 平均值: 48.5 %rH

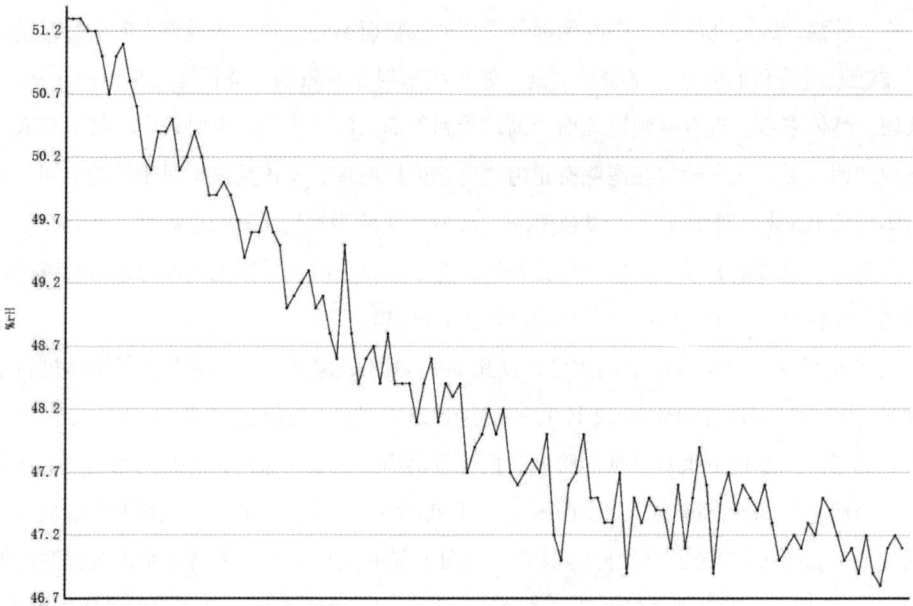

3—5　东墙上半部内部竖直方向由上至下湿度曲线

最小值: 59.1 %rH 最大值: 64.3 %rH 平均值: 61.3 %rH

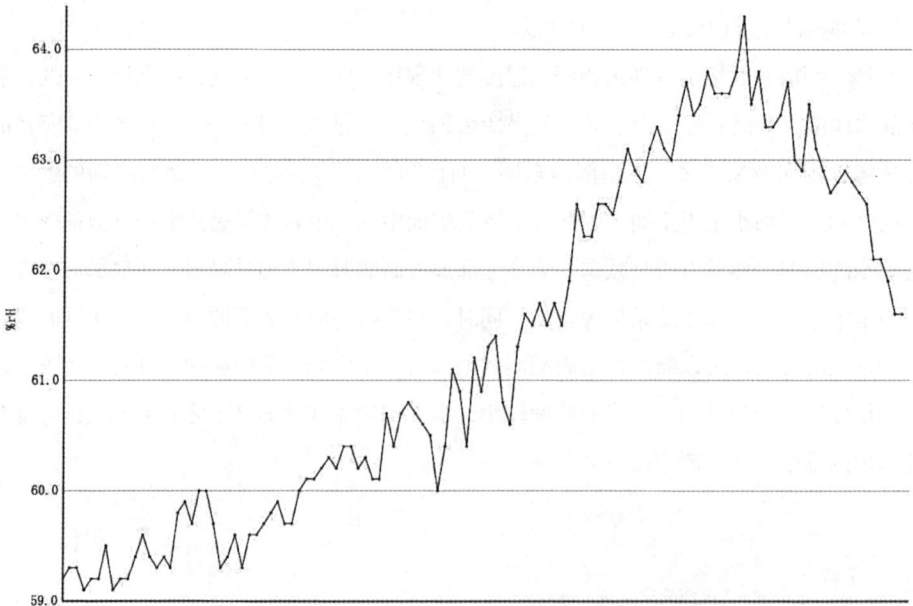

3—6　东墙南侧底部内部竖直方向由上至下湿度曲线

最小值: 50.6 %rH 最大值: 55.6 %rH 平均值: 52.8 %rH

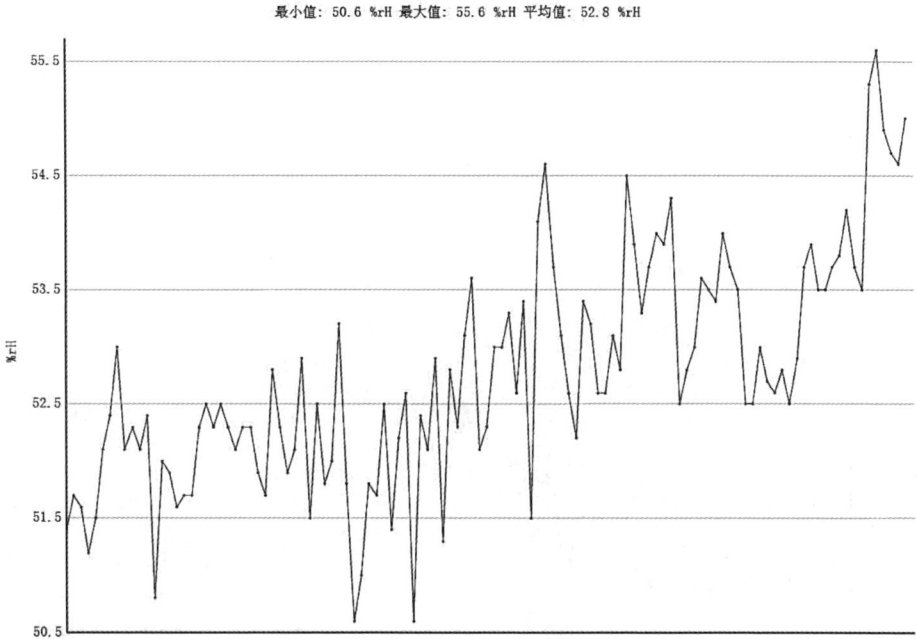

3—7 东墙外部底部由上至下湿度曲线

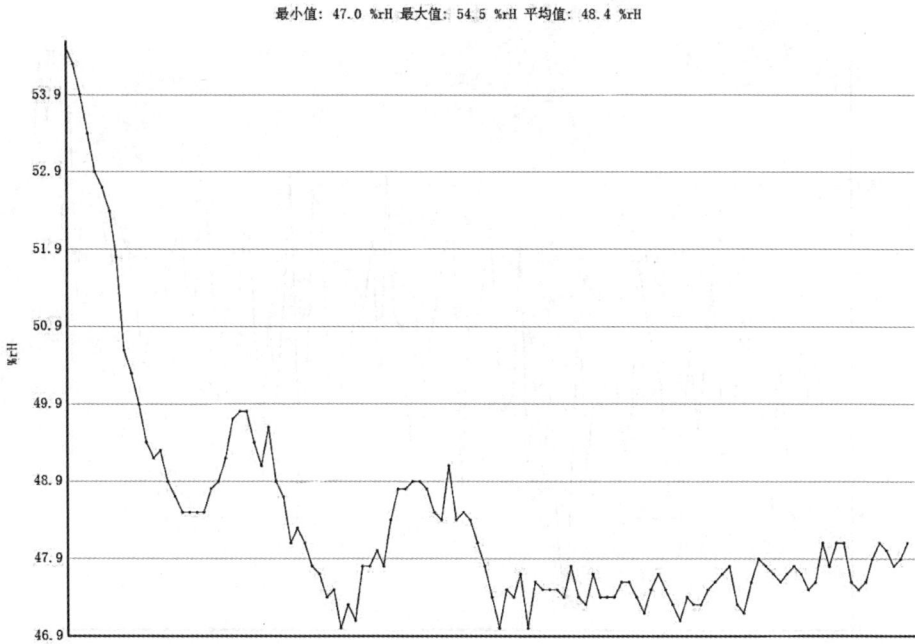

最小值: 47.0 %rH 最大值: 54.5 %rH 平均值: 48.4 %rH

3—8 西墙中上部内部湿度曲线

最小值: 58.4 %rH 最大值: 63.9 %rH 平均值: 60.6 %rH

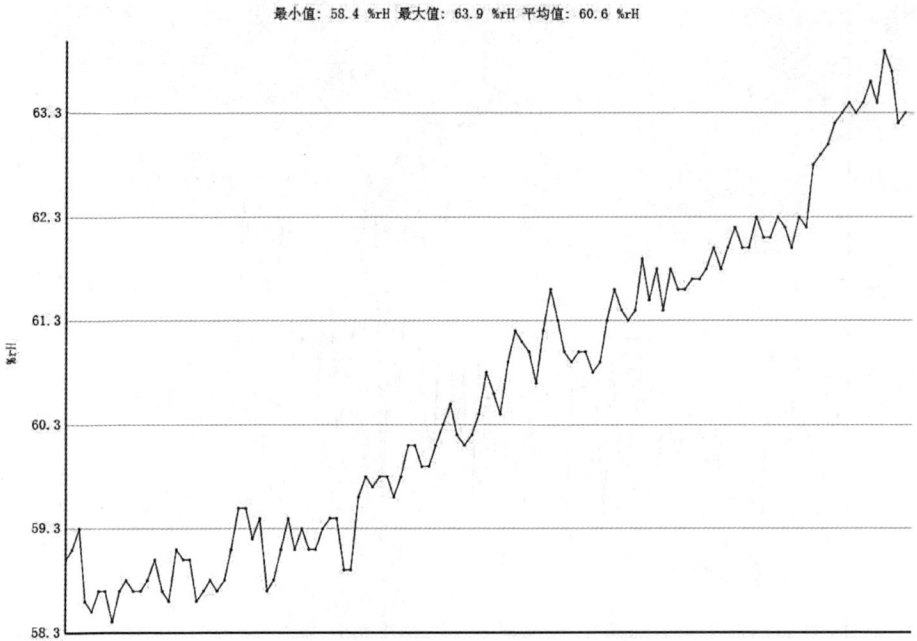

3—9　西墙南侧底部内部竖直方向由上至下湿度曲线

最小值: 52.4 %rH 最大值: 57.5 %rH 平均值: 55.0 %rH

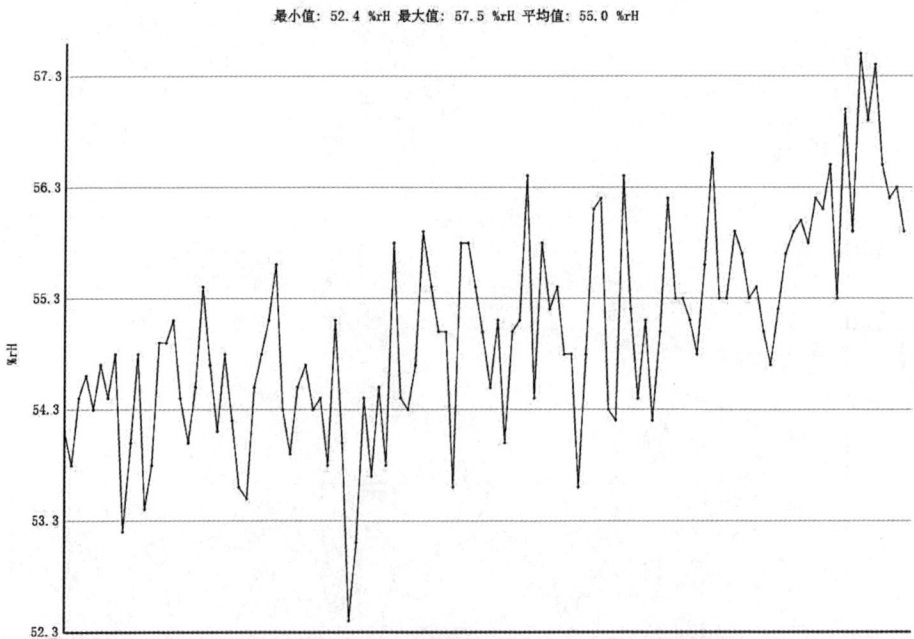

3—10　西墙外部底部竖直方向由上至下湿度曲线

最小值：46.4 %rH 最大值：50.8 %rH 平均值：47.4 %rH

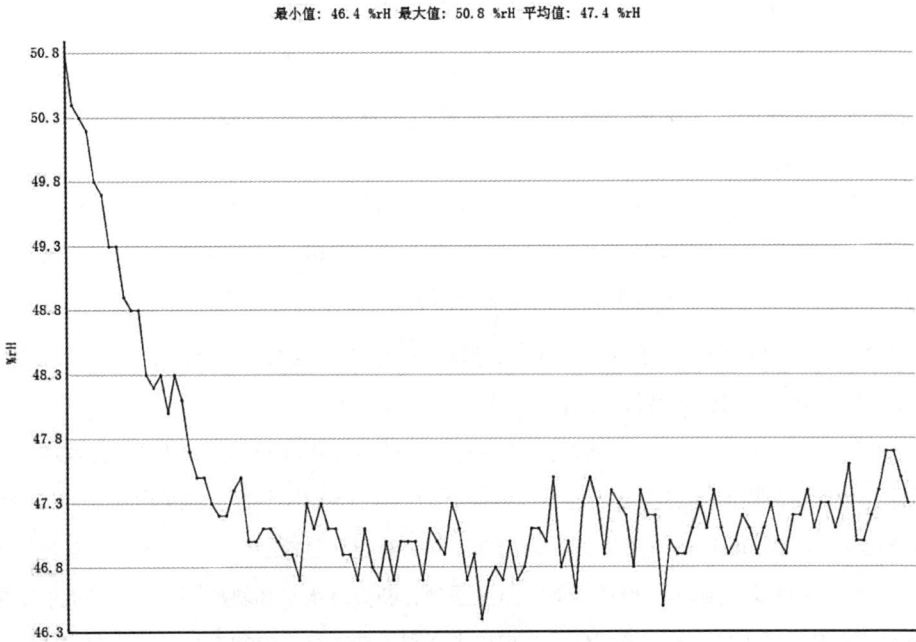

3—11 北墙西侧上半部内部竖直方向由上至下湿度曲线

最小值：61.6 %rH 最大值：65.7 %rH 平均值：63.7 %rH

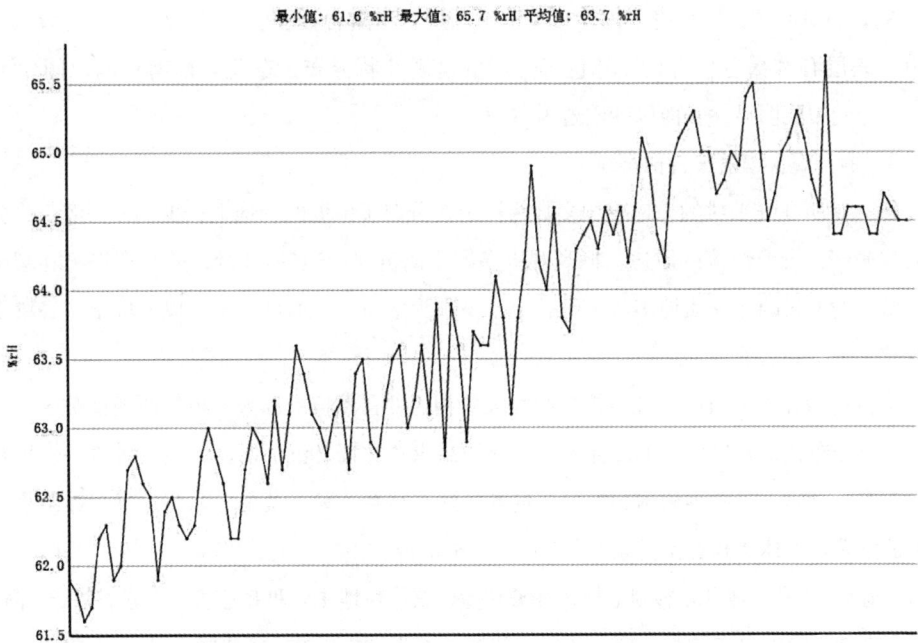

3—12 北墙西侧底部内部竖直方向由上至下湿度曲线

2. 栖真观地质地理特征

栖真观位于沂源县西部鲁村镇安平村南面，沂河上游北岸，与对面的大、小寿器山隔河相望。栖真观中壁画所在的玉皇殿地理经度为东经118.013465°，纬度为北纬36.138701°，海拔为360米。

栖真观所在地表层岩石为新生界第四系，岩性以冲积、洪积黏质砂土、粉砂土、细、中、粗砂及砾石为主。不整合覆盖于各地层之上，厚度为5—50米。中生界厚度1600米。分为侏罗系和白垩系。侏罗系岩性上部为灰绿色细砂岩与棕褐色页岩互层；中部以紫红色页岩、砂岩为主，中夹几层砾岩；下部以白灰色、黄色砂岩为主。厚度700米。白垩系岩性为绿色钙质砂岩、长石砂岩及粉砂岩、砾岩互层。

栖真观东10公里即为上五井断裂，其北起临朐县的上五井，进入沂源县境后，经璞邱、田庄、大张庄出境，入蒙阴至平邑县。在沂源县境内484公里，宽150米。该断裂纵贯全县呈NE向延伸，走向NE20—40°，倾向SE，倾角70°，局部直立。断裂上盘地层为中奥灰岩，下盘地层为寒武系灰岩。带内充填角砾岩、糜棱岩等，挤压强烈，断面有水平和斜冲擦痕，断裂地层中常见有强烈的牵引、褶曲和动力变形现象，表现出主断裂早期左行，晚期右行，前后两次变型活动方向完全相反的压扭性特征。

栖真观对面的大、小寿器山均可见岩石断层，出露岩石表层10米以下底层为青灰色、黑色，表层有红褐色、青色、黑色等。岩层呈现片状分布，东北至西南走向，倾角15—30°。层间裂隙明显，表面以砂质岩为主。

3. 栖真观土壤植被特征

栖真观所在安平村的土地土壤多数为褐土，分布于山坡的台地上；少部分为潮土，分布于河谷底部，沂河河流的岸边。栖真观玉皇殿距离沂河岸边约50米，兼具有褐土和潮土两种土质。安平村的土壤质地多数为砾石土，少数为壤质土，而壤质土又以沙壤土、轻壤土等含有较少土质的土壤为主。

栖真观所在安平村的土地植被为面积大致相近的自然植被和人工植被两类植被区。自然植被主要分布在未开垦农田的山体上部、村边封山育林场、沂河两岸河边及村道旁，生有松柏、刺槐、野榆、椿树等树木和酸枣、荆棘等灌木丛及黄蒿、蒺藜、茅草、野艾等杂草。人工植被分为人工林地和农作耕地。人工林地种植银杏、松树、柏树、冬青、桃树、苹果、杏树、杨树、刺槐、花椒、苹果、核桃、柿树和桑树等。农作耕地主要种植小麦、玉米、谷子、高粱、地瓜、小杂粮等粮食作物和黄烟、花生、芝麻、瓜菜、油菜等经济作物。

栖真观内的土壤质地多数为砾石土，少数为沙壤土为主。栖真观内植被以人工种植观赏植物为主，主要有松树、柏树、杨树、银杏树以及天堂草等草坪草。玉皇殿前8米的银杏树已经有1000年以上的树龄，其树冠已经遮盖到了玉皇殿的屋顶。

土壤的质地影响着地下水的活动，并且土壤也是大气中粗颗粒物的主要形成来源。栖真观中的土壤保存水分的能力相对较强，因此地下水通过土壤的毛细作用传递输送水的能力较强，导致了玉皇殿壁画长期受到地下水的侵蚀。玉皇殿前的银杏树具有遮阳庇荫的功能，对于玉皇殿内的环境温度具有一定的降温作用，同时银杏树的根系已经影响到玉皇殿基础的稳定，可以说银杏树对于玉皇殿壁画的保存具有积极的温度调节作用和威胁建筑支撑体的副作用。

4. 栖真观环境生物特征

根据实地观察和查阅文献，栖真观由于气候比较适宜，树木繁盛，周边农田土壤相对肥沃，因此栖真观内外的生物种类比较多样。

栖真观内外能够威胁到壁画的霉菌类微生物以曲霉属、青霉素、木霉属等种类为主。

栖真观内外能够威胁到壁画的鸟类生活栖息在周围环境中，有树麻雀、家麻雀、家燕、布谷鸟、喜鹊、猫头鹰等，其中以麻雀最为常见。

鼠类动物主要有啮齿目松鼠科的松鼠、鼯鼠以及仓鼠科田鼠亚科的田鼠、小家鼠、黑线姬鼠和褐家鼠等。

栖真观内外昆虫种类主要有鳞翅目的灯蛾科、夜蛾科、天蛾科、粉蝶等，鞘翅目的七星瓢虫、天牛、皮蠹等，半翅目的蝽科等，双翅目的大蚊、蚊、家蝇、麻蝇、绿丽蝇等，同翅目的蝉科等，膜翅目的胡蜂科、泥蜂科、蜜蜂科、蚁科等，唇足目的蜈蚣科等。

爬行类动物主要有壁虎类和蛇类。其他种类的生物还发现有蜘蛛、蝙蝠等。

害虫对壁画的损坏主要表现为：在壁画表面爬行或在飞行过程中碰触壁画，容易引起起甲、酥碱严重的壁画脱落；成虫在活动时，翅上的鳞片脱落黏附在壁画表面，严重污染壁画；在画面上筑巢直接掩盖画面；蚊子尸体黏附在壁画的表面，遮盖、黏附壁画颜料；排泄物与壁画地仗成分、颜料成分起反应，引起局部壁画颜料褪色、变色，甚至导致颜料层、白粉层翘起、脱落，加速壁画病害的发生。

鼠类、爬行类生物的损害主要表现为：鼠类具有打洞的生活习性，在壁画支撑体上甚至壁画表面打洞，造成壁画地仗空鼓、壁画残损等严重病害；鼠类活动灵活，时常活动于壁画上，磨损壁画；鼠类的尿液和粪便不仅污染和腐蚀壁画，而且尿液释放的有害气体可与壁画颜料层发生化学反应，对壁画造成严重损坏。鼠类的排泄物可在壁画表面形成一层致密的胶状物，在干燥失水的过程中致使壁画局部张力增大，导致受污染的颜料层与相邻的颜料层之间的缝隙加大，最后致使颜料层、白粉层甚至地仗层脱落。

# 第二节 调查方法及内容

现状调查的方法：按照中华人民共和国文物保护行业标准《古代壁画病害与图示》《古代壁画现状调查规范》的要求，对栖真观壁画保存现状进行了详细的调查。

## 一、摄 影

记录壁画现状为其他保护工作提供资料依据，并为现状调查提供底稿。对每一块壁画进行拍照。拍摄时采用色标卡矫正选择合适曝光和色值。拍摄采用尼康 D80 相机，照明用新闻灯 2 只（各 1000W）。

## 二、绘制壁画病害图

此次现场调查中，对保护修复方案所涉及壁画的保存现状进行了详细调查，为了准确、直观反映壁画修复前的状况，使用 AutoCAD 软件并以拍摄的数码照片为底图，按照调查标准，绘制壁画病害图。

## 三、壁画病害现状

经现场勘察分析，玉皇殿壁画主要病害有：表面污染、地仗层缺失、损毁及空鼓，裂隙，酥碱，颜料层龟裂起甲、脱落、粉化，生物损害等，具体病害表现如以下照片所示。

图 3—1 西墙壁画整体情况

图 3—2 东墙壁画整体情况

图 3—3 北墙西次间壁画整体情况

图 3—4 北墙东次间壁画整体情况

图 3—5 西墙壁画细节

图3—6 西墙壁画细节

图3—7 西墙壁画细节

图 3—8 西墙壁画细节

图 3—9 西墙壁画细节

图 3—10 西墙壁画细节

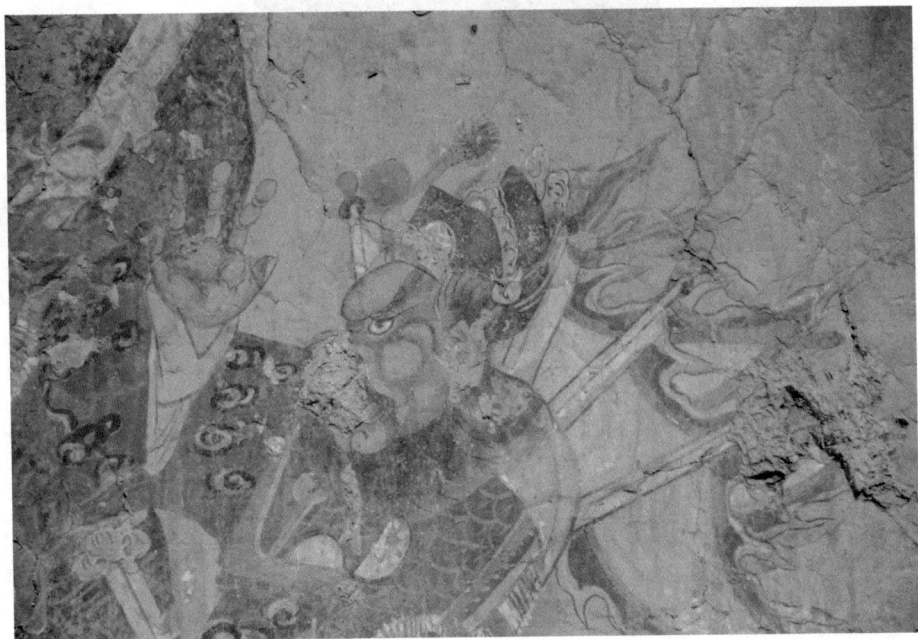

图 3—11 东墙壁画细节

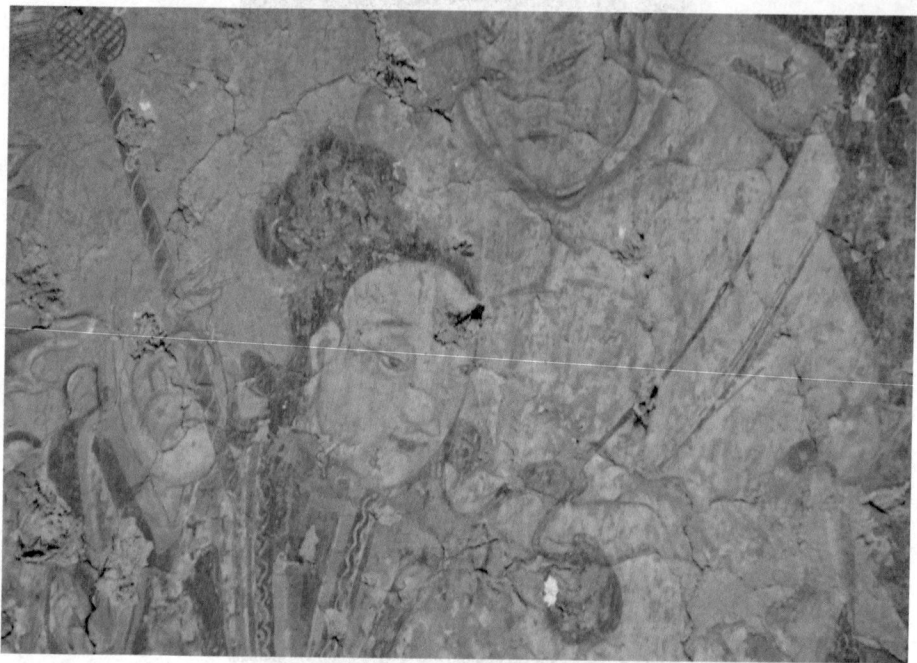

图 3—12 东墙壁画细节

图 3—13 北墙壁画细节

图 3—14 水渍、泥痕污染

图 3—15 油漆污染

图 3—16 墙角处地仗层缺失

图 3—17 地仗层空鼓

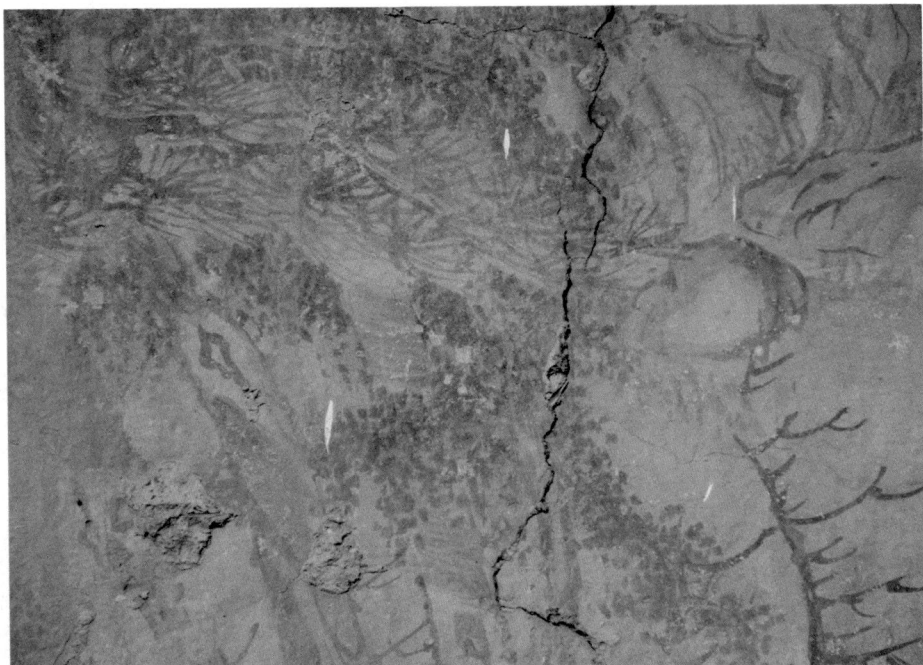

图 3—18 表面裂隙

图 3—19 壁画下部地仗层酥碱

图 3—20 颜料层脱落

图 3—21 料层泡状起甲

图 3—22 颜料层龟裂

图 3—23 东墙上活动的椿象

图 3—24 壁画表面黑色霉斑

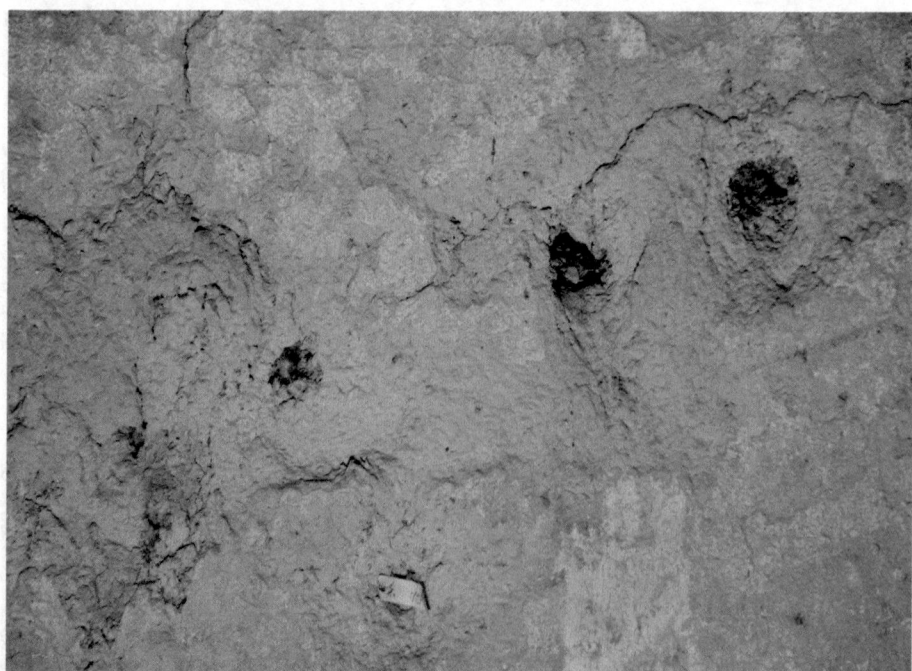

图 3—25 鼠洞

# 第四章 壁画病害及原因分析

在栖真观玉皇殿壁画现场调查及病害统计工作的基础上，结合壁画病害基本情况，根据壁画病害成因和表现形式，栖真观玉皇殿壁画病害主要表现为由于墙体变形等原因引起的地仗空鼓、开裂、酥碱及脱落类病害；由于胶结材料老化及自然因素引起的颜料层酥粉、脱落及龟裂起甲；由于人为活动、雨水流挂引起的表面污染现象。现将栖真观玉皇殿壁画病害表现最为突出的几类主要病害（脱落、空鼓、裂隙、起甲、表面污染等）的产生原因分析如下。

## 第一节 地仗层病害

由于栖真观玉皇殿壁画的制作工艺采取了传统工艺，壁画所依附的墙体是石砌墙体，每层石块之间夹有灰泥，墙体自身在外界环境中有一定的变形与收缩性，而壁画地仗层较厚，变形量小，由于地基沉降、墙体变形，所以极易导致壁画地仗层空鼓、剥离与开裂现象。裂隙交切会加剧壁画大面积脱落，导致不可挽回的损失，所以对现存壁画展开空鼓灌浆、裂隙治理，彻底解决壁画结构稳定性是保护支撑体的首要任务。

壁画地仗层病变从其形式来说以壁画空鼓、地仗开裂、地仗酥碱及局部脱落缺失为主，这四类病害相互伴生，交互作用，对壁画的稳定性构成了极大的威胁。其产生原因与壁画的自身结构及其周边环境有着密不可分的直接关系，墙体易发生沉降变形、周边环境温度波动大是导致该类病变的直接原因。

### 一、地仗层缺失

壁画的地仗层脱落缺失是指壁画地仗与支撑体间失去黏结作用，或由于墙体错位、雨水冲刷等影响使得壁画产生大面积空鼓，在壁画自重和震动的作用下，壁画大面积脱落，这种情况一旦发生将是毁灭性的。还有的壁画地仗层缺失是由于酥碱病害导致地仗松散缓慢脱落引起的。一些有害生物、人类的活动也会使得壁画地仗层脱离墙体，比如老鼠的咬啮、强烈的震动会使壁画受到损毁。栖真观壁画地仗层的大面积脱落缺失以建筑的墙角部位、上部靠近屋顶部位、下部靠近地面部分或者是建筑顶部缺失漏雨的部位最为明显。

## 二、地仗层空鼓

壁画地仗层空鼓是指壁画地仗层局部脱离支撑体或者是白灰地仗层局部脱离黄泥地仗层形成空腔，但是脱离部位的周边仍有部分与墙壁支撑体连接。地仗层空鼓一般有三种情况：

1. 壁画地仗层局部脱离墙壁支撑体（或白灰地仗层局部脱离黄泥地仗层），空鼓边缘开放，地仗层与支撑体仍然有效连结，连结力一般。

2. 壁画地仗层局部脱离支撑体，形成封闭的空腔，脱离部分其周边与支撑体有效连结，连结力较强。

3. 壁画地仗层局部脱离墙壁支撑体，或白灰地仗层局部脱离黄泥地仗层，形成空腔，但周边与支撑体连接部位较少，连结力较弱。

还有一种情况是在壁画的破损处或者壁画顶部的缝隙中，建筑顶部落下来的黄泥、尘土等杂物不断填入，导致地仗层与支撑体胀裂，形成空鼓。

地仗层空鼓发生的初期阶段或者地仗层的材料严重干缩极易导致地仗产生裂隙或裂缝，这一现象从地仗石灰层表面密布的小裂缝就可以看出。地仗层的空鼓多以里层的黄泥层先期酥粉为主，外层的石灰层在里层黄泥重力的作用下，也会产生裂缝。在空鼓发展到一定程度，如果多处空鼓地仗连接就会成片发展，直到地仗本身的重量超过了地仗层与支撑体之间的连接力，地仗层就开始从支撑体上剥离，尤其是梁柱之间面积较小的壁画，因壁画边缘部分与梁柱之间的黏结力不强，很多地方存在整块壁画剥离脱落的危险。当剥离地仗层的重量超过了地仗层之间的连接力时，剥离地仗与地仗本体之间会产生裂缝，如有外力稍微作用就可能从地仗本体上面脱离。

## 三、壁画裂隙

壁画裂隙是指因地震、卸荷等因素的影响，使壁画的墙壁支撑体开裂，致使壁画地仗层开裂；或因为壁画地仗层自身的变化而产生缝隙。壁画裂隙多发生在墙体与墙体的接缝处或是木柱邻近的壁画。由于承载壁画的支撑体多为石块墙体，因地震、长时间降雨冲蚀地基或其他作用致使墙体下沉或错位引起壁画所在墙体开裂，壁画也会随着开裂，通常会伴随壁画空鼓。还有的开裂现象发生在壁画表面，这是由于墙体开裂或壁画地仗在干燥过程中收缩引起的壁画裂隙，一般这种开裂并不明显，深度和宽度都较小。

## 四、壁画酥碱

壁画酥碱是指在水分的参与下，墙壁支撑体及地仗层中的矿物盐分（主要是易溶盐类）随环境湿度变化而溶解、结晶所产生的膨胀、收缩反复作用使壁画地仗结构破坏而产生的疏松状态。盐类在壁画表面聚积就出现了泛碱、白霜。由于盐害的产生改变了壁画及地仗层的结构，使地仗膨胀鼓起、疏松、粉化、脱落，严重的可使地仗层逐渐散落，对壁画造成毁灭性的破坏。这种病害一般发生在壁画墙面的底部和建筑容易漏雨的顶部比较潮湿或水分较多的区域，在栖真观玉皇殿壁画中的表现形式为地仗层酥碱脱落和颜料层酥碱起甲同时存在。最常见的地仗层结构酥碱发生在壁画靠近地面的连接处，这些部位一般受到地表土壤中的水分、盐分的影响，地仗层中的黏性物质逐渐流失，机械强度和黏性降低，黄泥层中的植物秸秆也被分解，地仗呈现粉末状，稍触即碎，严重时就从支撑体上整块片状脱落。

# 第二节 颜料层病害

颜料层作为壁画的主体，表现着壁画的主题内容，其病害的表现特征是最直接而明显的。如果颜料层受到少许的损害，那么画面的内容和记载信息就受到直接的减少或误读。栖真观玉皇殿虽然墙壁支撑体保存相对完整，但是颜料层几乎很难见到能够完好保存的，各个墙面的壁画都或多或少地存在某些病害。栖真观玉皇殿壁画颜料层病害主要表现在颜料龟裂起甲、脱落与粉化。

## 一、颜料层龟裂起甲

壁画龟裂是指壁画颜料层中、表面泥层内所含胶质过多，或因地仗层内的收缩变化、外界其他因素等引起的微小开裂现象，因貌似龟背而得名，其进一步发展即为龟裂起甲，状似鳞甲，多见卷翘，稍有震动就会成片地脱落。根据病害发生的程度不同可分为龟裂起甲、颜料层起甲、泡状起甲、分层起甲、颜料层连同泥层起甲等几种形式。部分颜料层的龟裂、起甲是由于地仗材料的收缩变形引起，大部分是由于颜料中掺加的胶结材料和表面涂层的老化收缩等作用产生的。还有部分是由于建筑顶部下雨时常有雨水渗漏，雨水对颜料表面涂层有软化作用，在干燥过程中收缩变形，使壁画颜料层与墙体间失去了黏结作用，导致了部分壁画颜料层的起甲或颜料层连同地仗层一起起甲。颜料层的泡状起甲表现为颜料层像疱疹一样密密麻麻地成片存在，疱疹像半球形，直径和高度很小，一般为几毫米。突起表面为很薄的颜料层，强度很低，稍触即碎。

栖真观玉皇殿壁画颜料层龟裂起甲主要原因为壁画地仗层中间为一层韧性较强的皮纸，皮纸受到顶部漏雨的影响，皱缩现象非常明显，引起了皮纸上层颜料层的龟裂起甲。栖真观玉皇殿西墙、北墙西侧的壁画曾经于 2004 年春天使用加固剂做过表面加固封护，部分加固过的颜料层由于加固剂浓度过大，在十三年后加固剂由于收缩引起片状起甲。

## 二、颜料层脱落

壁画的颜料层脱落是指颜料层与白粉层或地仗层分离脱落。栖真观玉皇殿壁画颜料层脱落主要的表现形式有：1. 点状脱落，是底色层脱离地仗层或颜料层脱离底色层，呈点状（直径不大于 2 毫米）脱落的现象；2. 片状脱落，是底色层脱离地仗层或颜料层脱离底色层，呈片状脱落的现象栖真观玉皇殿壁画颜料层；3. 疱疹状脱落，是可溶盐在地仗层和颜料层间富集，并推顶颜料层呈疱状凸起，进而颜料层或底色层顶起形成的疱状凸起因内力、外力作用而产生脱落的现象。还有一些颜料层脱落是外力作用的结果，比如人为地擦划、动物蹭碰等。

## 三、颜料层粉化

壁画颜料层的粉化是指颜料层中的胶结材料受光照等环境因素的影响老化，失去黏结作用，导致颜料呈现颗粒状脱落。颜料层的粉化与支撑体、地仗层的酥碱病害有直接联系，栖真观玉皇殿壁画底部靠近地面和上部靠近屋顶的部分酥碱比较严重，表现为壁画颜料层和白灰层粉化脱落，整个画面颜色灰暗，并且病变发生具有连片性，是壁画粉化病害整体发生的重灾区。

# 第三节 画面污染

壁画的画面污染是指在自然环境或人为作用下，对壁画表面所产生的污染。画面污染通常有灰尘覆盖、泥浆白灰覆盖、烟熏污染、人为涂写、雨水冲刷、水渍和泥渍、可溶性盐结晶等多种形式。灰尘覆盖为空气中的灰尘沉积在壁画表面所致，如果有降水或者油烟附着，这些灰尘就会混合黏结在壁画的表面。泥浆白灰覆盖多数是人为地涂抹在壁画的表面，为了建筑的使用方便，有意识地把壁画覆盖起来，对壁画起到了一定的保护作用。烟熏污染通常是人为的，但并不一定是有意识的破坏，通常与宗教信仰的相关仪式活动以及人们在建筑内生火有着直接的关系。壁画很多保留在宗教建筑中，常年焚香、燃烧木材时所产生的油烟污垢沉积在壁画表面，使得壁画画面模糊不清。人类的行为也会对壁画产生一些污染情形，如在壁画上乱写乱画、写字留念、包括粘贴纸张、溅落的油漆，都会对壁画产生污染。

雨水冲刷多出现在建筑顶部漏雨的部位，沂源地区夏季雨天较多，由于顶部为木结构的建筑容易渗水漏雨，所以下雨时雨水容易沿着建筑的顶部渗入至有壁画的墙体。轻微的损害表现为在壁画表面留有水渍、泥痕，严重的损害表现为冲刷壁画表面及地仗，并会留有冲蚀痕迹，严重破坏壁画颜料层，影响到画面的完整性。可溶性盐结晶是墙壁支撑体和地仗层中的钙离子在高湿度环境下迁移到壁画表面经过反复结晶、溶解后形成的像白霜一样的物质，一般为粉末状，很难把盐类与壁画的画面颜料完全分开。画面污染是壁画各种病害中最常见的，不管保管条件如何严密，即使是保存条件很好的壁画，也有画面污染的情况出现。

# 第四节 生物损害

根据实地观察和查阅文献，玉皇殿所在区域由于气候比较适宜，树木繁盛，周边农田土壤肥沃，因此，玉皇殿内外的生物种类比较多样，根据对玉皇殿壁画环境中的生物调查，可以发现威胁玉皇殿壁画的生物来源主要是昆虫类、霉菌类微生物、鸟类、鼠类以及爬行类生物。这些生物对壁画的侵害是持续的、长期的。

## 一、昆虫类生物

昆虫损害是壁画上分布最为普遍的生物损害，其对壁画的损坏主要表现为：昆虫在壁画表面爬行或者在飞行的过程中触碰壁画，容易引起壁画颜料层起甲及酥碱严重的壁画脱落；昆虫排泄物直接对壁画的地仗成分、颜料成分起反应，导致局部壁画颜料褪色、变色，甚至导致颜料层、白粉层翘起、脱落；昆虫在画面上筑巢直接掩盖画面；昆虫成虫在墙面上活动时，翅膀上的鳞片脱落黏附在壁画表面，对壁画造成严重污染；昆虫的尸体黏附在壁画的表面，遮盖、黏附壁画的颜料。

对玉皇殿壁画存在危害的昆虫种类主要有鳞翅目的天蛾科、粉蝶、夜蛾科、灯蛾科等，鞘翅目的七星瓢虫、天牛等，半翅目的椿科，同翅目的蝉科，双翅目的蚊、蝇等，膜翅目的蜜蜂科、蚁科等，唇足目的蜈蚣科等。这些类别的生物数量级种类较多且繁杂，广泛的分布于玉皇殿建筑环境中以及壁画的材料上，持续且长期的侵蚀着壁画。

为了研究昆虫对壁画的危害，前人也进行了大量的研究，其中，汪万福[1]等人在敦煌莫高窟第 85 窟选取被昆虫排泄物污染的颜料样品进行了偏光显微镜、红外光谱等方面的分析。偏光显微镜剖面分析，由于昆虫粪便的作用，在壁画表面形成一层致密的胶状物，粪便在干燥失水的过程中致使壁画局部的张力增大，导致粪便下的颜料层与其他颜料层开裂，接着受胶状物收缩力的影响，粪便连同底下的绿色颜料层带起，呈现起甲现象，最后导致壁画颜料层、白粉层甚至地仗层脱落。在莫高窟第 85 窟东坡选择被蛾粪便污染的 5 种颜色9 个点和未被污染的 5 种颜色 9 个点进行色度比较，结果表明，蛾粪便对不同颜料的颜色影响是不一样的，由于蛾粪便本红或是褐黑色，所以对于褐色颜料或红色影响比较小，色差变化范围是由 2—11 个 NBS 不等；对于白粉层和蓝色影响比较大，由 9—21 个 NBS 不等；

---

[1] 汪万福、马赞峰、蔺创业等:《昆虫对石窟壁画的危害与防治研究》,《敦煌研究》2002 年第 4 期.

对于绿色颜料色差变化由 3—13 个 NBS 不等。对于同一种颜色来说，粪便的厚度对其色度影响也是不一样的，越厚的部位色差值越大，受厚度影响，其色差值相差 10 个 NBS。由此可见，粪便对于壁画表面颜色影响较大，也就增加了壁画修复工作的难度。

## 二、鼠类生物

玉皇殿鼠类地处农业作物种植区，周围环境多为农田、杂草和树林，因此鼠类在玉皇殿附近生活环境中广泛分布，对壁画存在严重的危害。

鼠类生物的损害主要表现为：鼠类的打洞生活习性导致在壁画支撑体上甚至壁画上打洞，造成壁画地仗空鼓、壁画残损等严重的病害；鼠类的尿液和粪便不仅对壁画有污染和腐蚀的危害，而且其尿液释放出的有害气体可与壁画的颜料层发生化学反应，对壁画造成严重的损害；鼠类的活动也较为灵活，活动于墙面之前对壁画造成一定程度的磨损。

## 三、鸟类生物

鸟类生活栖息在玉皇殿周围的环境之中，因为这里有较多的树木，经常发现鸟类的活动痕迹。鸟类有喜鹊、燕子、麻雀等，其中以家麻雀最为常见。

鸟类对玉皇殿壁画的破坏作用主要表现在：对壁画表面造成抓痕；鸟类在飞行的过程中，扇动起来的风可以将起甲的壁画颜料层碎片吹落；鸟类的粪便和尿液严重的污染画面；殿内壁画发现地仗层汇总有许多孔洞，很大程度上与鸟类的活动有关。

## 四、爬行类生物

爬行类动物在玉皇殿建筑内外都存在，主要有蛇类以及壁虎类。对玉皇殿壁画的主要损害表现在：排泄物污染腐蚀壁画，有害物质与壁画颜料发生化学反应；生物活动过程中对壁画磨损导致颜料层脱落。

## 五、其它类生物

其它种类的生物还有保罗蝙蝠、蜘蛛等，它们对壁画的损坏方式与鸟类和昆虫类相似，主要表现为筑巢、抓痕及排泄物污染。

另外，有害生物对壁画绘画材料的机械磨损主要表现为：壁画颜料层的边角部位和突出的其他部位被有害生物磨蚀而呈现出平滑趋势；画面绘画材料的颜料层出现条痕，局部颜料层出现脱落现象；生物在活动过程中碰撞壁画，使起甲、酥碱严重的壁画脱落。壁画画面内容因生物因素而被遮盖表现为：生物的排泄物如粪便、尿液等直接遮盖壁画内容；霉菌的昆虫尸体附在壁画上面；生物的分泌物污染画面，与颜料中的显色物质反应导致画面晦暗；生物在画面上筑巢直接掩盖画面。壁画的缺失损害主要表现为：生物直接咬食壁画的制成材料；生物在壁画上面停留、活动致使壁画的材料缺失。

# 第五节 人为影响

玉皇殿内，宗教活动频繁，村民焚香等活动持续不断，焚香一方面带来了局部环境温度的升高，对玉皇殿建筑及壁画的危害是十分明显的。更为重要的是，焚香产生的烟尘附着在壁画的表面，与壁画颜料紧密结合，形成一层致密的污垢层。

人们在日常的使用和维护建筑的过程当中，一些正常的活动也可无意识地给壁画带来缓慢、持续的不利影响，虽然这些影响不是直接的，但却是长期的。由于人们频繁进出建筑，建筑内部环境与外界之间的物质交换处于较高的频率，壁画相对密闭稳定的保管条件得不到保证。人们的新陈代谢活佛那个使得玉皇殿内的温度和湿度长期处于一个较高的水平。外来人员携带外部的微生物停留在玉皇殿内，增加了壁画感染微生物的概率。参观活动也是玉皇殿建筑及壁画利用过程中人类无意识的破坏行为，也是很难完全避免给壁画带来不利影响的。

### 表4 沂源栖真观玉皇殿壁画病害面积表

| 病害部位 / 病害名称 | 东墙 | 西墙 | 北墙东次间 | 北墙西次间 | 梁架 |
|---|---|---|---|---|---|
| 泥渍（m²） | 2.98 | —— | 5.48 | 4.21 | 2.00 |
| 水渍（m²） | —— | 0.07 | —— | —— | —— |
| 烟熏（m²） | —— | 0.28 | —— | —— | —— |
| 报纸污染（m²） | —— | 0.02 | —— | —— | —— |
| 油漆污染（m²） | —— | —— | —— | —— | 0.01 |
| 地仗脱落（m²） | 1.70 | 1.40 | 2.32 | 6.93 | 0.06 |
| 点状脱落（m²） | 0.60 | 0.26 | 1.48 | 2.44 | —— |
| 空鼓（m²） | 2.95 | 2.71 | 6.72 | 1.82 | 1.00 |
| 颜料层脱落（m²） | 0.17 | 0.13 | —— | —— | 2.25 |
| 起甲（m²） | 1.44 | 0.32 | 0.18 | 1.00 | —— |

续表

| | | | | | |
|---|---|---|---|---|---|
| 泡状起甲（㎡） | 0.08 | 0.21 | —— | —— | —— |
| 龟裂（㎡） | 1.35 | 0.46 | —— | —— | —— |
| 裂隙（m） | 12.70 | 26.51 | 17.09 | 12.76 | 5.00 |
| 酥碱（㎡） | —— | 0.43 | 0.25 | 0.68 | —— |
| 粉化（㎡） | —— | 0.02 | —— | —— | —— |
| 划痕（㎡） | —— | 0.14 | —— | —— | —— |
| 覆盖（㎡） | 2.70 | 2.62 | 0.83 | 3.10 | 0.08 |
| 不当修缮（㎡ | 0.77 | 0.34 | 2.26 | 5.25 | —— |
| 动物损害（㎡） | 0.04 | 0.05 | 0.02 | —— | —— |
| 微生物损害（㎡） | 0.06 | —— | —— | 0.08 | 0.20 |

# 第五章 制作材料及工艺分析

　　不同的墙壁支撑体、地仗和画面颜料以及相应的建造工艺决定了壁画可能会发生某种病害，栖真观玉皇殿壁画的病害一般独立或联合发生在这三部分，因此要研究古建筑壁画的病害，必须首先对古建筑及其附属的壁画的制作材料和建造工艺有清晰、彻底的了解。栖真观玉皇殿壁画的制作工艺承袭了中原地区的壁画制作方式，墙壁支撑体、壁画地仗层使用的材料多是本地常用的建筑类材料，而画面层使用的颜料多为矿物颜料，但是壁画在绘制前处理地仗层的工艺时却使用了独特的焖纸工艺。

　　玉皇殿壁画的制作结构分为三部分，如下图所示，依次为墙壁支撑体、地仗层和画面颜料层。墙壁支撑体以石砌为主，少部分以青砖垒砌。地仗层分为两部分，靠近支撑体一般为颗粒较大的粗黄泥层，表面地仗层为皮纸细白灰层。颜料层为画面的主题部分，绘制前为了渲染绘画效果，于细白灰地仗层上涂刷一层白色的底色颜料。

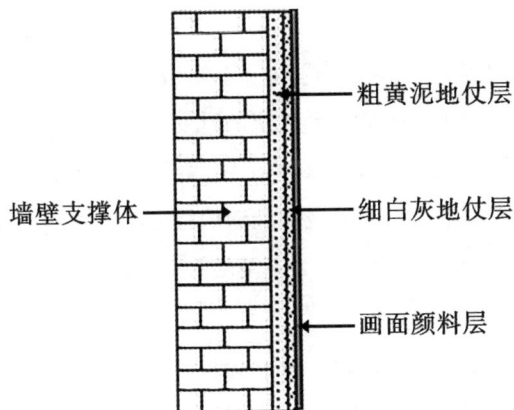

## 第一节 制作材料分析

　　为研究栖真观壁画的制作材料与工艺，在现场调查的基础上，我们共采集栖真观地仗样品 10 个，颜料样品 16 个。其中涉及的颜色种类有红色、蓝色、绿色、黑色等。主要采用的分析方法有 X 射线荧光光谱分析、红外光谱分析、光学显微镜分析等。

为了便于表述，现有壁画分布区域按照 1 米 ×1 米分为网格，东墙（D）由下向上、由南向北依次编号为东墙 1—1、1—2、1—3、1—4，2—1、2—2、2—3、2—4，3—1、3—2、3—3、3—4，4—1、4—2、4—3、4—4。西墙（X）由下向上、由南向北依次编号为西墙 1—1、1—2、1—3、1—4，2—1、2—2、2—3、2—4，3—1、3—2、3—3、3—4，4—1、4—2、4—3、4—4。北墙东侧（BD）由下向上、由东向西依次编号为北墙东侧 1—1、1—2、1—3、1—4，2—1、2—2、2—3、2—4，3—1、3—2、3—3、3—4。北墙西侧（BX）由下向上、由西向东依次编号为北墙西侧 1—1、1—2、1—3、1—4，2—1、2—2、2—3、2—4，3—1、3—2、3—3、3—4，4—1、4—2、4—3、4—4。

## 一、墙体支撑材料

建筑的墙体是玉皇殿壁画的支撑载体。载体的材质、营造法式对于画壁的制作和壁画绘制的效果、存世的寿命影响很大。玉皇殿壁画的建筑墙体的建造材质和营造方式主要为石块、砖混合砌墙。墙体上下四边用砖块建造，用比较规整的石块填心的"包框墙"。这种建筑墙体相对比较坚固结实。填心石块使用的黏合灰膏比较牢固，所以建筑的基础相对较好，没有出现错位、裂缝等大的结构稳定性问题。栖真观位于山区，周围全是可以利用建筑材料，经过宏观观察，与周围山体岩石的颜色、纹理、致密度等是一致的，可以断定玉皇殿建筑材料来自附近。

墙体外部是平整的表面，但是建筑内的石砌墙面却是不平的，可以从局部露出的石块看出，也可以从地仗层厚度作一比较。地仗层的厚度非常不均匀，薄的仅有几毫米，厚的有几厘米厚。可见，用作砌筑的石块只修整了五面，留下了建筑内的一面没有完全修整平齐。使用石块一方面可以增强墙基的强度和支撑墙壁的稳定性，另一方面石块的长期耐久性还避免了其他材料不耐腐蚀的弱点，保证了建筑基础的长期稳定性。

## 二、壁画地仗分析

用筛分法来测定沙、粉土的不同含量。以国家标准 0.075 毫米的粒径度为沙土和粉土的区分标准。经过筛分并称重，得到如下结果：各建筑地仗层中的粉土比例为 30% 左右，沙土比例为 70%，植物纤维重量极小，为 2% 左右，其质量及比重甚至可忽略。

对地仗土样和栖真观周边土壤做了成分分析，结果显示壁画地仗中矿物成分主要为方解石、石英和少量的伊利石和绿泥石。栖真观周边土壤的矿物成分分析结果，其主要的矿物成分与壁画地仗中的矿物成分相同，所以，地仗使用的粗泥和熟石灰是就地取材制作的。

对皮纸的显微观察表明，皮纸与粗泥的结合非常紧密。

## 沂源县栖真观壁画地仗纸张材料分析报告

样品编号：D—纸2

样品采样位置：东墙右上部粗泥地仗表面

样品形态：黄色片状

样品照片：

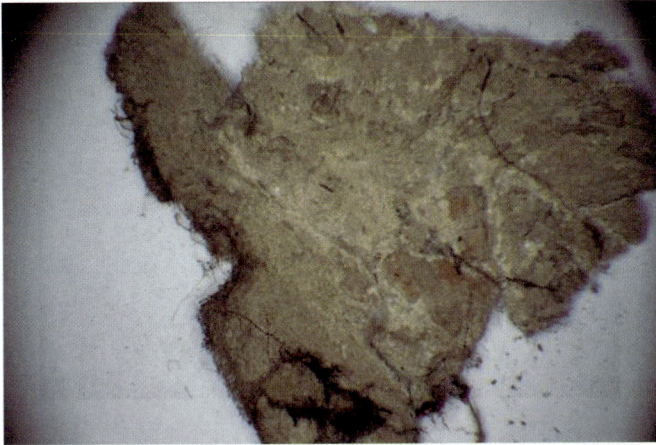

图一 皮纸背后的粗泥层

样品照片：

图二 皮纸纤维较长、交织均匀

分析方法：显微观察法

分析设备：视频显微镜

分析结论：对纸的显微观察表明，皮纸与粗泥的结合非常紧密（图一），由于皮纸的纤维较长，交织比较均匀（图二），强度很高，加之皮纸吸收粗泥和石灰的能力很强，所以皮纸自身在保存过程中是比较耐久的。

## 沂源县栖真观壁画地仗粗泥材料分析报告

样品编号：BD—地仗2

样品采样位置：北墙东侧中下部

样品形态：土黄色块状、粉末状并存地仗

样品照片：

图一 皮纸背后的粗泥层

分析方法：筛分法、X荧光光谱分析

分析设备：土壤筛分仪、电子分析天平、EDX—3600L能量色散X荧光能谱仪
样品各部分质量：总质量为5.2354 g，沙土（粒径度≥0.075毫米）质量为3.6648 g，粉土（粒径度<0.075毫米）质量为1.5157 g，植物纤维质量为0.0556g。

样品化学成分：

| Na（%） | Mg（%） | Al（%） | Si（%） | P（%） | K（%） | Ca（%） | Ti（%） |
|---|---|---|---|---|---|---|---|
| 2.6819 | 0.2887 | 1.1666 | 8.8826 | 2.0624 | 10.1623 | 61.0343 | 2.4884 |
| Mn（%） | Fe（%） | Co（%） | Cu（%） | Zn（%） | As（%） | Rb（%） | Sr（%） |
| 0.0992 | 8.3843 | 0.0000 | 0.0407 | 0.1024 | 0.8549 | 0.0834 | 0.4072 |
| Zr（%） | Ba（%） | Pb（%） | | | | | |
| 0.9825 | 0.0000 | 0.2784 | | | | | |

分析结果：

1. 以国家标准0.075毫米的粒径度为沙土和粉土的区分标准。经过筛分并称重，得到如下结果：地仗层中的粉土比例为30%左右，沙土比例为70%，植物纤维重量极小，为1%左右，其质量及比重甚至可忽略。

2. 地仗中矿物成分主要为方解石、石英和少量的伊利石和绿泥石。

### 三、壁画颜料分析

在现场调查过程中，采集了壁画颜料样品，采用 X 射线荧光光谱、红外光谱以及视频显微镜等多种分析方法相结合，对不同部位、不同类型的颜料样品根据实际情况选择合适有效、无损微损的方法进行测试研究。

### 表 5—1 沂源栖真观壁画现状调查地仗取样记录表

| 序号 | 编号 | 取样目的 | 取样位置 | 样品描述 | 取样方式 | 分析方法 |
|------|------|----------|----------|----------|----------|----------|
| 1 | X—纸 1 | 分析纸结构 | 西墙左下部表面贴附纸 | 片状纸 | 夹取 | 能量色散 X 荧光、显微观察 |
| 2 | X—纸 2 | 分析纸结构 | 西墙左下部表面贴附纸 | 片状纸 | 夹取 | 显微观察 |
| 3 | X—纸 3 | 分析纸结构 | 西墙左下部泥浆下纸 | 片状纸 | 夹取 | 显微观察 |
| 4 | X—纸 4 | 分析纸结构 | 西墙左下部泥浆下纸 | 片状纸 | 夹取 | 显微观察 |
| 5 | D—纸 1 | 分析纸结构 | 东墙右下部地仗表面 | 片状纸 | 夹取 | 显微观察 |
| 6 | D—纸 2 | 分析纸结构 | 东墙右上部地仗表面 | 片状纸 | 夹取 | 显微观察 |
| 7 | D—纸 3 | 分析纸结构 | 东墙中部画面表面 | 报纸 | 夹取 | 显微观察 |
| 8 | BD—地仗 1 | 分析内部结构 | 北墙东侧右下部 | 现代修补地仗 | 割取 | 显微观察 |
| 9 | BD—地仗 2 | 分析内部结构 | 北墙东侧中下部 | 块状粉末状并存地仗 | 割取 | 显微观察 |
| 10 | D—地仗 1 | 分析内部结构 | 东墙右中部 | 块状粉末状并存地仗 | 割取 | 显微观察 |

## 表5—2 沂源栖真观壁画现状调查颜料取样记录表

| 序号 | 编号 | 取样目的 | 取样位置 | 样品描述 | 取样方式 | 分析方法 |
|---|---|---|---|---|---|---|
| 1 | BX—红1 | 分析颜料成分结构 | 北墙西侧下部 | 红色片状颜料 | 夹取 | 能量色散X荧光、显微观察 |
| 2 | BX—红2 | 分析颜料成分结构 | 北墙西侧左下部 | 红色片状颜料 | 夹取 | 能量色散X荧光、显微观察 |
| 3 | BX—蓝1 | 分析颜料成分结构 | 北墙西侧中下部 | 蓝色片状颜料 | 夹取 | 能量色散X荧光、显微观察 |
| 4 | BX—蓝2 | 分析颜料成分结构 | 北墙西侧右下部 | 蓝色片状颜料 | 夹取 | 能量色散X荧光、显微观察 |
| 5 | BX—绿1 | 分析颜料成分结构 | 北墙西侧左下部 | 绿色片状颜料 | 夹取 | 能量色散X荧光、显微观察 |
| 6 | BX—绿2 | 分析颜料成分结构 | 北墙西侧右下部 | 绿色片状颜料 | 刮取 | 能量色散X荧光、显微观察 |
| 7 | BX—黑1 | 分析颜料成分结构 | 北墙西侧右下部 | 黑色片状颜料 | 刮取 | 能量色散X荧光、显微观察 |
| 8 | BX—黑2 | 分析颜料成分结构 | 北墙西侧右下部 | 黑色片状颜料 | 刮取 | 能量色散X荧光、显微观察 |
| 9 | X—黑1 | 分析颜料成分结构 | 西墙左下部泥浆表面 | 黑色片状颜料 | 夹取 | 能量色散X荧光、显微观察 |
| 10 | D—蓝1 | 分析颜料成分结构 | 东墙右上部 | 蓝色片状颜料 | 夹取 | 能量色散X荧光、显微观察 |
| 11 | D—蓝2 | 分析颜料成分结构 | 东墙右上部 | 蓝色片状颜料 | 夹取 | 能量色散X荧光、显微观察 |
| 12 | D—黑1 | 分析颜料成分结构 | 东墙右上部 | 黑色片状颜料 | 夹取 | 能量色散X荧光、显微观察 |
| 13 | D—黑2 | 分析颜料成分结构 | 东墙右中部 | 黑色片状颜料 | 夹取 | 能量色散X荧光、显微观察 |
| 14 | D—绿1 | 分析颜料成分结构 | 东墙右中部 | 绿色片状颜料 | 夹取 | 能量色散X荧光、显微观察 |

| 15 | D—红1 | 分析颜料成分结构 | 东墙右中部 | 绿色片状颜料 | 夹取 | 能量色散X荧光、显微观察 |
|---|---|---|---|---|---|---|
| 16 | BD—蓝1 | 分析颜料成分结构 | 北墙东侧中部 | 蓝色片状颜料 | 夹取 | 能量色散X荧光、显微观察 |

对部分样品进行了剖面观察分析，总结得出玉皇殿壁画使用传统方法制作（图5—1），可以观察到以白灰层为基础，再在白灰层上涂刷颜料（图5—2）。一些颜料样块有泥浆、油漆覆盖（图5—3），其中一些颜料和灰浆之上有纸张覆盖现象，且纸大多数为发黄的报纸（图5—4、图5—5）。

图5—1 壁画粗泥地仗层和细泥地仗层

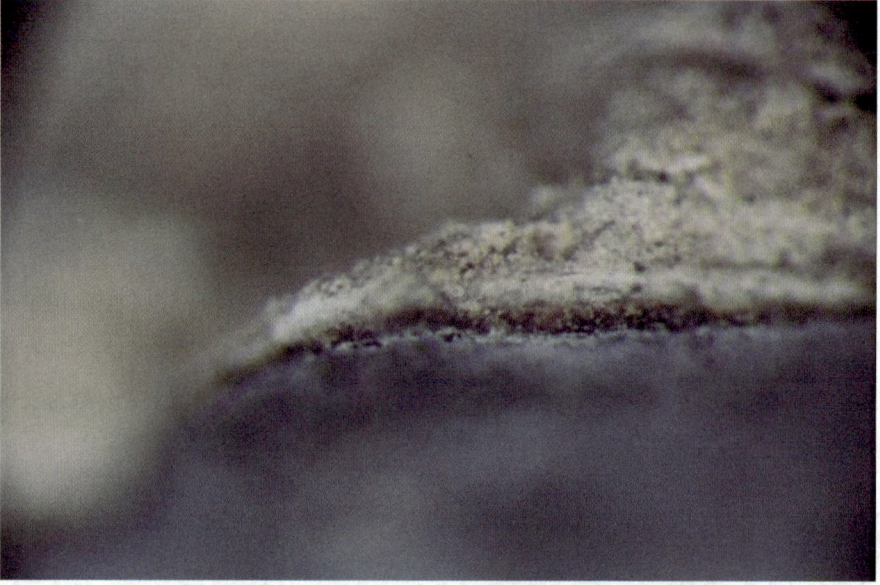

图 5—2 黑色颜料与白灰层结合剖面

图 5—3 颜料层表面覆盖的泥浆、油漆

图 5—4 颜料层表面覆盖的报纸

图 5—5 报纸与白灰层结合微观形貌

### 表5—3 沂源栖真观壁画现状调查颜料成分分析表　单位：%

|  | Na | Mg | Al | Si | P | K | Ca | Ti | Mn | Fe | Cu | Zn | As | Rb | Sr | Zr | Ba | Pb |
|---|---|---|---|---|---|---|---|---|---|---|---|---|---|---|---|---|---|---|
| D红—1—1 | 0.4971 | 0.2110 | 0.3834 | 2.1105 | 2.1301 | 0.3013 | 76.1027 | 0.1846 | 0.0323 | 0.5897 | 0.023 | 0.2049 | 0.000 | 0.000 | 0.2477 | 0.4410 | 0.1747 | 16.3666 |
| D红—1—2 | 0.3138 | 0.1281 | 0.3705 | 2.1737 | 2.1113 | 0.3541 | 77.0873 | 0.1528 | 0.0338 | 0.6016 | 0.0221 | 0.2161 | 0.000 | 0.000 | 0.2701 | 0.3768 | 0.0072 | 15.7807 |
| D蓝—1—1 | 0.3505 | 0.1635 | 0.2914 | 1.6772 | 1.6236 | 0.000 | 94.8587 | 0.0250 | 0.0117 | 0.370 | 0.031 | 0.068 | 0.000 | 0.000 | 0.2621 | 0.4698 | 0.1967 | 0.0229 |
| D蓝—2—1 | 0.5247 | 0.1173 | 0.7487 | 4.0845 | 2.0763 | 2.9347 | 83.5015 | 0.6758 | 0.0860 | 3.2326 | 0.168 | 0.638 | 0.000 | 0.421 | 0.3940 | 0.8576 | 0.5490 | 0.0946 |
| D绿—1—1 | 0.3095 | 0.1078 | 0.2544 | 1.4956 | 1.4707 | 0.0520 | 84.6280 | 0.0714 | 0.0074 | 0.2654 | 0.4288 | 0.000 | 10.3102 | 0.0017 | 0.2590 | 0.3345 | 0.000 | 0.0037 |
| BD蓝—1—1 | 0.2990 | 0.0732 | 0.3253 | 1.9721 | 1.4814 | 0.000 | 94.6647 | 0.1256 | 0.063 | 0.1541 | 0.020 | 0.027 | 0.324 | 0.012 | 0.2528 | 0.5672 | 0.000 | 0.398 |
| BX红—1—1 | 0.4049 | 0.0733 | 0.4426 | 2.3345 | 1.6669 | 1.4293 | 82.1789 | 0.7276 | 0.0649 | 8.6292 | 0.029 | 0.148 | 0.116 | 0.7199 | 0.2988 | 0.6955 | 0.000 | 0.3044 |
| BX红—1—2 | 0.3813 | 0.0784 | 0.4089 | 2.2979 | 1.7056 | 1.5193 | 81.6772 | 0.7159 | 0.0612 | 8.9168 | 0.054 | 0.398 | 0.6170 | 0.0273 | 0.2883 | 0.6790 | 0.1601 | 0.4208 |
| BX红—2—1 | 0.4408 | 0.1505 | 0.2942 | 1.7146 | 1.3662 | 0.000 | 94.3482 | 0.0810 | 0.0178 | 0.4448 | 0.010 | 0.072 | 0.1957 | 0.0008 | 0.2566 | 0.6046 | 0.0489 | 0.0270 |
| BX蓝—1—1 | 0.4739 | 0.1654 | 0.6723 | 3.6437 | 1.9907 | 3.2073 | 82.5189 | 1.4536 | 0.1430 | 3.7571 | 0.111 | 0.733 | 0.5327 | 0.297 | 0.3132 | 1.0139 | 0.000 | 0.000 |
| BX蓝—2—1 | 0.5501 | 0.2058 | 0.9177 | 4.6481 | 2.1153 | 4.9963 | 77.7582 | 1.4410 | 0.0659 | 4.4502 | 0.165 | 0.736 | 0.9879 | 0.462 | 0.3090 | 1.0931 | 0.2637 | 0.0616 |
| BX绿—1—1 | 0.2691 | 0.0581 | 0.3003 | 1.8498 | 1.4902 | 0.9602 | 63.2016 | 0.3744 | 0.0564 | 1.4390 | 0.9627 | 0.000 | 28.3150 | 0.0070 | 0.2086 | 0.3520 | 0.1485 | 0.0071 |
| BX绿—1—2 | 0.2925 | 0.0685 | 0.3336 | 1.9670 | 1.5664 | 0.8549 | 61.8281 | 0.3344 | 0.0537 | 1.4256 | 1.0305 | 0.000 | 29.5532 | 0.0134 | 0.1962 | 0.4349 | 0.000 | 0.0472 |
| BX绿—2—1 | 0.3520 | 0.1530 | 0.2845 | 1.6165 | 1.5248 | 0.000 | 93.0419 | 0.0375 | 0.0020 | 0.0591 | 0.0763 | 0.000 | 1.9592 | 0.0018 | 0.2658 | 0.4575 | 0.1683 | 0.000 |

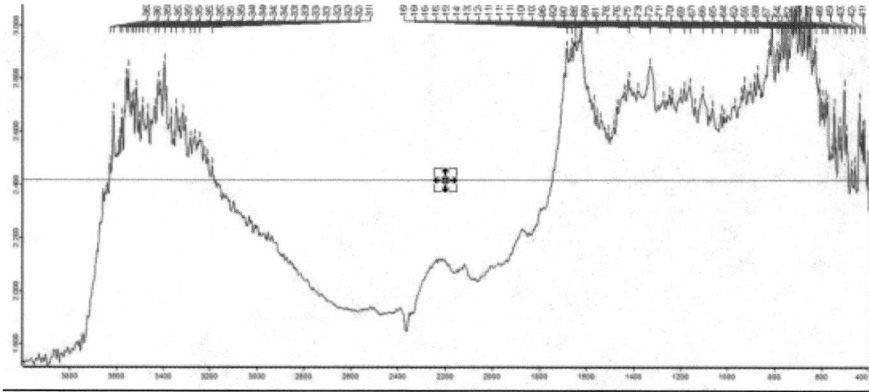

图 5—6 北墙西侧黑色颜料红外光谱图

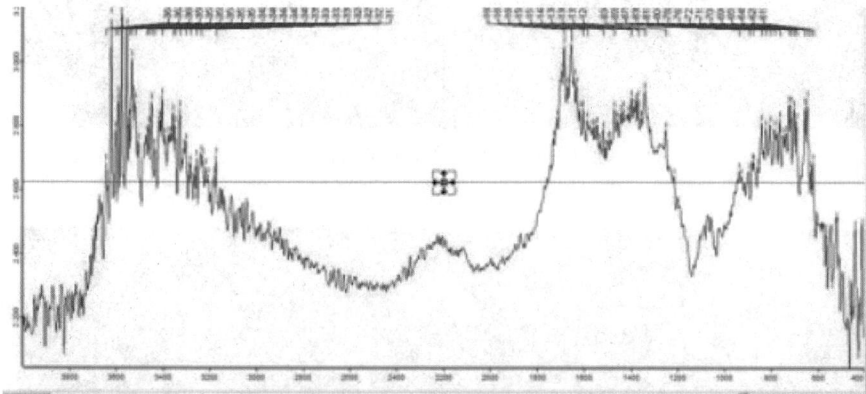

图 5—7 北墙西侧红色颜料红外光谱图

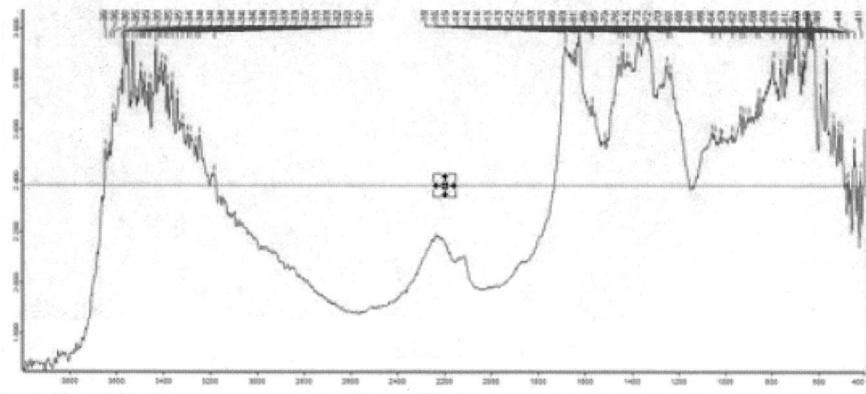

图 5—8 北墙西侧绿色颜料红外光谱图

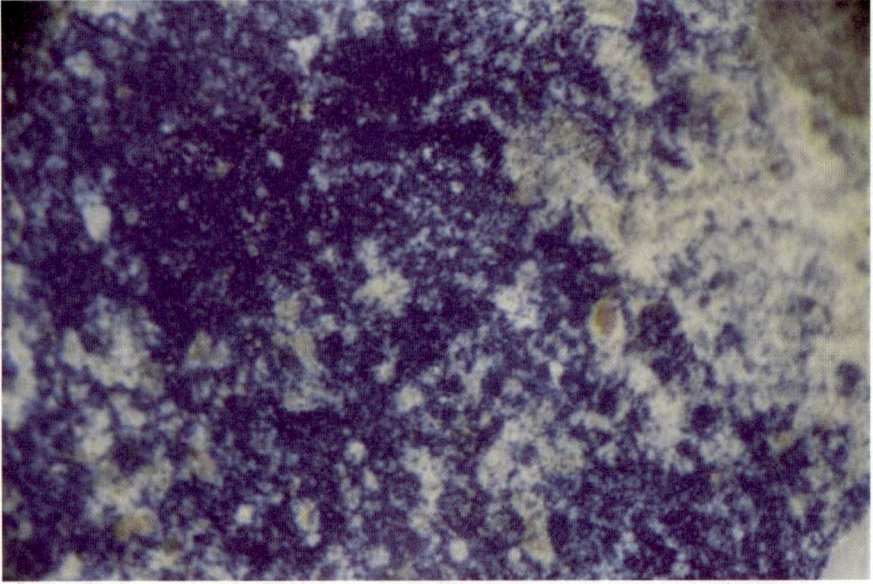

图 5—9　东墙蓝色颜料显微图像

图 5—10 东墙绿色颜料显微图像

根据 X 射线荧光光谱、红外光谱分析结果（表 5—2、图 5—6、图 5—7、图 5—8），可知玉皇殿壁画中使用的红色颜料有铁红、铅丹两种，黑色颜料为传统的炭黑，蓝色画面均使用群青，蓝色呈色物质为人造青金石，即群青，其成色物质晶体颗粒均匀（图 5—9），绿色样品均为巴黎绿，其化学成分中含有大量的 As 元素。外观为具有翡翠绿颜色的结晶粉末（图 5—10）。（详见如下检测报告）

栖真观玉皇殿所有样品中均含有大量的 Ca 元素，来源于地仗中的石灰层和表面的灰尘，断定地仗的材料为碳酸钙。碳酸钙已经与各色颜料相互扩散，结合为致密的整体。

## EDX—3600L 能量色散 X 荧光能谱仪检测报告

| 样品名称：BD 蓝—1—1 | 编号：01 |
|---|---|

| 八、样品化学成分： | 样品图 |
|---|---|

**全部结果**

| Na（%） | Mg（%） | Al（%） | Si（%） | P（%） | K（%） | Ca（%） | Ti（%） |
|---|---|---|---|---|---|---|---|
| 0.2990 | 0.0732 | 0.3253 | 1.9721 | 1.4814 | 0.0000 | 94.6647 | 0.1256 |
| Mn（%） | Fe（%） | Co（%） | Cu（%） | Zn（%） | As（%） | Rb（%） | Sr（%） |
| 0.0063 | 0.1541 | 0.0000 | 0.0020 | 0.0027 | 0.0324 | 0.0012 | 0.2528 |
| Zr（%） | Ba（%） | Pb（%） | | | | | |
| 0.5672 | 0.0000 | 0.0398 | | | | | |

| 检测结论 | 蓝色呈色物质成分与青金石化学成分组成比较相符。 |
|---|---|

## EDX—3600L 能量色散 X 荧光能谱仪检测报告

| 样品名称：BX 红—1—1 | 编号：02 |
|---|---|

谱图

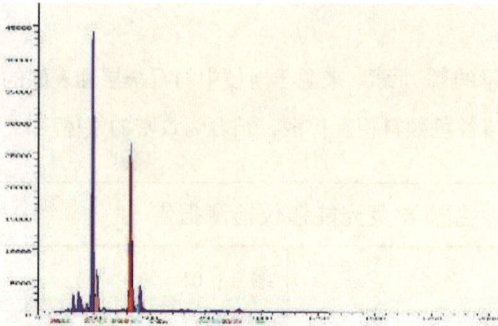

样品图

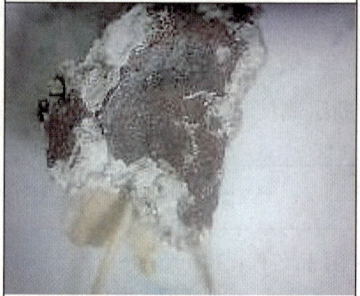

全部结果

| Na（%） | Mg（%） | Al（%） | Si（%） | P（%） | K（%） | Ca（%） | Ti（%） |
|---|---|---|---|---|---|---|---|
| 0.4049 | 0.0733 | 0.4426 | 2.3345 | 1.6669 | 1.4293 | 82.1789 | 0.7276 |
| Mn（%） | Fe（%） | Co（%） | Cu（%） | Zn（%） | As（%） | Rb（%） | Sr（%） |
| 0.0649 | 8.6292 | 0.0000 | 0.0029 | 0.0148 | 0.7116 | 0.0199 | 0.2988 |
| Zr（%） | Ba（%） | Pb（%） | | | | | |
| 0.6955 | 0.0000 | 0.3044 | | | | | |

| 检测结论 | 红色呈色物质成分与铁红化学成分组成比较相符。 |
|---|---|

## EDX—3600L 能量色散 X 荧光能谱仪检测报告

| 样品名称：BX 红—1—2 | 编号：03 |
|---|---|

| 谱图 | 样品图 |
|---|---|
| 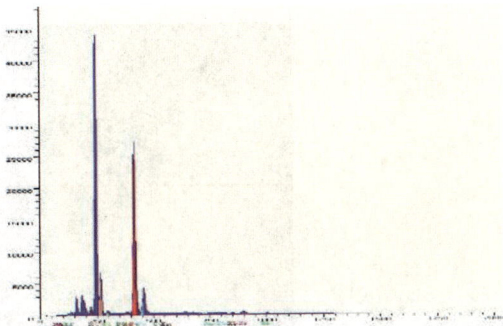 | 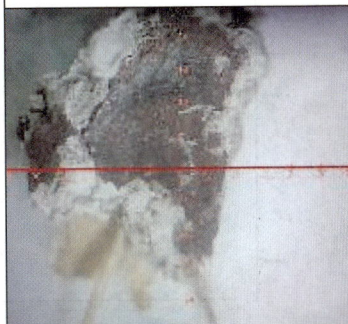 |

全部结果

| Na（%） | Mg（%） | Al（%） | Si（%） | P（%） | K（%） | Ca（%） | Ti（%） |
|---|---|---|---|---|---|---|---|
| 0.3813 | 0.0784 | 0.4089 | 2.2979 | 1.7056 | 1.5193 | 81.6772 | 0.7159 |

| Mn（%） | Fe（%） | Co（%） | Cu（%） | Zn（%） | As（%） | Rb（%） | Sr（%） |
|---|---|---|---|---|---|---|---|
| 0.0612 | 8.9168 | 0.0000 | 0.0054 | 0.0398 | 0.6170 | 0.0273 | 0.2883 |

| Zr（%） | Ba（%） | Pb（%） |
|---|---|---|
| 0.6790 | 0.1601 | 0.4208 |

| 检测结论 | 红色呈色物质成分与铁红化学成分组成比较相符。 |
|---|---|

## EDX—3600L 能量色散 X 荧光能谱仪检测报告

| 样品名称：BX 红—2—1 | 编号：04 |
|---|---|

**谱图**

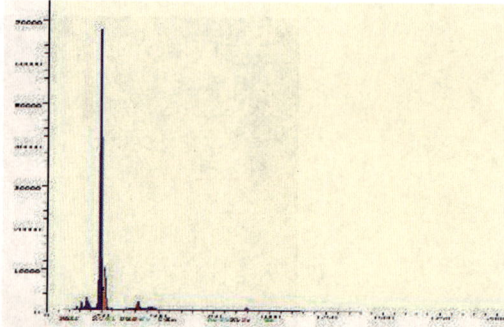

**样品图**

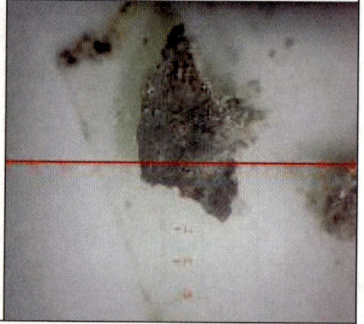

**全部结果**

| Na（%） | Mg（%） | Al（%） | Si（%） | P（%） | K（%） | Ca（%） | Ti（%） |
|---|---|---|---|---|---|---|---|
| 0.4408 | 0.1505 | 0.2942 | 1.7146 | 1.3662 | 0.0000 | 94.3482 | 0.0810 |

| Mn（%） | Fe（%） | Co（%） | Cu（%） | Zn（%） | As（%） | Rb（%） | Sr（%） |
|---|---|---|---|---|---|---|---|
| 0.0178 | 0.4448 | 0.0000 | 0.0010 | 0.0072 | 0.1957 | 0.0008 | 0.2566 |

| Zr（%） | Ba（%） | Pb（%） |
|---|---|---|
| 0.6046 | 0.0489 | 0.0270 |

| 检测结论 | 红色呈色物质成分与铅丹成分组成相差较大，与铁红相差较小，难以确定具体呈色成分。 |
|---|---|

## EDX—3600L 能量色散 X 荧光能谱仪检测报告

| 样品名称：BX 蓝—1—1 | 编号：05 |
|---|---|

谱图

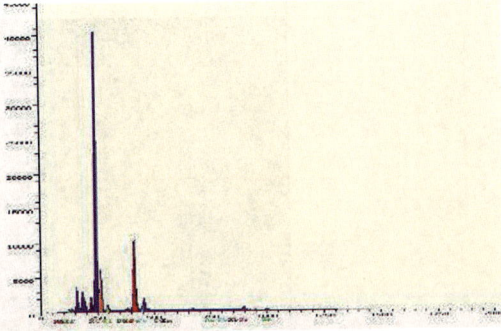

样品图

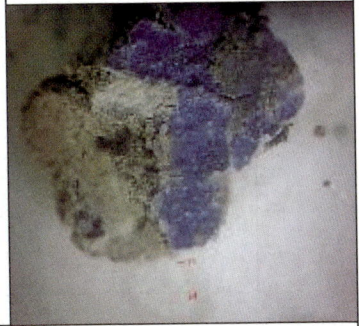

全部结果

| Na（%） | Mg（%） | Al（%） | Si（%） | P（%） | K（%） | Ca（%） | Ti（%） |
|---|---|---|---|---|---|---|---|
| 0.4739 | 0.1654 | 0.6723 | 3.6437 | 1.9907 | 3.2073 | 82.5189 | 1.4536 |
| Mn（%） | Fe（%） | Co（%） | Cu（%） | Zn（%） | As（%） | Rb（%） | Sr（%） |
| 0.1430 | 3.7571 | 0.0000 | 0.0111 | 0.0733 | 0.5327 | 0.0297 | 0.3132 |
| Zr（%） | Ba（%） | Pb（%） | | | | | |
| 1.0139 | 0.0000 | 0.0000 | | | | | |

| 检测结论 | 蓝色呈色物质成分与青金石化学成分组成比较相符。 |
|---|---|

## EDX—3600L 能量色散 X 荧光能谱仪检测报告

| 样品名称：BX 蓝—2—1 | 编号：06 |
|---|---|

**谱图**

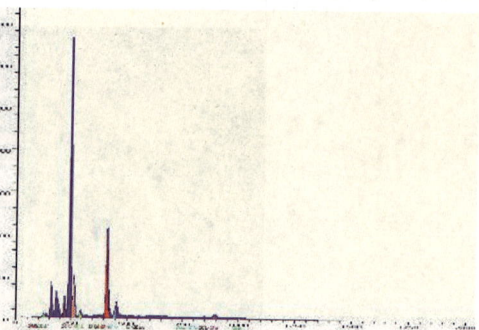

**样品图**

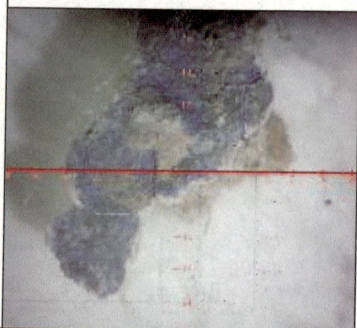

**全部结果**

| Na（%） | Mg（%） | Al（%） | Si（%） | P（%） | K（%） | Ca（%） | Ti（%） |
|---|---|---|---|---|---|---|---|
| 0.5501 | 0.2058 | 0.9177 | 4.6481 | 2.1153 | 4.9963 | 77.7582 | 1.4410 |

| Mn（%） | Fe（%） | Co（%） | Cu（%） | Zn（%） | As（%） | Rb（%） | Sr（%） |
|---|---|---|---|---|---|---|---|
| 0.0659 | 4.4502 | 0.0000 | 0.0165 | 0.0736 | 0.9879 | 0.0462 | 0.3090 |

| Zr（%） | Ba（%） | Pb（%） |
|---|---|---|
| 1.0931 | 0.2637 | 0.0616 |

| 检测<br>结论 | 蓝色呈色物质成分与青金石化学成分组成比较相符。 |
|---|---|

## EDX—3600L 能量色散 X 荧光能谱仪检测报告

| 样品名称：BX 绿—1—1 | 编号：07 |
|---|---|

| 谱图 | 样品图 |
|---|---|
| 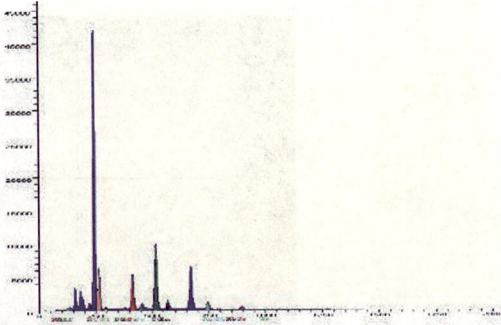 | 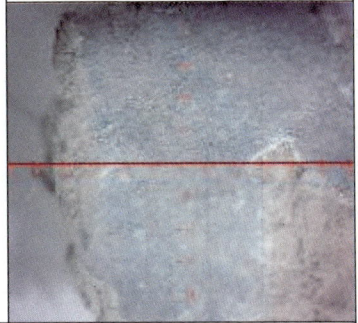 |

全部结果

| Na（%） | Mg（%） | Al（%） | Si（%） | P（%） | K（%） | Ca（%） | Ti（%） |
|---|---|---|---|---|---|---|---|
| 0.2691 | 0.0581 | 0.3003 | 1.8498 | 1.4902 | 0.9602 | 63.2016 | 0.3744 |
| Mn（%） | Fe（%） | Co（%） | Cu（%） | Zn（%） | As（%） | Rb（%） | Sr（%） |
| 0.0564 | 1.4390 | 0.0000 | 0.9627 | 0.0000 | 28.3150 | 0.0070 | 0.2086 |
| Zr（%） | Ba（%） | Pb（%） | | | | | |
| 0.3520 | 0.1485 | 0.0071 | | | | | |

| 检测结论 | 绿色呈色物质与醋酸铜合亚砷酸铜成分比较相符。 |
|---|---|

## EDX—3600L 能量色散 X 荧光能谱仪检测报告

| 样品名称：BX 绿—1—2 | 编号：08 |
| --- | --- |

谱图

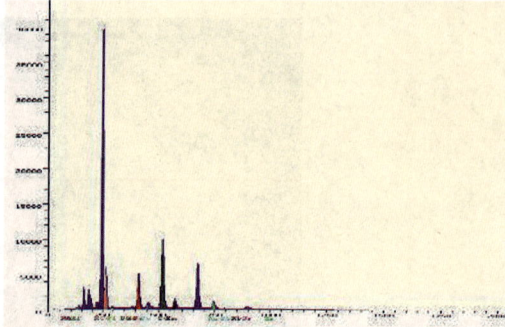

样品图

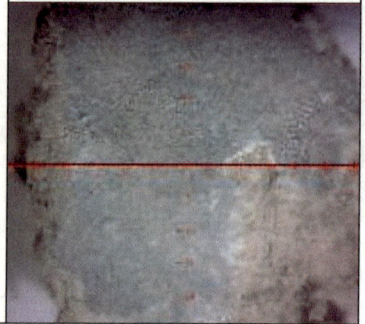

全部结果

| Na（%） | Mg（%） | Al（%） | Si（%） | P（%） | K（%） | Ca（%） | Ti（%） |
| --- | --- | --- | --- | --- | --- | --- | --- |
| 0.2925 | 0.0685 | 0.3336 | 1.9670 | 1.5664 | 0.8549 | 61.8281 | 0.3344 |
| Mn（%） | Fe（%） | Co（%） | Cu（%） | Zn（%） | As（%） | Rb（%） | Sr（%） |
| 0.0537 | 1.4256 | 0.0000 | 1.0305 | 0.0000 | 29.5532 | 0.0134 | 0.1962 |
| Zr（%） | Ba（%） | Pb（%） | | | | | |
| 0.4349 | 0.0000 | 0.0472 | | | | | |

| 检测结论 | 绿色呈色物质与醋酸铜合亚砷酸铜成分比较相符。 |
| --- | --- |

## EDX—3600L 能量色散 X 荧光能谱仪检测报告

样品名称：BX 绿—2—1 编号：09

谱图

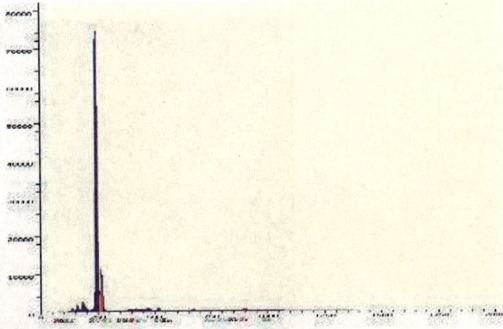

样品图

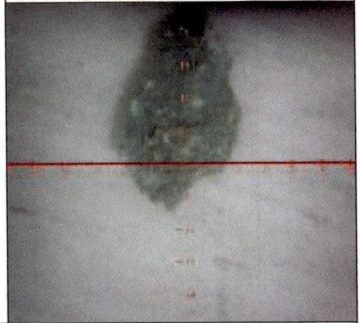

全部结果

| Na（%） | Mg（%） | Al（%） | Si（%） | P（%） | K（%） | Ca（%） | Ti（%） |
|---|---|---|---|---|---|---|---|
| 0.3520 | 0.1530 | 0.2845 | 1.6165 | 1.5248 | 0.0000 | 93.0419 | 0.0375 |

| Mn（%） | Fe（%） | Co（%） | Cu（%） | Zn（%） | As（%） | Rb（%） | Sr（%） |
|---|---|---|---|---|---|---|---|
| 0.0020 | 0.0591 | 0.0000 | 0.0763 | 0.0000 | 1.9592 | 0.0018 | 0.2658 |

| Zr（%） | Ba（%） | Pb（%） |
|---|---|---|
| 0.4575 | 0.1683 | 0.0000 |

| 检测结论 | 绿色呈色物质与醋酸铜合亚砷酸铜成分比较相符。 |
|---|---|

## EDX—3600L 能量色散 X 荧光能谱仪检测报告

| 样品名称：D 红—1—1 | 编号：10 |
|---|---|

谱图

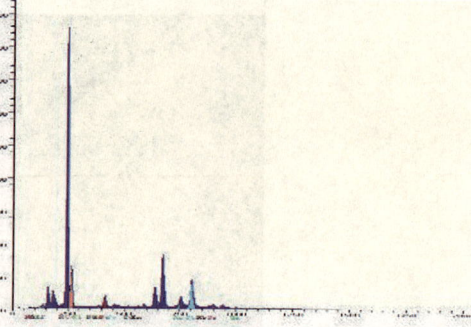

样品图

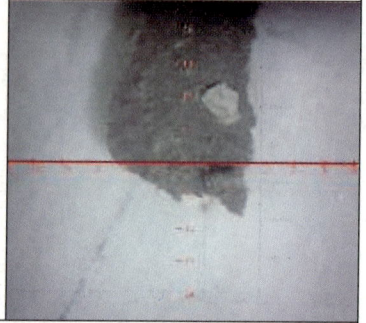

全部结果

| Na（%） | Mg（%） | Al（%） | Si（%） | P（%） | K（%） | Ca（%） | Ti（%） |
|---|---|---|---|---|---|---|---|
| 0.4971 | 0.2110 | 0.3834 | 2.1105 | 2.1301 | 0.3013 | 76.1027 | 0.1846 |

| Mn（%） | Fe（%） | Co（%） | Cu（%） | Zn（%） | As（%） | Rb（%） | Sr（%） |
|---|---|---|---|---|---|---|---|
| 0.0323 | 0.5897 | 0.0000 | 0.0223 | 0.2049 | 0.0000 | 0.0000 | 0.2477 |

| Zr（%） | Ba（%） | Pb（%） |
|---|---|---|
| 0.4410 | 0.1747 | 16.3666 |

| 检测结论 | 红色呈色物质成分与铅丹化学成分组成比较相符。 |
|---|---|

## EDX—3600L 能量色散 X 荧光能谱仪检测报告

| 样品名称：D 红—1—1 | 编号：11 |
|---|---|

| 谱图 | 样品图 |
|---|---|
| | |

全部结果

| Na（%） | Mg（%） | Al（%） | Si（%） | P（%） | K（%） | Ca（%） | Ti（%） |
|---|---|---|---|---|---|---|---|
| 0.4971 | 0.2110 | 0.3834 | 2.1105 | 2.1301 | 0.3013 | 76.1027 | 0.1846 |

| Mn（%） | Fe（%） | Co（%） | Cu（%） | Zn（%） | As（%） | Rb（%） | Sr（%） |
|---|---|---|---|---|---|---|---|
| 0.0323 | 0.5897 | 0.0000 | 0.0223 | 0.2049 | 0.0000 | 0.0000 | 0.2477 |

| Zr（%） | Ba（%） | Pb（%） | | | | | |
|---|---|---|---|---|---|---|---|
| 0.4410 | 0.1747 | 16.3666 | | | | | |

| 检测结论 | 红色呈色物质成分与铅丹化学成分组成比较相符。 |
|---|---|

## EDX—3600L 能量色散 X 荧光能谱仪检测报告

| 样品名称：D 蓝—1—1 | 编号：12 |
|---|---|

| 谱图 | 样品图 |
|---|---|
| 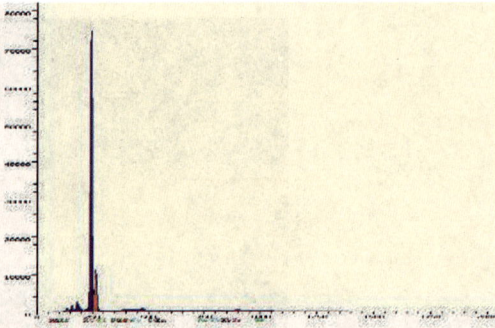 | 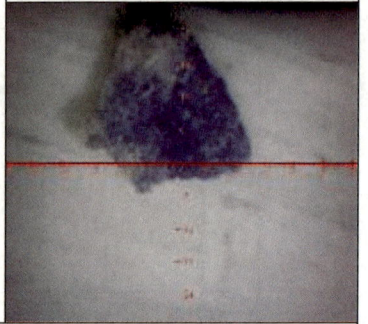 |

全部结果

| Na（%） | Mg（%） | Al（%） | Si（%） | P（%） | K（%） | Ca（%） | Ti（%） |
|---|---|---|---|---|---|---|---|
| 0.3505 | 0.1635 | 0.2914 | 1.6772 | 1.6236 | 0.0000 | 94.8587 | 0.0250 |

| Mn（%） | Fe（%） | Co（%） | Cu（%） | Zn（%） | As（%） | Rb（%） | Sr（%） |
|---|---|---|---|---|---|---|---|
| 0.0117 | 0.0370 | 0.0000 | 0.0031 | 0.0068 | 0.0000 | 0.0000 | 0.2621 |

| Zr（%） | Ba（%） | Pb（%） | | | | | |
|---|---|---|---|---|---|---|---|
| 0.4698 | 0.1967 | 0.0229 | | | | | |

| 检测结论 | 蓝色呈色物质成分与青金石化学成分组成比较相符。 |
|---|---|

## EDX—3600L 能量色散 X 荧光能谱仪检测报告

| 样品名称：D 蓝—2—1 | 编号：13 |
|---|---|

**谱图**

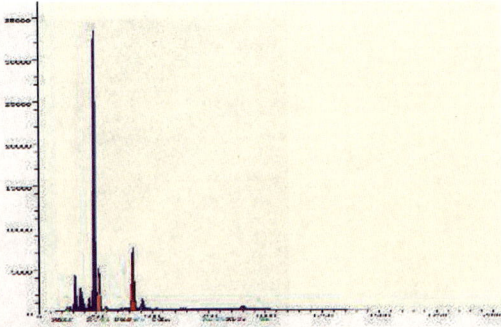

**样品图**

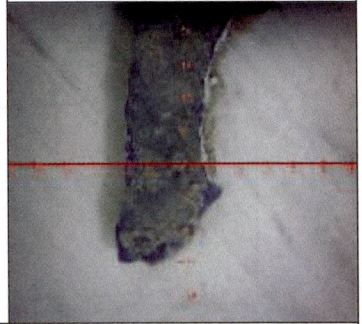

**全部结果**

| Na（%） | Mg（%） | Al（%） | Si（%） | P（%） | K（%） | Ca（%） | Ti（%） |
|---|---|---|---|---|---|---|---|
| 0.5247 | 0.1173 | 0.7487 | 4.0845 | 2.0763 | 2.9347 | 83.5015 | 0.6758 |

| Mn（%） | Fe（%） | Co（%） | Cu（%） | Zn（%） | As（%） | Rb（%） | Sr（%） |
|---|---|---|---|---|---|---|---|
| 0.0860 | 3.2326 | 0.0000 | 0.0168 | 0.0638 | 0.0000 | 0.0421 | 0.3940 |

| Zr（%） | Ba（%） | Pb（%） | | | | | |
|---|---|---|---|---|---|---|---|
| 0.8576 | 0.5490 | 0.0946 | | | | | |

| 检测结论 | 蓝色呈色物质成分与青金石化学成分组成比较相符。 |
|---|---|

## EDX—3600L 能量色散 X 荧光能谱仪检测报告

| 样品名称：D 绿—1—1 | 编号：14 |
|---|---|

| 谱图 | 样品图 |
|---|---|
| 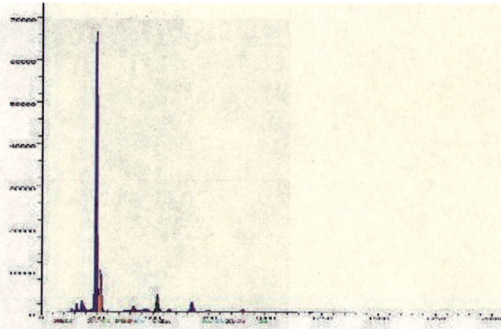 | 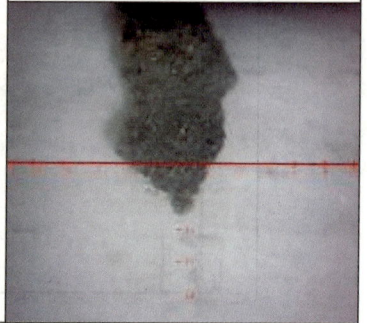 |

全部结果

| Na（%） | Mg（%） | Al（%） | Si（%） | P（%） | K（%） | Ca（%） | Ti（%） |
|---|---|---|---|---|---|---|---|
| 0.3095 | 0.1078 | 0.2544 | 1.4956 | 1.4707 | 0.0520 | 84.6280 | 0.0714 |

| Mn（%） | Fe（%） | Co（%） | Cu（%） | Zn（%） | As（%） | Rb（%） | Sr（%） |
|---|---|---|---|---|---|---|---|
| 0.0074 | 0.2654 | 0.0000 | 0.4288 | 0.0000 | 10.3102 | 0.0017 | 0.2590 |

| Zr（%） | Ba（%） | Pb（%） | | | | | |
|---|---|---|---|---|---|---|---|
| 0.3345 | 0.0000 | 0.0037 | | | | | |

| 检测结论 | 绿色呈色物质与醋酸铜合亚砷酸铜成分比较相符。 |
|---|---|

# 第二节 制作工艺分析

## 一、地仗

根据以上分析可知栖真观壁画的地仗为两层，即粗泥层和细泥层。细泥层上层为白粉层。壁画的粗泥是用较粗的粉沙土掺加麦草做成。细泥是用较细的粉沙土掺加麻做成。白粉层涂刷的是石膏、石灰等。

## 二、绘制工艺

壁画的绘制程序包括起稿、勾线、着色等三个步骤。使用的材料为各种矿物颜料，使用的绘画工具有各种勾线笔、渲染用笔、砚台、笔洗、乳钵等。

### （一）起稿

壁画稿称为"粉本"或"谱子"。"粉本"使用的过程是：第一，把创作精确的画稿誊画在坚韧的白麻纸或羊皮上；第二，顺着画面的墨线，用针刺成连续的小孔，俗称"扎谱子"；第三，使用时把"粉本"张于墙壁，然后用兜白粉（或红土）的小布兜沿着线条拍打，白粉顺着针孔漏于墙壁，揭开后画稿上的形象轮廓便显现在画壁上。北方的壁画在画壁抹完灰后先刷一层白灰或灰色底子来罩住壁面。在灰色底上漏白粉谱子会更清晰易见。如果是白墙，则用红土漏谱。

### （二）勾线

在画壁上过稿后就可以进入第二步，即"落墨"勾线，按粉稿拓在画壁上的轮廓印痕勾墨线，遇有需要修改处则在勾线过程中改正过来。画工有句谚语叫"一朽、二落、三成"，就是第一步起稿，第二步勾线，第三步着色。

### （三）着色

壁画装饰性强，技法上是单线平涂，略加渲染。多用平涂手法在衣褶或其他需要处理的地方略加晕染，用以表现物象的凹凸感。经过晕染后的衣褶再用同类色勾勒可以使物象更加爽朗、突出，增强感染力。

113

# 第六章 修复材料及工艺筛选

## 第一节 修复材料筛选原则

修复材料与工艺的选择遵循"最大兼容，最小干预"的原则。通常选用低黏度、高黏性、无眩光、无变色、透气性好、耐老化以及良好的可逆性和可操控性的黏结材料。尽可能利用当地材料以增强其兼容性，辅之以必要的添加材料和胶黏剂。

## 第二节 修复材料筛选

依据《古代壁画保护修复方案编制规范》（GB—T 30236—2013）中对壁画修复实验的要求开展材料的筛选实验。结合《馆藏壁画保护技术》（科学出版社，2011年）、《山东地区古建筑壁画保护研究》（山东大学出版社，2016年）中有关壁画清洗、加固材料试验数据进行材料的初步筛选（实验报告详见附录），筛选结论如下：

### 一、壁画画面污染的清理

现场试验中选取壁画酥粉代表区域，避开壁画人物等重要信息部位，有比较明显的欲加固区域，实验区域分区为5厘米×5厘米的正方形实验块。主要包含表面灰尘、钙质土垢、烟熏、贴纸等病害的清理。

（一）画面灰尘的清理

壁画表面灰尘容易吸收空气中水分、微生物，对壁画颜料层保护极为不利。壁画表面灰尘清理常用方法有干法清理和湿法清理两种。

干法清理灰尘是用软毛刷、微型吸尘器、专用灰尘擦洗海绵、面包屑或面团、洗耳球等工具吸附、擦扫。表面灰尘干法清除的工艺包括以下工序：1.选择画面不重要区域进行清理实验，确认对壁画颜料没有危害并且选择合适的用具；2.用毛笔或者毛刷擦除壁画表面灰尘；3.用棉团或棉签蘸蒸馏水或质量分数为50%的乙醇溶液，借助手术刀、竹签等清除表面泥土污染及顽固污垢；4.利用棉签或棉团蘸蒸馏水润湿和吸附最后的污垢。清洗宏观效果如图6—1所示，微观效果如图6—2、图6—3所示。

　　湿法清理灰尘是在颜料层存在起甲、粉化等病害时，先对颜料层加固，再用棉签或棉团蘸蒸馏水或 50% 的乙醇溶液，利用溶剂溶解、软化、贴附作用清除壁画表面灰尘。清理工艺包括以下工序：1. 用洗耳球轻轻吹掉表面浮灰，并检验壁画颜料层的耐溶剂性；2. 表面贴吸水纸，并在吸水纸上刷质量分数为 50% 的乙醇溶液；3. 刷质量分数为 5% 的聚乙酸乙烯酯乳液等加固剂，加固壁画颜料层；4. 揭取吸水纸，此时吸水纸上沾满灰尘；5. 如果没有清洗彻底，可重复 3 和 4 过程；6. 最后用润湿挤干的棉团或棉签滚动清洗壁画表面。

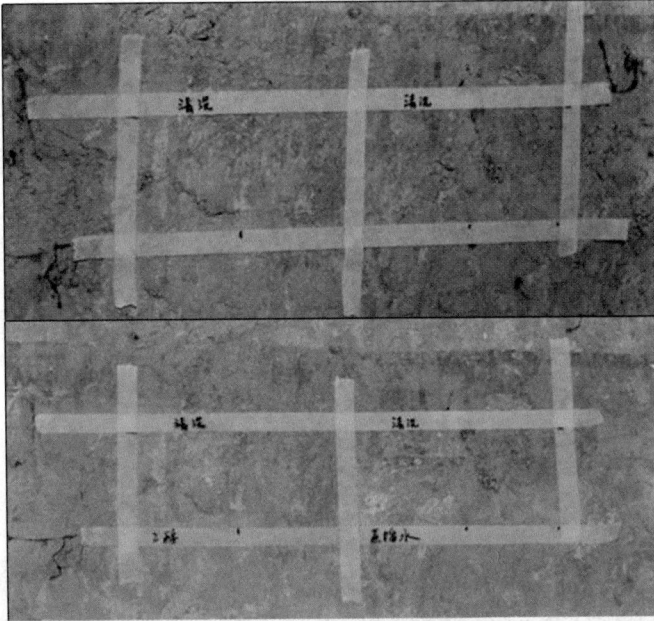

图 6—1 蒸馏水、乙醇溶液清洗前后效果

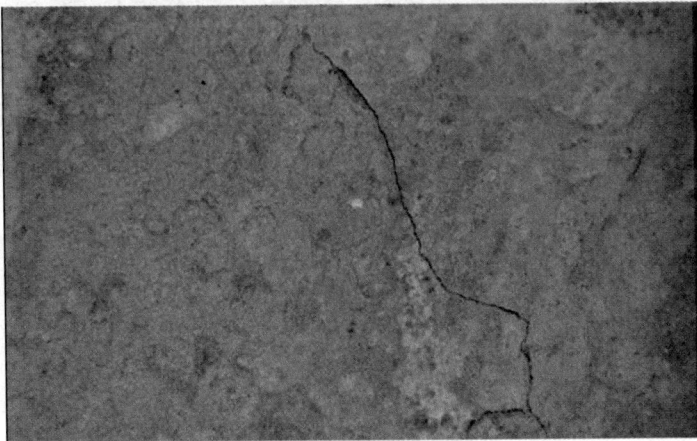

图 6-2 使用乙醇清洗前后表面微观效果

6—2 使用乙醇清洗前后表面微观效果

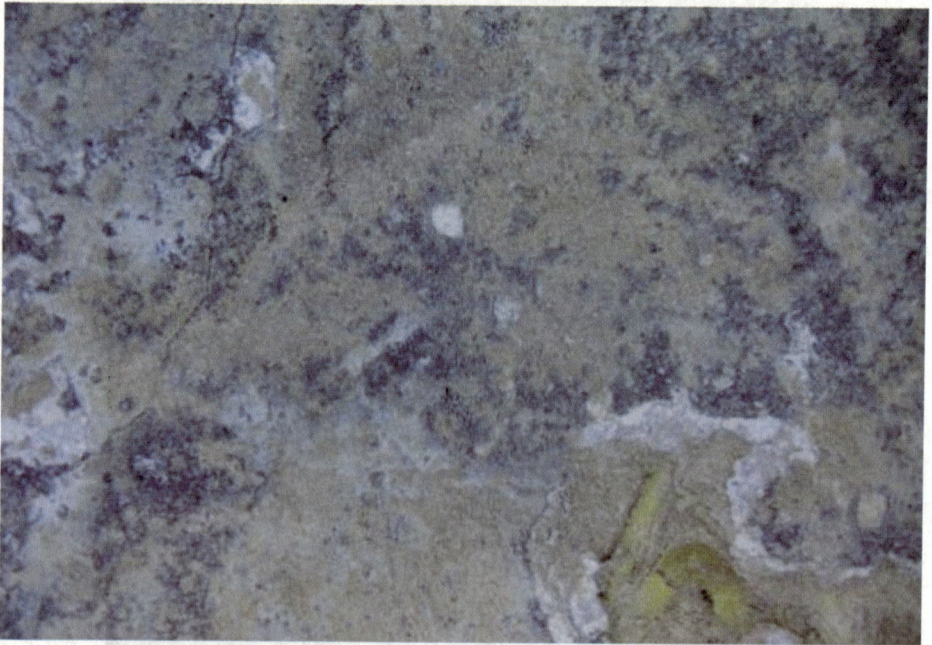

图6—3 使用蒸馏水清洗前后表面微观效果

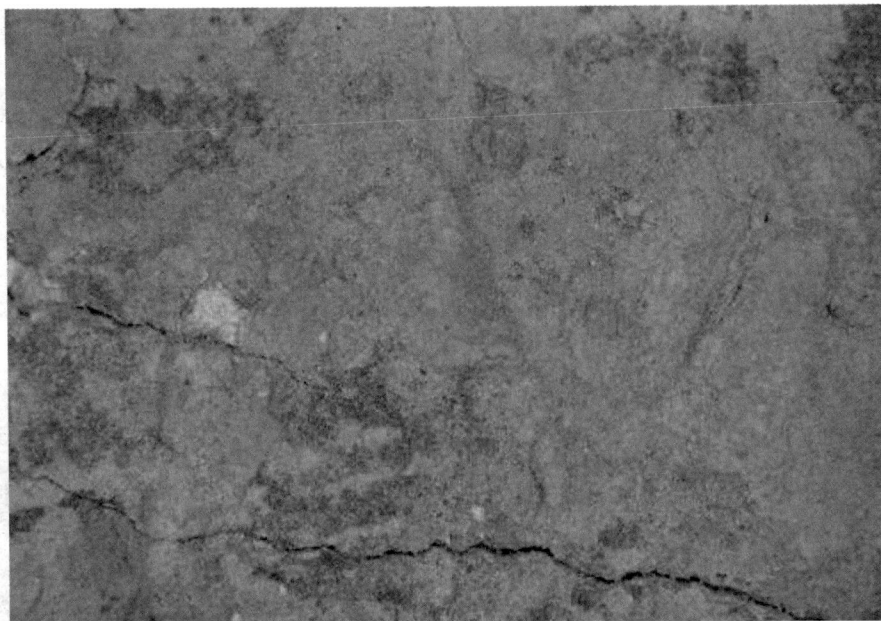

图6—3 使用蒸馏水清洗前后表面微观效果

### 表6—1 清洗灰尘前后颜料层色度变化

| 清洗剂种类 | 清洗前 | | | 清洗后 | | | 清洗前后变化 | | |
|---|---|---|---|---|---|---|---|---|---|
| | L0 | a0 | b0 | L1 | a1 | b1 | △L | △a | △b |
| 乙醇 | 59.3 | 10.5 | 16.5 | 63.2 | 8.5 | 14.9 | 3.9 | −2 | −1.6 |
| 蒸馏水 | 56.7 | 10.1 | 17 | 55.3 | 6.5 | 13.2 | −1.4 | −3.6 | −3.8 |

结论

干法清理及湿法清理可结合使用，湿法清理中乙醇、蒸馏水都能达到清洗功效，但对钙质土垢及烟熏清洗效果一般。

（二）画面钙质土垢的清理

1. 试验材料

试验使用了洗涤用碱性蛋白酶、10%和5%EDTA溶液、3%和1.5%双氧水溶液来进行清洗。并根据清洗剂的去除土垢效果和去除土垢后画面颜料颜色改变情况来筛选清洗剂的浓度。

微观效果如图6—4、图6—5、图6—6、图6—7、图6—8所示。

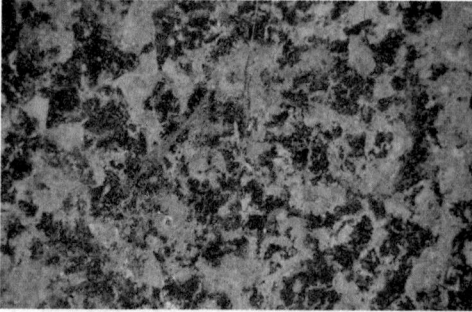

图 6—4 5%EDTA 清洗前后微观效果

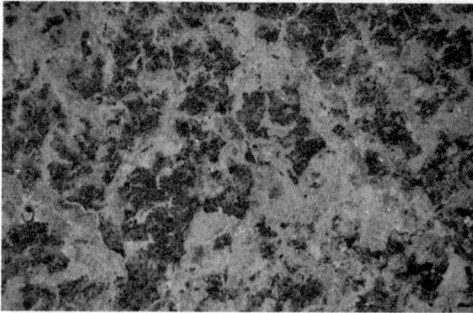

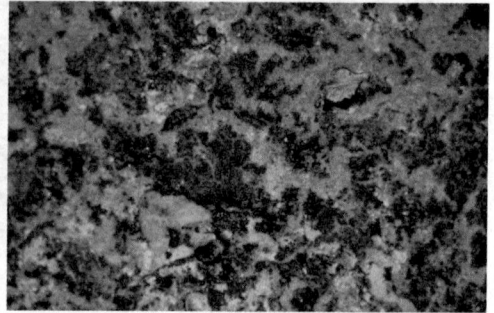

图 6—5 10%EDTA 清洗前后微观效果

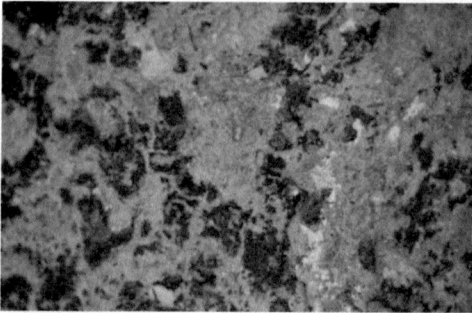

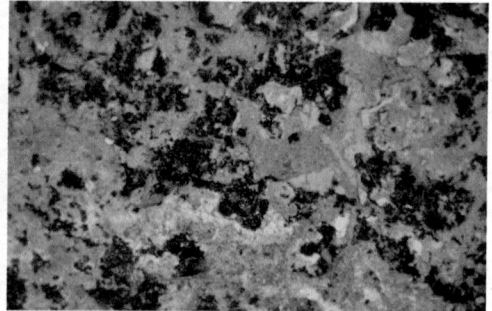

图 6—6 洗涤用碱性蛋白酶清洗前后颜料层表面微观效果

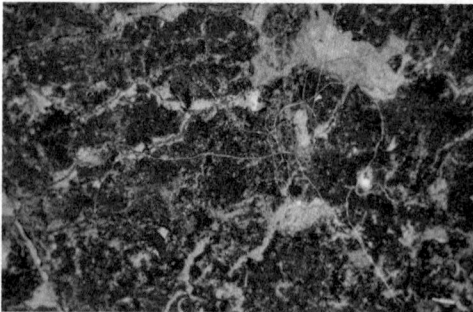

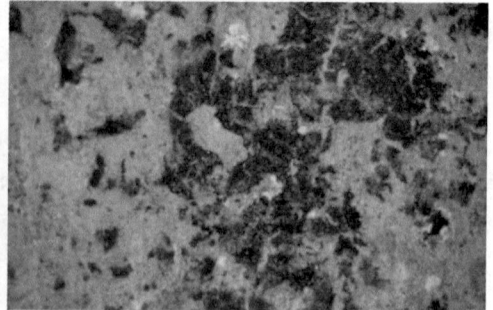

图 6—7 1.5% 双氧水清洗前后颜料层表面微观效果

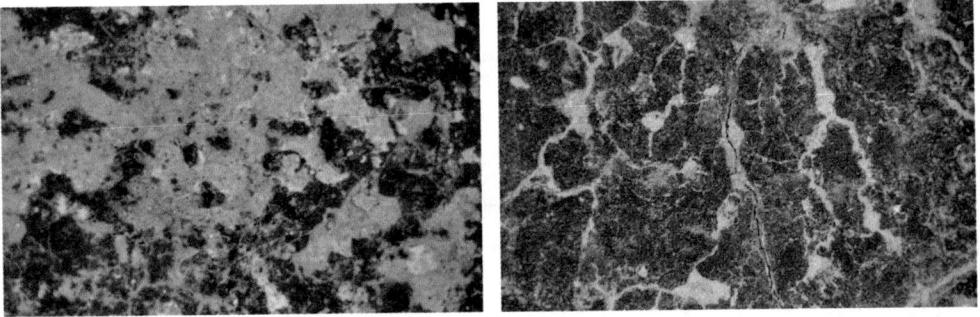

图6—8 3%双氧水清洗前后颜料层表面微观效果

### 表6—2 清洗前后颜料层色度变化

| 清洗剂种类 | 清洗前 | | | 清洗后 | | | 清洗前后变化 | | |
|---|---|---|---|---|---|---|---|---|---|
| | L0 | a0 | b0 | L1 | a1 | b1 | △L | △a | △b |
| 3% 双氧水 | 48.4 | 5.5 | 13 | 45.4 | 4.9 | 14.3 | −3.0 | −0.6 | 1.3 |
| 1.5% 双氧水 | 42.9 | 5.1 | 11.1 | 52 | 4.9 | 15.1 | 9.1 | −0.2 | 4.0 |
| 洗涤用碱性蛋白酶 | 42.7 | 3.2 | 8.6 | 38 | 7.6 | 13.4 | −4.7 | 4.4 | 4.8 |
| 10%EDTA | 45.1 | 4.9 | 9.7 | 43.5 | 3.4 | 11.1 | −1.6 | −1.5 | 1.4 |
| 5%EDTA | 38.8 | 4 | 6.8 | 46.2 | 3 | 10.2 | 7.4 | −1 | 3.4 |

2. 清除工艺步骤

（1）壁画表面土垢的初步清理。用竹签剔除壁画表面较易去除的土垢，保留2毫米左右厚度的土层不清理。然后用吸耳球吹去已剔除的浮土。

（2）渗透加固。壁画颜料层已经非常脆弱，为了避免对壁画颜料层造成损伤以及泥土的二次交叉污染，采用棉签涂擦法进行渗透加固。

（3）去除钙质土垢。此阶段采用涂刷清洗剂和机械剔土配合，要初步显现颜料层，因此要仔细谨慎进行。对于黏结比较牢固的壁画颜料层，用棉签涂擦清洗剂浸润渗透干硬泥土，并使其保持潮湿状态，用竹签小心挑动已松动的土垢，然后将土垢用湿棉签滚动擦去。

3. 结论

5 种清洗剂对于壁画颜料的色度改变有着明显的差别（表 6—2），各种清洗剂具有一定的清洗效果，其中洗涤用碱性蛋白酶和 3% 双氧水溶液清除表面硬结物效果比较明显。

（三）画面烟熏的清洗

对壁画烟熏的处理，经过现场小面积局部实验，用碳酸铵进行处理，可减小清洗剂对壁画绘画层胶质的溶解作用并可清除表面烟熏。（图 6—9）。

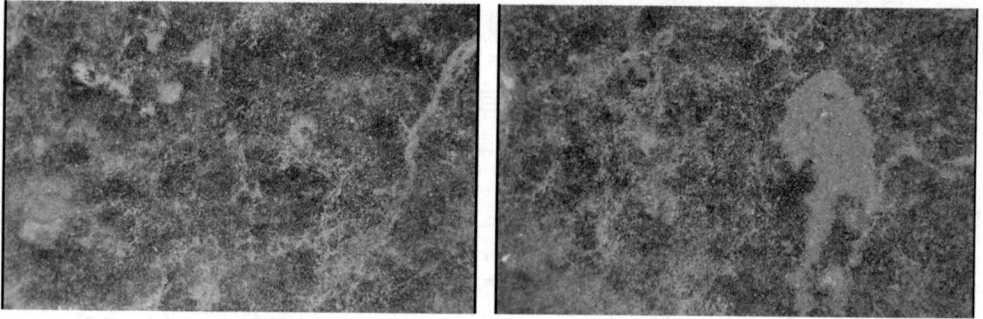

图 6—9　清理烟熏后表面微观效果

（四）表面贴纸的清理

1. 试验材料

针对壁画表面的贴纸，用蒸馏水软化后，使用镊子轻轻揭取。

2. 结论

贴纸去除实验区域效果如图 6—10 所示，贴纸去除后对壁画颜料层无影响。

值得注意的是，壁画上的污染物一般不只一种，而是多种污染物混合在一起，呈现出复杂的类型。这些污染物顽固地黏附于壁画颜料层的表面，因此画面污染物的清理要细心谨慎地选择清理材料和工艺流程，操作时要特别留意出现的新污染物，严格防止对壁画颜料层造成二次伤害。壁画表面发现有泥痕、灰尘、钙质土垢、霉斑等多种污染物并存的情况，在清理表面污染物的过程中，施用机械清除与化学试剂如蒸馏水、乙醇、丙酮、蛋白酶等清洗试剂软化相结合的方式，使得被覆盖的画面基本上显露出来。虽然部分顽固的霉斑、泥斑、雨水冲刷痕迹仍然不能彻底清除干净，但是画面的艺术效果和画面内容已经比较完整地显示。

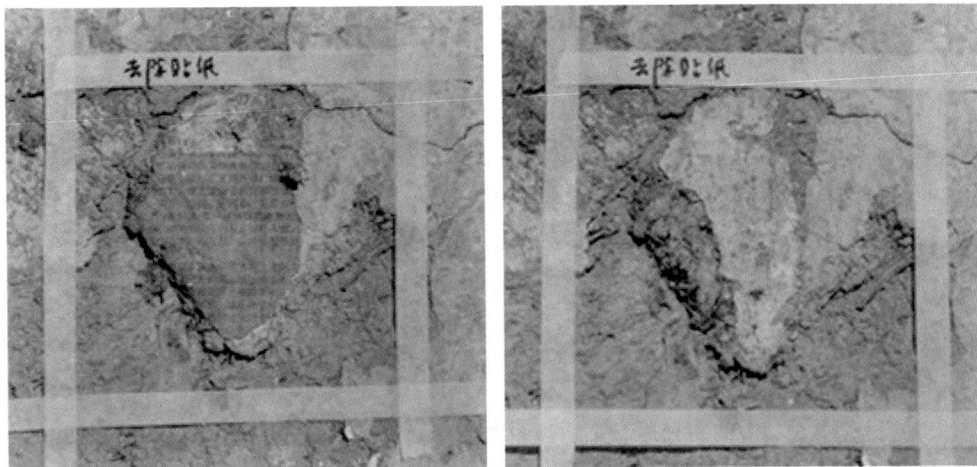

图 6—10 贴纸去除前后效果

## 二、壁画地仗层的加固补配

（一）缺失地仗层的修补

1. 试验材料

依据地仗层分析报告，粗泥地仗层选用当地出产的麦秸和麦糠为原料，质量分数为1%的聚乙酸乙烯酯乳液。

皮纸白灰地仗材料以石灰、皮纸为主。选用发酵一年以上的熟石灰灰膏，并添加一定量聚乙酸乙烯酯乳液制成的石灰泥作为修补壁画白灰地仗的材料。选用棉纱布作为皮纸的替代材料，可以增加白灰地仗层的强度和连接力，并且也能够保持壁画地仗原有的传统材料和制作工艺。

2. 工艺步骤：

（1）在地仗层脱落处，用毛刷、修复刀等工具将黄泥浮土、地仗碎残块清理干净，露出支撑石砌墙体。清洗过程中防止扬起的灰尘污染到完好壁画的表面。

（2）沿地仗层脱落处边缘，用注射器和大号加长注射针头滴渗质量分数为1%的聚乙酸乙烯酯乳液，对白灰地仗层加固。

（3）沿地仗层脱落处边缘，用注射器和大号加长针头滴渗质量分数为1%的聚乙酸乙烯酯乳液，对粗泥地仗层进行加固。

（4）根据原有墙壁处理的情况往墙面上喷水或刷水，干净湿润的墙壁会增加与地仗层粗泥之间的附着力，有利于两者之间附着。

（5）先将配制好的粗泥地仗层修补材料涂抹于地仗层缺失处，少量多次进行，修补材料表面应与原有的粗泥地仗层平面相平或稍低于1mm，以给白灰地仗层预留出足够空间。

收压 3 次左右，直至修补材料干燥至七成左右。粗泥地仗层表面不可太光滑，以便于白灰地仗层修补材料着壁牢固。

（6）待粗泥地仗层修补材料干燥至五成左右时，就可以涂抹白灰地仗材料了。往粗泥层上喷洒或涂刷 5% 聚乙烯酯乳液，然后将纱布贴附于粗泥层上并压实。随之开始抹白灰，此时要随抹随喷水，以保持泥面的适当湿度。如面积较大不能一次抹完时可分段随抹随轧，白灰层修补材料的表面要稍低于原有的壁画白灰地仗层表面 1—2mm 或者基本相平，以区别新做材料和原有材料。白灰地仗干燥时也会产生收缩，因此也要每天收压 3—5 次，直至修补材料完全干燥。

3. 结论

实验过程中对其中的一处原有不适当粗泥补配处进行了去除清理，并且新作了补配，补配前后效果如图 6—11 所示，粗泥完全干燥后与原粗泥地仗材料外观基本相同。

对一处仅缺失白灰层区域重新做了白灰地仗，待白灰干燥至七成左右时，表面使用黄土做旧处理，以使得白灰层地仗外观相互协调。补配后效果如图 6—12 所示，材料性能、外观与原地仗基本相同，所以，此方法适用于缺失地仗层的修补。

图 6—11 原有不适当补配处及新作补配次日及两周后外观效果对比

图 6—12 新作白灰地仗层

（二）空鼓地仗层的加固回贴

1. 试验材料

选用质量分数为 10% 的聚乙酸乙烯酯乳液用于壁画空鼓粗泥地仗层的渗透回帖加固。采用注射器进行滴注加固，加固时间为 3—5 分钟。加固实验区域前后加固外观效果如图 6—13 所示。

选用质量分数为 20% 的聚乙酸乙烯酯乳液用于壁画白灰地仗层的黏结加固，使用毛笔涂刷于已脱离白灰地仗层的背面将其黏贴回粗泥地仗层。加固实验区域前后加固回贴外观效果如图 6—14 所示。

2. 工艺步骤：

（1）确定滴渗部位。用手敲击空鼓部位，检查空鼓程度及范围，确定开孔部位，尽可能选在裂缝处，以保证壁画画面的完整。注浆孔径 2—3mm。在同一壁面上，注浆孔的分布应呈不规则三角形。一方面可实现顺利灌浆，保证灌浆后浆液分布的均匀性；另一方面，保证壁画与墙体黏结牢固，提高壁画整体稳定性。

（2）封堵裂缝下端。对裂隙的下端使用白灰封堵，保证灌浆液不溢出至壁画表面。

（3）空鼓内部加固。用注射器通过注浆管注入浓度较高的加固溶液，对空鼓内松散的壁画黄泥地仗和白灰地仗进行加固。待加固溶液完全凝固后，进行空鼓部位的灌浆回贴。

（4）灌浆回贴。灌浆时，用注射器吸取配制好的浆液，由下向上依次注浆，浆液浓度由低到高依次增加。通过手敲以及注射浆液时的手感压力可判断浆液是否填满。灌浆时，必须对壁画的空鼓部位及相邻区域用铺有 2—3 层吸水纸、棉布的壁板进行支顶。灌浆 2—3 天后，每天更换 2 次吸水纸，以加速壁画空鼓回贴地仗的干燥过程。壁板支顶的时间视环境温度而定，一般控制在 15℃ 以上，支顶时间与灌浆材料的强度有很大关系，一般情况下 2 天后就基本恢复初始的强度了。

（5）锚杆补强。为了使空鼓壁画加固效果更好，结合灌浆还需进行锚固补强。一般裂隙小于 1.5 毫米时浆液无法灌入，而在用手敲击时会发出"砰砰"的声音，这就需要借助锚杆加固。在具体操作时，应视壁画空鼓状况而定。一般通过灌浆能够解决的就尽量少用或不用锚杆，以免影响壁画的完整性。锚杆一般选用韧性很强的竹签，直径 2 毫米左右，长度约相当于地仗层的最大总厚度，避开画面的主要内容选择合适的空鼓部位直接钉入壁画地仗层中。

（6）封闭灌浆孔。浆液凝固后，先用 2% 的聚乙酸乙烯酯乳液渗透加固孔沿，然后使用白灰地仗修补材料进行封孔，待半干燥后，压平表面并做旧，使其与壁画地仗处于同一平面。

3. 结论

壁画空鼓地仗层的渗透回贴加固，选用质量分数为 10% 的聚乙酸乙烯酯乳液是能够达到强度要求的，对于纸张白灰层、黏贴加固使用聚乙酸乙烯酯乳液也是能够达到强度要求的。

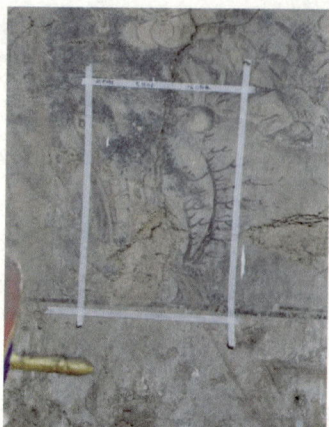

图6—13 地仗层裂隙实验区域加固后外观效果

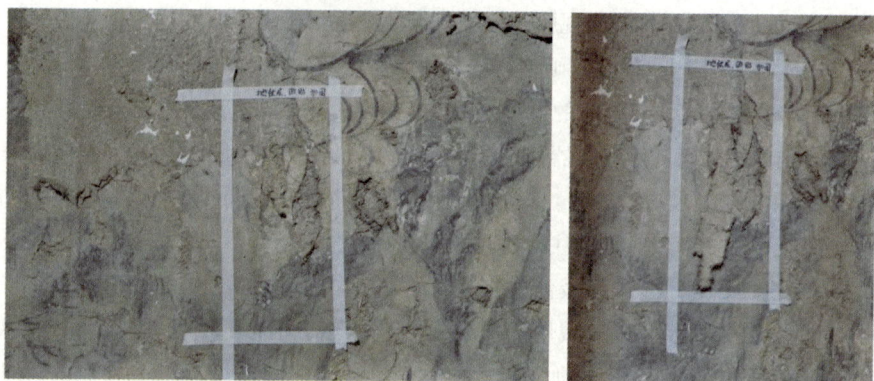

图6—14 白灰地仗层实验区域加固回贴前后外观效果

（三）酥碱地仗层的加固修复

1.试验材料

选用20%硅丙乳液的水溶液、5%聚乙酸乙烯酯乳液的水溶液、1%桃胶的水溶液、2% Paraloid B72的丙酮溶液、10%硅丙乳液的水溶液、桃胶、胶矾水作为壁画酥碱病害的加固剂进行了加固试验。

2.结论

栖真观玉皇殿壁画在试验加固酥碱地仗层过程中，与颜料层加固同时进行。对于酥粉地仗层、颜料层的加固试验，可以得出以下结论：

（1）桃胶、明胶等具有较好的透气透水性，对颜料颜色影响较小，但桃胶、明胶等天然材料黏结强度小，易受微生物侵蚀变质。

（2）2%的Paraloid B72丙酮溶液对壁画颜料层颜色影响很小，光泽度、透气性和防

尘效果很好，加固较为合适。（图6—15）

（3）10%的硅丙乳液对壁画颜料层颜色影响较小，光泽度、防尘效果和透气性符合壁画加固修复要求，必要时可再降低浓度。（图6—16）

（4）5%聚乙酸乙烯酯乳液加固的壁画样品表面较为粗糙，光泽度降低，显色较明显，也无眩光出现，易吸附灰尘，对颜料层色度改变较大，可以作为粗糙壁画的加固剂，不宜作为平整致密壁画颜料层的加固剂。（图6—17）

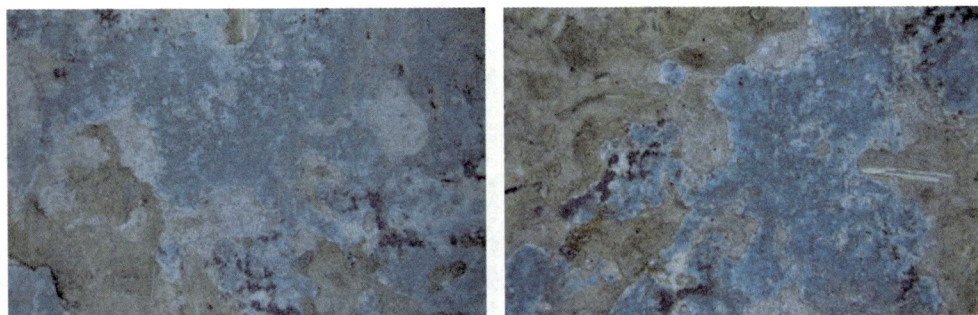

图6—15 2%B72溶液加固前后颜料层表面微观效果

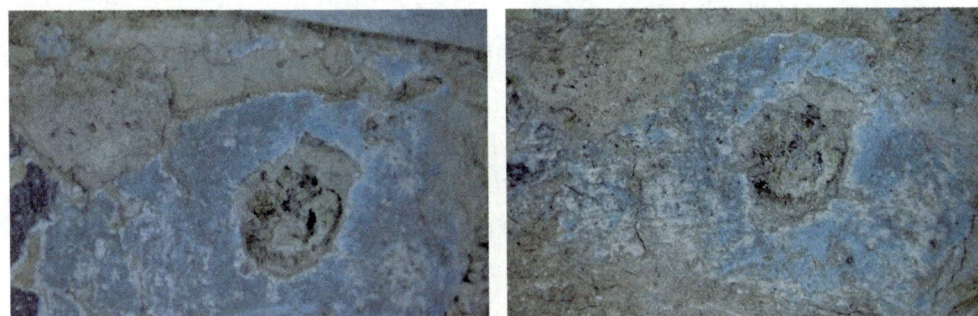

图6—16 10%硅丙乳液加固前后颜料层表面微观效果

图6—17 5%聚乙酸乙烯酯乳液加固前后颜料层表面微观效果

### 三、壁画颜料层的修复

（一）颜料层起甲病害的修复

1.试验材料

选用质量分数为5%的硅丙乳液或5%白乳胶溶液作为壁画颜料层起甲病害的修复材料。

2.结论

两处起甲壁画实验区域在加固起甲壁画的过程中使用了质量分数为5%的硅丙乳液或5%白乳胶溶液，起甲部位加固回贴效果明显，故可使用上述两种溶液进行加固。如图6—18所示。

图6—18　泡状起甲壁画加固前后对比效果

（二）颜料层脱落病害的修复

对于脱落部位边缘处的起翘颜料层，使用修复起甲病害的材料和工艺进行修复。如果地仗层脱落，可根据修复地仗层的材料和工艺进行适当修补，修补后的地仗层应低于壁画颜料层。

对于地仗层和颜料层均开裂或脱落的狭小裂缝，则用吸耳球将裂缝内的尘土吹净，选用与壁画地仗层相同的材料，用质量分数为2%的聚乙酸乙烯酯乳液调制成泥，填补裂隙。裂隙填补处平面应低于壁画颜料层，并依据画面内容适当补色。

### 四、壁画的除虫防霉

栖真观玉皇殿壁画颜料层的虫害、霉害主要以当地常见的农业害虫和霉菌为主。根据山东省文物局文化遗产保护科学与研究重点课题的研究结果，结合栖真观玉皇殿所在地区自然气候、微生物和害虫生长条件，本方案选择使用植物源杀虫剂作为壁画的除虫防霉试剂。已有的研究成果直接应用于栖真观玉皇殿壁画的除虫防霉试剂的筛选。

植物性杀虫剂材料的选择：

根据当前植物源农药市场的开发情况，本方案选用利用效率高、市场开发比较成熟的植物性杀虫剂作为试验用材料。选用单一性植物性杀虫剂8种，分别为1%苦皮藤素、0.3%丁子香酚、40%阿维菌素矿物油、7.5%鱼藤酮、0.5%藜芦碱、1.3%苦参碱、除虫菊素和兔鼠羊鸟（禽）趋避忌食剂；选用粉剂1种，为茶粕；选用复合性植物性杀虫剂2种，分别为1%苦参碱·印楝素乳油和0.5%苦参碱·烟碱水剂。

# 第七章 保护修复原则及目标

栖真观玉皇殿壁画的保护修复是针对壁画本体材料实施的干涉性保护行为。这些修复对策要涉及壁画的本体材料，施加的修复材料和操作过程直接与壁画材料接触，因此在壁画病害的治理过程中，必须坚持壁画保护的最低干预、保持原状和可再处理性的原则，强调使用材料的可逆性、兼容性和可辨识性，综合应用多学科知识来全面治理壁画病害。

## 第一节 保护修复原则

根据《文物保护法》《中国文物古迹保护准则》及文物保护国家标准《古代壁画病害与图示》（GB/T 30237—2013）、《古代壁画保护修复档案规范》（GB/T 30235—2013）和《古代壁画保护修复方案编制规范》（GB/T 30236—2013）以及文物保护行业标准《古代壁画脱盐技术规范》（WW/T 0031—2010）和《古代壁画现状调查规范》（WW/T 0006—2007），结合沂源县鲁村镇栖真观所在地区的自然气候、社会环境和古建筑壁画的保存现状、病害发展状态，以国内外较为先进的文物保护修复理念、方法、规范为主要原则，本方案提出栖真观玉皇殿壁画在保护修复过程中应坚持以下原则。

### 一、多学科知识的综合应用

壁画的保护修复是社会科学与自然科学相结合的一门边缘科学，是与历史学、考古学、美学、物理学、化学、环境学、生物学等多学科密切相关联的综合性学科。壁画的保护修复工作是一个比较复杂的系统工程，是根据历史学、自然科学、美学、材料学的特征来认识和发现壁画材料、修复壁画病害的，从壁画价值的评估、病害类型的检测、保存环境的监测、制成材料的分析到壁画保存环境的调控、壁画病害的治理修复，需要多学科互相合作、共同配合。栖真观玉皇殿壁画保护修复工作中，壁画颜料、地仗组成成分的检测、分析就有 X 射线荧光分析仪、X 射线衍射、拉曼光谱、扫描电子显微镜等现代大型仪器、设备和人员的配合，壁画的清洗可以使用物理、化学的方法和试剂进行操作，壁画的修复和加固则使用硅丙乳液、碱性清洗酶、Paraloid B72 等新型材料。

山东省沂源县栖真观玉皇殿壁画保护研究

## 二、最低干预原则

最低干预是当今国际、国内文物保护界公认的原则理念。栖真观玉皇殿壁画保护修复的基本原则是：凡是近期没有危险的，应尽量少干预壁画的本体；必须干预壁画本体时，只对有害部分、危险部位进行尽可能少的干预。当壁画材料老化变质程度已经很严重，且发展速度很快，如不对它进行保护已无法保存下来时，才采用修复材料对其进行直接干预。对于影响壁画内容解读的表面污染物，只要清理工作能够使壁画的画面内容大致显现出来就达到了清理目的，不必追求画面内容完全、彻底、清晰地暴露。对于那些损坏面积较大或残缺不全者，则原则上不予修补或改动，而是尽可能维持壁画这种残缺的原始面貌，给参观者以真实感受。因为壁画画面的残缺本身也是一种历史信息，也是值得展示的一部分，比如壁画表面自上而下渐次严重的叠压现象，有流水的痕迹、害虫的破坏、烟熏的痕迹等。这些历史上遗留下来的不同时期的历史信息，只要不破坏画面的内容和稳定性，就可以不完全清除掉这些历史上的病害，将这些信息长久地保留下来并延续传承给子孙后代，是当代文物保护工作者的责任，过多的干预可能使这些历史信息遭到破坏。对于画面内容的残缺，因为现代保留的资料也不能确定原图案是什么样的内容、风格，当代修复过程中在壁画上面所做的任何添加都只是推测或想象，是对壁画历史原貌的损伤、对文物艺术价值和历史价值的否定，因此绝对禁止在没有根据的残缺壁画上面重新绘画。当代所做的壁画修复工作仅仅限于壁画的制成材料，而不是重绘壁画画面的人物、内容形象。

## 三、真实性、原生性原则

在栖真观玉皇殿壁画保护修复过程中，必须保留壁画的真实、原始历史信息，不改变壁画材料、工艺、内容和结构的原有信息，保持原有形制、结构、材料和工艺做法，不允许任何导致改变主体和颜色关系的新建、拆除或改动的修复。作为文物修复的最基本原则，不管是"修旧如旧"的原则还是不改变原状原则，都是栖真观玉皇殿壁画保护修复过程要严格坚持的基础性理念。

在补配壁画地仗层、补绘颜料层过程中，必须严格遵循壁画的真实性和原生性的原则，尽量使用与原壁画相同的制作材料和制作工艺，如果不需要添加现代的化学材料则不能添加。除非是在没有原壁画材料的情况下，在对现代化学材料严格评估的基础上，确定对壁画材料没有副作用时才可以添加。在补绘壁画画面的过程中，在壁画形象缺损较小或无需对作品进行再解释和冒风险的地方，采用"影线"技术绘出颜色和线条，即画出一系列细微的彩色线条；但是在缺损严重的地方，在那些修复有造假风险的地方，则采用降低视觉色彩的手段，即在补全的画面上适当做旧，使色调稍微协调一下，这样对画面整体形象欣赏的干扰就减少到最小程度。

## 四、修复材料的可操作性原则

栖真观玉皇殿壁画保护修复材料应该具有安全性、可逆性、可再处理性，修复过程中的操作具有实施的可行性。所有试剂材料不破坏壁画的历史、艺术、科技的信息。应选择无色、透明、无光泽，防水性能好，具备适当的黏结力和渗透力，对画面的颜料层和地仗层无任何损害，并且具有可逆性的材料。所有材料可在以后需要再次修复的时候能够尽可能地去除，材料本身及其老化分解的产物不致破坏、削弱壁画原有的结构、材料和机械强度。加固剂、封护剂和清洗试剂应具有较长时间的有效期和老化期，老化后分解后的产物不会对壁画的材料和结构产生损害。

栖真观玉皇殿壁画保护修复过程不会对壁画材料造成进一步损害，不会引入新的危害因素，也不对邻近文物造成危害，修复以后不在壁画中残留或挥发出有害物质，修复后对人员、环境安全。修复使用的化学试剂、仪器设备不能对壁画以及操作人员产生危害，使用的修复材料应该经过局部试验后在取得安全有效的修复效果的前提下才能全面使用。

壁画修复是一种可供他人评定、判断的对壁画材料的干涉行为，这种修复的评判行为是没有完结的，也是没有确切结果的。人类对客观世界和科学的认识始终在进步和发展中，对文化遗产保护的认识和保护技术的提高同样也处于不断发展的过程中，这样由于受认识和保护修复材料的限制，今天所实施的保护措施并不一定是最科学严谨的，并无完全的把握使文化遗产一劳永逸地留存下去。所以要求病害治理修复过程和材料可逆，为今后修复和保护提供一个可以操作的空间，使今后壁画有可能选择最佳的保护修复材料和方法，使壁画恢复到修复干预前的状态。

## 五、可识别性原则

对于壁画文物修复，西方在修复中遵循真实性、可辨识原则，《威尼斯宪章》中规定："缺失部分的修补必须与整体保持和谐，但同时须区别于原作。"对于修复处的表面效果，中国传统修复方法从注重文物的美学价值出发进行"补全"，甚至在很大程度上复原补配大面积缺失画面的内容。中国传统的修复理念追求"天衣无缝，浑然一体"，以"完好如初、无法辨别"为最好效果，但这种传统的文物修复理念并不符合现代修复理念，也不利于文物的保护和研究，因此应加以修正。国际上通行的做法是对文物缺失处的修复采取"远看一致、近看有别"的修复方法，即补全部分同原件在颜色和层次上稍有区别。"远看一致"使观众在视觉上和艺术效果上得到统一；"近看有别"使研究者能够区分哪些是原件部分，哪些是补配部分。这既体现了壁画画面整体的和谐与美观，也满足了展览和研究要求。

对于栖真观玉皇殿壁画保护修复来说，壁画的本体材料上任何不可避免的增加必须与该壁画的外观有所区别，并且要有能够辨认的现代标志。地仗层在补配过程中，新做地仗层与原地仗层有表面颜色、高度上的区别。画面的颜料层如果需要补绘，颜料的颜色、材质不能与原画面混合不能分辨，应该达到特别相近但是又有所区别的效果。栖真观玉皇殿壁画保护修复过程中，应坚持相似而不相同的画面效果修复，就是既要保持中国传统的文物修复理念，又可以借鉴西方文物修复中真实性、可辨识性的原则。

# 第二节 保护修复工作目标

## 一、清除表面灰尘、泥浆和报纸等覆盖物

在对壁画表面的污染物进行分析研究，确定污染物种类的基础上，有选择性、针对性地采用机械性去除和溶剂清洗的方法清除表面覆盖物。清洗前必须确定清洗溶剂不得对壁画的颜料造成新的损害。从局部到整体慢慢清除，保证万无一失。在对壁画进行清洗的同时，必须注意对壁画的颜料层进行保护。清除壁画表面的覆盖物以后，能够使壁画的内容尽可能多地显现。在清洗过程中，颜料层不因清洗剂和清洗工具的使用而脱落或出现机械性损伤。

## 二、加固酥碱地仗层

加固后的酥碱地仗层强度，应该达到其他地方地仗层的强度。经加固的酥碱部位不再酥粉且强度有所增加。加固材料应具有可逆性、长期性。加固材料具有不改变壁画的物化性质，固结时体积变化小，与原地仗孔隙率相近，透气性相似，机械强度相近，热湿膨胀系数相近，可溶离子含量小，良好的黏结性，耐久且化学性质稳定，抗微生物侵袭，低密度及可再处理性。

## 三、加固脱落起甲颜料层

脱落起甲的颜料层经过加固以后，能够正常恢复到壁画表面的相同平面上，颜料层与地仗层的强度有较大的提高。颜料层的边缘不再有起翘、起甲、卷曲等危害出现。脱落回贴后的颜料层与周围的颜料层有紧密的结合，接缝自然。

## 四、复位空鼓地仗层

空鼓地仗层应当恢复至与支撑墙体紧密结合的状态，但是其强度应该接近正常地仗层与支撑墙体的强度范围，不可相差过多。修复后的结合强度不过小以保证在相当长时间内保持一定的强度，也不可超过正常的强度。加固材料的强度与地仗强度接近。

空鼓部位的灰尘脱落地仗层等杂物应该去除。如果需要修补地仗层，在复位以后，空鼓部分表面应该与周围原壁画在同一表面上，不应出现修补过度或修补不足的现象。

## 五、修补残损部位

坚持壁画画面修复加固时补壁不补画、全色不添线的要求。使新修的表面与原壁画在一个水平面上，接缝整合为一体。

对于画面残毁缺损部分，在获得确切的原始照片、文字资料的前提下可以进行复原修补。如果没有原始资料只可进行填坑补壁，一般情况下不做画面复原，亦不做全色处理。只有在缝隙的色彩对壁画画面的艺术效果有明显的破坏作用时可进行全色处理。补色的范围仅限于维修工程中对壁画分割的注浆孔、锚固孔等。补色应遵循"不改变文物原状"的原则，色调与原壁画相协调，达到远看无差异，近看有区别的效果。为了达到上述目标，补色的材料与工艺要与原壁画的制作材料及工艺一致或尽量相近。

## 六、尽可能完全显现壁画的画面内容。

壁画修复的直接目的是保存画面完整，尽可能完全显现壁画所有的画面内容，并且在延缓壁画老化，延长壁画寿命的基础上有利于陈列展示，这也是本次修复工程的主要目的。

## 七、整体封护画面颜料层

对壁画进行封护的原则是使用的封护材料要相对耐老化性强些，使用的浓度要尽量低，既起到封护作用，保持壁画原有的色彩，又不能在壁画表面出现眩光。封护剂在壁画上的使用应保持均匀的浓度和厚度，应保证在较长时间内封护效能不降低。封护剂应具有很强的耐老化性能，化学性质稳定，具备较强的耐酸碱和化学气体性能，具有可再处理性。

## 八、壁画保护修复资料具体翔实

壁画修复档案的主要记录内容为壁画保存现状的记录；修复过程的主要阶段以及在修复过程所发现的有关考古、艺术、工艺、制作材料和其它重要的信息，并以文字、图片、照片和摄影等形式来多方面记录；实验区域的情况；各种分析测试所使用的仪器方法结果报告及采样部位的记录；实际修复过程中所用的材料、方法、工具、效果等；修复方案、修复具体操作步骤及修复后的总结报告；修复前、修复过程和修复后的工作日志、工作记录、阶段性总结。壁画修复档案所采用的主要记录形式包括修复文字记录、修复图示记录、修复照相摄影记录等。所有的以上壁画修复档案的记录资料内容以至少两种记录形式来记录，并且要具体翔实,准确完整。

## 九、其他修复保护工作

从支撑墙体整体脱落的小块壁画在修复过程中，在支撑体与地仗层加固的基础上，应该在地仗层与支撑体上贯穿锚固措施。壁画保存环境在后期维护阶段应每隔一年或半年就喷施除虫防霉试剂以抵抗外界有害生物对壁画的损害。

# 第八章 保护修复技术路线及工艺措施

## 第一节 前期调查与研究

### 一、壁画保存状况调查

1. 根据文物保护行业标准《古代壁画现状调查规范》（WW/T 0006—2007），通过现场和文献调查，明确壁画的历史、制作工艺及保存现状，对价值进行评估；对病害种类进行归类，对病害程度进行评估；确定保护修复的范围，统计各类保护修复施工面积。

2. 按照《古代壁画病害与图示》（GB/T 30237—2013）的绘图规范，通过壁画摄影、测量、手绘与计算机制图等方法绘制壁画现状图和病害图。

3. 采集样品，通过现代科技手段，如采用实体显微镜、X荧光光谱仪、红外光谱仪、力学强度仪、色度仪等分别进行形貌观察、壁画材质性能测试、色彩饱和度等信息，准确了解壁画制作工艺、病害成分及成因、保存状态，为制定系统的保护修复方案提供科学依据。

4. 采取收集文献资料、现场调查或监测的方式，采集与被保护对象密切相关的气候、水文、地质环境等信息或数据。包括：壁画依托的建（构）筑物所处大环境气象数据采集，如温湿度、降水量、风速、风向、光照度等；空气质量指数或其它有害气体的监测，如悬浮颗粒物、二氧化硫、氮氧化物、二氧化碳等；壁画地质环境调查，如地层、地层岩性、地质结构构造、不良地质现象和地下水环境等；壁画依存的室内小环境气象数据采集，如温湿度、壁画支撑体水汽状况、光照度等。

### 二、保护修复实验

由于不同壁画的保存现状存在差异，因此在采取各种保护修复措施前必须对所选材料和方法进行科学的分析研究。比如清洗材料的筛选、加固材料的筛选；颜料层粉化褪色的显色处理、颜料地仗层酥碱的处理、颜料地仗层空鼓的处理、颜料层起泡的处理、缺失部位的修复等。

# 第二节 主要工艺步骤

## 一、预加固易脱落或即将脱落的颜料

拟采用低浓度的丙烯酸乳液水溶液，对起翘、剥离部位进行预加固，以此减少在清理壁画表面污渍时不慎清理掉这些碎裂、剥离的壁画碎片的可能性。

## 二、画面清理

1. 表面灰尘清理

（1）干法清除的工艺包括以下工序：

①选择画面不重要区域进行清理实验，确认对壁画颜料没有危害并且选择合适的用具；②用毛笔或者毛刷擦除壁画表面灰尘；③用棉团或棉签蘸蒸馏水或质量分数为50%的乙醇溶液，借助手术刀、竹签等工具清除表面泥土污染及顽固污垢；④利用棉签或棉团蘸蒸馏水润湿和吸附最后的污垢。

（2）湿法清理灰尘是在颜料层存在起甲、粉化等病害时，先对颜料层加固，再用棉签或棉团蘸蒸馏水或50%的乙醇溶液，利用溶剂溶解、软化、贴附作用清除壁画表面灰尘。清理工艺包括以下工序：①用洗耳球轻轻吹掉表面浮灰，并检验壁画颜料层的耐溶剂性；②表面贴吸水纸，并在吸水纸上刷质量分数为50%的乙醇溶液；③刷质量分数为5%的聚乙酸乙烯酯乳液等加固剂，加固壁画颜料层；④揭取吸水纸，此时吸水纸上沾满灰尘；⑤如果没有清洗彻底，可重复③和④过程；⑥最后用润湿挤干的棉团或棉签滚动清洗壁画表面。

2. 泥痕的清洗

针对壁画表面泥痕，用蒸馏水软化后，使用棉球、棉签轻轻擦除。依据现场试验结果，修复工艺包括以下工序：

（1）用吸耳球或软毛刷除掉壁画表面的浮尘。

（2）用吸耳球将起甲翘起及裂缝之间的尘土吹干净。

（3）在泥痕与壁画结合紧密处，滴注蒸馏水，局部软化泥痕。

（4）待泥痕软化后，用棉签擦除。

（5）如果泥痕与壁画颜料层结合较为紧密，用自制木(竹)质小刀刮除，并配合棉签擦除。

（6）对于非常坚硬的泥痕，软化时间应足够长，必要时可使用手术刀仔细刮除。

3. 钙质土垢清理

清除工艺主要有几个步骤：

（1）壁画表面土垢的初步清理。用竹签剔除壁画表面较易去除的土垢，保留2毫米左右厚度的土层不清理。然后用吸耳球吹去已剔除的浮土。

（2）渗透加固。壁画颜料层已经非常脆弱，为了避免对壁画颜料层造成损伤以及泥土的二次交叉污染，采用棉签涂擦法进行渗透加固。

（3）去除钙质土垢。此阶段采用涂刷清洗剂和机械剔土配合，要初步显现颜料层，因此要仔细谨慎进行。对于黏结比较牢固的壁画颜料层，用棉签涂擦清洗剂浸润渗透干硬泥土，并使其保持潮湿状态，用竹签小心挑动已松动的土垢，然后将土垢用湿棉签滚动擦去。

4．画面油烟的清洗

对壁画油烟污迹的处理，经过现场小面积局部实验，用碳酸铵进行处理，可减小清洗剂对壁画绘画层胶质的溶解作用并可清除部分表面油污。但是由于油烟与壁画颜料的结合力已经远远超过了部分壁画颜料层与白灰地仗层之间的结合力，所以大部分油烟很难完全彻底清理干净。

5．表面贴纸的清理

针对壁画表面的贴纸，用蒸馏水软化后，使用镊子轻轻揭取。依据现场试验结果，修复工艺包括以下工序：

（1）用吸耳球或软毛刷除掉壁画表面的浮尘。

（2）用毛笔蘸取蒸馏水润湿纸张表面。

（3）用镊子小心从边缘部位轻轻揭取贴纸。

（4）如果贴纸特别牢固，可以延长润湿时间或使用温水润湿，必要时可结合使用手术刀仔细剔除。

## 三、地仗层修复与加固

1．修补粗黄泥地仗层

修补地仗层的操作工艺，根据已缺失地仗的病害发展情况确定修复方案和工序。一般情况下，修补地仗层和新壁画地仗层的工序相同，主要包括以下几个操作工序：

（1）在地仗层脱落处，用毛刷、修复刀等将黄泥浮土、地仗碎残块清理干净，露出支撑石砌墙体。

（2）沿地仗层脱落处边缘，用注射器和大号加长注射针头滴渗质量分数为1%的聚乙酸乙烯酯乳液，对白灰地仗层加固。

（3）沿地仗层脱落处边缘，用注射器和大号加长针头滴渗质量分数为1%的聚乙酸乙烯酯乳液，对粗泥地仗层进行加固。

（4）根据原有墙壁处理的情况往墙面上喷水或刷水，干净湿润的墙壁会增加与地仗层粗泥之间的附着力，有利于两者之间附着。

（5）先将配制好的粗泥地仗层修补材料涂抹于地仗层缺失处，少量多次进行。

2．修补白灰地仗层

（1）待粗泥地仗层修补材料完全干燥至七成左右时，涂抹白灰地仗材料。往粗泥层上喷洒或涂刷5%聚乙酸乙烯酯乳液，然后将纱布贴附于粗泥层上并压实。随之开始抹白灰，随抹随喷水，以保持泥面的适当湿度。

（2）如果粗泥地仗层比较完整，需要用注射器和大号加长针头滴渗质量分数为1%的聚乙酸乙烯酯乳液，对粗泥地仗层进行加固后重复（1）过程。

3．加固酥碱地仗层

选用质量分数为5%的聚乙酸乙烯酯乳液作为栖真观玉皇殿壁画酥碱病害的加固剂。具体操作程序有以下几个步骤：

（1）用注射器针头将质量分数为5%的聚乙酸乙烯酯乳液向酥碱部位注射渗透。

（2）待稍干燥后，用自制竹、木或塑料刀将酥碱部位轻轻压平。

（3）用白色纺绸包上脱脂棉对酥碱壁画拍压。

（4）待加固剂快要干燥时，在壁画酥碱部位上铺白色绸缎，用软胶棍轻轻滚压平整即可。

4．回贴空鼓地仗层

壁画空鼓地仗层的加固修复操作工艺可根据壁画空鼓的情况来决定具体实施的必要性、部位和方法。一般情况下，空鼓壁画地仗层的加固修复主要有以下几个程序：

①确定滴渗部位。用手敲击空鼓部位，检查空鼓程度及范围，确定开孔部位，尽可能选在裂缝处，以保证壁画画面的完整。注浆孔径2—3mm。在同一壁面上，注浆孔的分布应呈不规则三角形。一方面可实现顺利灌浆，保证灌浆后浆液分布的均匀性；另一方面，保证壁画与墙体黏结牢固，提高壁画整体稳定性。②封堵裂缝下端。对裂隙的下端使用白灰封堵，保证灌浆液不溢出至壁画表面。③空鼓内部加固。用注射器通过注浆管注入浓度较高的加固溶液，对空鼓内松散的壁画黄泥地仗和白灰地仗进行加固。待加固溶液完全凝固后，进行空鼓部位的灌浆回贴。④灌浆回贴。灌浆时，用注射器吸取配制好的浆液，由下向上依次注浆，浆液浓度由低到高依次增加。通过手敲以及注射浆液时的手感压力可判断浆液是否填满。灌浆时，必须对壁画的空鼓部位及相邻区域用铺有2—3层吸水纸、棉布的壁板进行支顶。灌浆2—3天后，每天更换2次吸水纸，以加速壁画空鼓回贴地仗的干燥过程。壁板支顶的时间视环境温度而定，一般控制在15℃以上，支顶时间与灌浆材料的强度有很大关系，一般情况下2天后就基本恢复初始的强度了。⑤锚杆补强。为了使空鼓壁画加固效果更好，结合灌浆还需进行锚固补强。一般裂隙小于1.5mm时浆液无法灌入，而在用手敲击时会发出"砰砰"的声音，这就需要借助锚杆加固。在具体操作时，应视壁画空鼓状况而定。一般通过灌浆能够解决的就尽量少用或不用锚杆，以免影响壁画的完整性。锚杆一般选用韧性很强的竹签，直径2mm左右，长度约相当于地仗层的最大

总厚度，避开画面的主要内容选择合适的空鼓部位直接钉入壁画地仗层中。⑥封闭灌浆孔。浆液凝固后，先用2%的聚乙酸乙烯酯乳液渗透加固孔沿，然后使用白灰地仗修补材料进行封孔，待半干燥后，压平表面并做旧，使其与壁画地仗处于同一平面。

## 四、颜料层加固与修复

（一）加固酥碱颜料层

在加固酥碱地仗层后，可继续对酥碱颜料层做处理，加固材料不变，浓度控制在3%—5%即可。使颜料层酥碱部位与地仗层紧密结合，平整妥帖。

（二）修复起甲颜料层

起甲壁画加固剂的基本要求是不能改变壁画颜料的颜色和整体外观，渗透性能优良。根据上述实验结果，可以选用质量分数为2%的硅丙乳液或Paraloid B72丙酮溶液作为栖真观玉皇殿壁画颜料层起甲病害的修复材料。一般操作工艺包括以下工序：①用注射器将加固剂滴渗起甲、酥碱或粉化部位。②待稍干燥后，用自制竹、木或不锈钢刀，将起甲壁画轻轻压平。③待加固剂吸收后，用竹、木或不锈钢刀，将起甲壁画贴回地仗层。④用白色纺绸包脱脂棉，对起甲壁画拍压。⑤滚压壁画表面，在壁画表面喷雾质量分数为1.5%的硅丙乳液或Paraloid B72丙酮溶液，达到70%的干燥程度后，将白色纺绸铺在壁画上，用软胶棍滚压。滚压时用力均匀，以防壁画上出现滚痕或将颜料黏在白绸上。

（三）修复粉化颜料层

拟以质量分数为2%的硅丙乳液或Paraloid B72丙酮溶液经行加固。一般操作工艺为：

1. 将加固剂移入喷雾器。

2. 调节喷雾器喷头使雾滴大小均匀，喷头应距壁画以20—30cm为宜。

3. 将加固剂均匀喷雾到壁画表面。

4. 经过20分钟渗透后，使用纺绸包裹医用脱脂棉的拓包轻轻拍打壁画颜料层。

（四）修复颜料层脱落区域

栖真观玉皇殿壁画颜料层脱落病害的治理一般与壁画整体的美学修复结合起来。对于脱落部位边缘处的起翘颜料层，使用修复起甲病害的材料和工艺进行修复即可。如果地仗层脱落，可根据修复地仗层的材料和工艺进行适当的修补，修补后的地仗层应低于壁画颜料层。如果颜料层脱落面积较大，可适当补色进行美学修复。

对于地仗层和颜料层均开裂或脱落的狭小裂缝，则用吸耳球将裂缝内的尘土吹净，选用与壁画地仗层相同的材料，用质量分数为2%的聚乙酸乙烯酯乳液调制成泥，填补裂隙。裂隙填补处平面应低于壁画颜料层，并依据画面内容适当补色。

（五）颜料显色加固

栖真观玉皇殿壁画可以使用显色加固剂来对变浅的颜色做显色加固处理，加固修复工艺与粉化病害的治理相同。可以确定以胶矾水加固较为合适，其作为传统壁画的固色材料至今仍然使用。一般操作工艺为喷雾或直接涂刷。直接涂刷法为使用毛笔蘸取胶矾水直接涂刷于壁画颜料变浅的部位，等待干燥即可。喷雾加固工艺流程为：①将加固剂移入喷雾器；②调节喷雾器喷头使雾滴大小均匀，喷头应距壁画以 20—30cm 为宜；③将加固剂均匀喷雾到壁画表面；④经过 20 分钟渗透后，使用纺绸包裹医用脱脂棉的拓包轻轻拍打壁画颜料层。

### 五、美学修复

大面积脱落地仗选择边缘修复法操作后，壁画的整体效果无法体现，故可用平填法进行美学修复。具体操作中应尽可能选择与原地仗相接近的材料，以保持良好的透气性和透水性。新填补的地仗层应略低于颜料层 2mm，以体现壁画的原始层位关系。

对于壁画表面虫害蛀洞、人为划痕等残损部位，应坚持壁画修复加固时补壁不补画、补色不添线的要求。使新修的表面与原壁画在一个水平面上，接缝整合为一体。画面残毁缺损部分，在获得确切的原始照片、文字资料的前提下可以进行复原修补。如果没有原始资料只可进行填坑补壁，一般情况下不做画面复原，亦不做补色处理。只有在缝隙的色彩对壁画画面的艺术效果有明显的破坏作用时才可进行补色处理。补色的范围仅限于维修工程中对壁画分割的注浆孔、锚固孔等。补色应遵循"不改变文物原状"的原则，色调与原壁画相协调，达到远看无差异，近看有区别的效果。为了达到上述目标，补色的材料与工艺要与原壁画的制作材料及工艺一致或尽量相近。

### 六、杀菌防霉处理

采用在壁画的内部存留较长时间、药效持久、杀菌范围广、对人无毒副作用的有效防虫防霉剂和针对性强的实施工艺进行防霉处理。

可以选用杀虫效力优良、副作用较小的植物源杀虫剂，如0.5%的1%苦参碱·印楝素乳油、0.5%苦参碱·烟碱水剂溶液。选用气雾型农药直接喷洒于玉皇殿内外即可，尽量不接触到壁画本体。

### 七、封护壁画面

拟采用2% B72 丙酮溶液混合 0.2% 霉敌乙醇溶液对画面进行喷涂封护，以此增强壁画抵御不良环境侵害的能力。壁画颜料层的整体封护操作工艺为：①将低浓度的封护剂放入喷雾器；②调节喷雾器喷头使雾滴大小均匀，喷头距离壁画以 20—30cm 为宜；③将加固剂均匀喷雾到壁画表面；④经过 30 分钟的渗透，封护剂可以充分渗透入颜料层，甚至可达地仗层；⑤使用低浓度的封护剂重复上述操作；⑥根据渗透情况使用高浓度的封护剂重复上述操作，确定能够渗透入颜料层，并且颜料表面不产生眩光，无流淌现象。

### 八、塑像保护

在壁画实施维修前，首先对其进行专项的保护、防护，防止在实施中对其的碰撞、磕碰以及掉落物的砸压等情况出现，对其造成的二次损伤破坏，具体方法说明如下：

首先用软毛刷先将塑像立面的尘土清洗干净，之后用细纸、拷贝纸各一层依塑像一周包裹，外面复裹海绵，再用聚乙烯复合膜包裹，包裹时注意塑像的透气性，避免整个塑像全部包裹，并注意表面颜色的损伤。

### 九、保存环境控制与展储设计

由于壁画所处环境紧靠门窗，容易受到温湿度、光照、有害气体等方面的综合影响，因此一次性的保护修复不是一劳永逸的。本方案建议在保护修复完毕后可在门内增设遮光窗帘，以减少光照和外来水气对壁画的影响。房顶做好维修工作，防止漏雨对壁画的继续损毁。注意日常保养与维护，将焚香祭拜的活动移至殿外，减少烟尘对壁画的影响。另外可经常在殿内外喷洒防霉防虫的气雾型药剂，防止有害生物对壁画造成损害。

# 第三节 方案实施

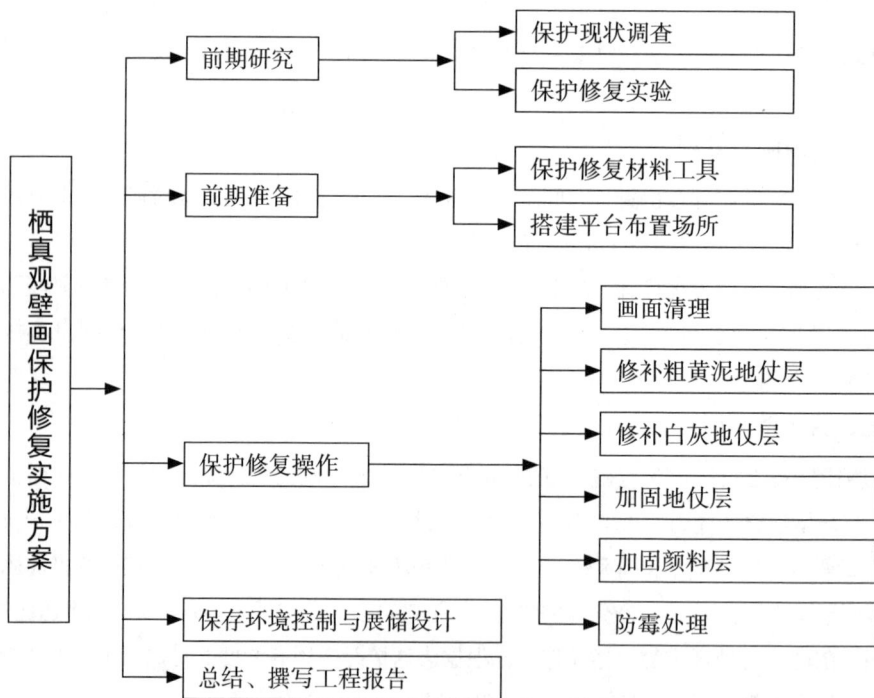

栖真观玉皇殿壁画保护修复工艺流程

本次修复将严格按照壁画保护的修复原则和相关工艺流程进行操作。在实际工作中应做到前期研究扎实系统、准备工作缜密完善、保护修复认真细心。如遇到特殊情况，应以科学严谨的工作态度及时修改并完善保护修复方案。

栖真观玉皇殿壁画重点修复内容按照壁画分布区域分为四部分，具体如表8—1所示。

### 表8—1 栖真观玉皇殿壁画重点修复内容

| 壁画区域 | 主要病害 | 采取措施 |
|---|---|---|
| 东墙 | 颜料层粉化、褪色 | 表面清理、显色处理、表面加固 |
| | 颜料层酥碱 | 表面加固 |
| | 颜料层开裂 | 边缘加固 |
| | 颜料层空鼓、起甲 | 加固回贴 |
| | 颜料层脱落 | 边缘加固 |
| | 泥浆霉斑污染 | 表面清洗 |
| | 地仗层空鼓 | 小面积灌浆回贴 |
| | 地仗层酥碱 | 浓度由小到大深层加固 |
| | 地仗层脱落 | 回贴加固 |
| | 虫害鼠洞 | 填补 |
| | 表面贴纸 | 表面清理 |
| 西墙 | 颜料层粉化、褪色 | 表面清理、显色处理、表面加固 |
| | 颜料层酥碱 | 表面加固 |
| | 颜料层开裂 | 边缘加固 |
| | 颜料层空鼓、起甲 | 加固回贴 |
| | 颜料层脱落 | 边缘加固 |
| | 泥浆烟熏污染 | 表面清洗 |
| | 地仗层空鼓 | 小面积灌浆回贴 |

| | 地仗层酥碱 | 浓度由小到大深层加固 |
|---|---|---|
| | 地仗层脱落 | 回贴加固 |
| | 虫害鼠洞 | 填补 |
| | 表面贴纸 | 表面清理 |
| 北墙东侧 | 颜料层粉化、褪色 | 表面清理、显色处理、表面加固 |
| | 颜料层酥碱 | 表面加固、脱盐处理 |
| | 颜料层开裂、起甲 | 边缘加固 |
| | 颜料层空鼓 | 加固回贴 |
| | 颜料层脱落 | 边缘加固 |
| | 泥浆油漆污染 | 表面清洗 |
| | 地仗层空鼓 | 小面积灌浆回贴 |
| | 地仗层酥碱 | 浓度由小到大深层加固 |
| | 地仗层脱落 | 回贴加固 |
| | 虫害鼠洞 | 填补 |
| 北墙西侧 | 颜料层粉化、褪色 | 表面清理、显色处理、表面加固 |
| | 颜料层酥碱 | 表面加固、脱盐处理 |
| | 颜料层开裂 | 边缘加固 |
| | 颜料层空鼓、起甲 | 加固回贴 |
| | 颜料层脱落 | 边缘加固 |
| | 泥浆烟熏污染 | 表面清洗 |
| | 地仗层空鼓 | 小面积灌浆回贴 |
| | 地仗层酥碱 | 浓度由小到大深层加固、脱盐处理 |
| | 地仗层脱落 | 回贴加固 |
| | 虫害鼠洞 | 填补 |

# 第四节 保护修复材料使用标准

根据壁画的保护修复原则，本方案对项目施工所用材料按如下标准（表8—2）使用。

## 表8—2 主要保护修复材料使用标准

| 序号 | 类别 | 品名 | 配比 | 作用 |
|---|---|---|---|---|
| 1—1 | 清理 | 蒸馏水 | | 软化、清理表面易除无机污渍 |
| 1—2 | | 乙醇溶液 | 50% | |
| 1—3 | | 碳酸铵 | — | 除油烟 |
| 1—4 | | 洗涤用碱性蛋白酶 | 10% | 除难溶水渍、钙质结壳 |
| 1—5 | | 双氧水 | 3% | 钙质结壳 |
| 2—1 | 加固 | 聚乙酸乙烯酯乳液 | 1%—20% | 颜料层、地仗层加固 |
| 2—2 | | B72 | 2% | 颜料层、地仗层加固 |
| 2—3 | | 硅丙乳液 | 5%—10% | 颜料层、地仗层加固 |
| 2—4 | | 桃胶 | 3%—10% | 颜料层加固 |
| 2—5 | | 特制灰膏 | 纯 | 地仗层加固 |
| 2—6 | | 白乳胶溶液 | 5% | 加固回贴 |
| 3—1 | 修补 | 配制专用泥灰浆 | 根据原材料配比 | 地仗层、支撑体修补 |
| 3—2 | | 纱布 | 纯棉 | 修补白灰地仗层 |
| 3—3 | | 特制灰膏 | 纯 | 地仗层修补 |

# 结　语

　　栖真观位于山东省沂源县城西 17.5 公里的鲁村镇安平村，地处沂蒙山区北端，属暖温带季风区域大陆性气候。所在的地理环境决定了栖真观及其内墙壁画在建造过程中建筑材料的使用性能，包括建筑基础及墙体使用的石块、青砖、青瓦，砌筑用的黏土、麦秸、白灰，壁画材料中的麻刀、石灰、颜料。玉皇殿后檐墙、东西山墙内墙面上绘有精美道教壁画，从保存壁画内容上看，绘有二十八星宿等内容的道教题材壁画。

　　栖真观壁画的制作结构分为三部分，依次为墙壁支撑体、地仗层和画面颜料层。玉皇殿壁画的建筑墙体的建造材质和营造方式主要为石块、砖混合砌墙。墙体上下四边用砖块建造，用比较规整的石块填心的"包框墙"。地仗层分为两部分，靠近支撑体一般为颗粒较大的粗黄泥层，表面地仗层为细白灰层，直接承载画面颜料层。颜料层为画面的主题部分，以白灰层为基础，在白灰层上涂刷颜料。

　　栖真观墙体建造材料为石块、砖混合砌墙，这种建筑墙体相对比较坚固结实。填心石块使用的黏合灰膏比较牢固，所以建筑的基础相对较好，没有出现错位、裂缝等大的结构稳定性问题。地仗为两层，即粗泥层和细泥层。细泥层上层为白粉层。壁画的粗泥是用较粗的粉沙土掺加麦草做成。细泥是用较细的粉沙土掺加麻做成。白粉层涂刷的是石膏、石灰等。玉皇殿壁画中使用的红色颜料有铁红、铅丹两种，黑色颜料为传统的炭黑，蓝色画面均使用群青，蓝色呈色物质为青金石，其呈色物质晶体颗粒均匀，绿色样品均为巴黎绿。绘制壁画使用的绘画工具与传统中国画的用具基本相同，有各种勾线笔、渲染用笔、砚台、笔洗、乳钵等工具。壁画绘制过程包括起稿、勾线、配制颜料和着色。

　　栖真观壁画呈现出十多种病害类型，以建筑局部功能缺失，表面污染物覆盖，颜料层粉化褪色、起甲、脱落，地仗层空鼓脱落，人为破坏和生物破坏等病害较为严重。根据栖真观壁画结构材料的差异，壁画地仗层表现出地仗层缺失、空鼓、裂缝、酥碱等病害，壁画颜料层出现龟裂起甲、画面覆盖污染、颜料层脱落、颜料层粉化、生物损害和画面颜色变化等病害。

　　根据现场调查的结果，对壁画病害类型以及病害特征进行统计与分类，各面墙壁壁画主要病害类型有所差异。东墙壁画病害主要为颜料层粉化、脱落、褪色、酥碱、开裂、空鼓、起甲，地仗层空鼓、酥碱，此外，还有虫洞鼠害及贴纸污染。西墙壁画病害主要为颜

142

料层粉化、褪色、酥碱、开裂、空鼓、起甲、泥浆烟熏污染，地仗层空鼓、酥碱、脱落以及虫洞鼠害等。北墙东侧病害主要为颜料层粉化、褪色、开裂、空鼓、起甲、脱落，地仗层空鼓、酥碱、脱落以及虫洞鼠害。北墙西侧壁画病害主要为颜料层粉化、褪色、酥碱、开裂、空鼓、起甲、泥浆烟熏污染，地仗层空鼓、酥碱、脱落以及虫洞鼠害等。在统计分类基础之上，对壁画病害的现状及未来的发展趋势进行综合评估。东墙壁画病害濒危程度比较严重的类型是颜料层粉化、脱落、地仗层空鼓，北墙东侧壁画病害濒危程度比较严重的类型是颜料层粉化、地仗空鼓、酥碱，北墙西侧壁画病害濒危程度比较严重的类型是颜料层粉化、地仗脱落、空鼓。

栖真观壁画出现的多种多样病害，主要来源于壁画内部的缺陷，即壁画结构稳定性较差，制成材料容易受侵蚀老化。外部环境因素加剧了壁画材料的损毁程度和速度，包括大气降水、温湿度变化、太阳辐射、灰尘、有害气体、可溶性盐、有害生物及多种因素的综合影响。人类的活动，不论是有意识的破坏性活动、日常无意识的建筑使用活动还是非专业人员的保护性工作，都给壁画带来了程度不同的损害。壁画材料自身性能的不稳定也是壁画容易发生病害的主要原因，其中尤以粗泥层和颜料中的黏结剂为相对脆弱、容易老化变质的材料，只要这些材料发生病害，壁画整体就可能发生一系列的病害。

自然环境是壁画能够完整保存的重要条件，也是导致壁画病害发生发展的外部条件。影响壁画病害发生的自然气候因素主要有大气降水、温度、湿度、光照、太阳辐射等。大气降水或多或少决定着栖真观壁画病害的发生概率，水分在病害的成因中占据主要地位。温度、相对湿度对栖真观壁画的影响是综合性、整体性的，当环境气温处于较高、较低或者频繁变化的状态下，壁画就会产生或大或小的危害，尤其是在温差幅度较大的时候，其危害更加明显。太阳辐射中紫外线的影响是最为直接的，在紫外光的照射下，栖真观壁画的某些颜料容易发生光化学反应，从而导致颜料变色。灾害性天气主要有雾、大风、雷暴、冰雹、暴雨、高温、霜冻和霾等，尤其是夏季突发性的强降水对栖真观以及壁画都会带来直接或间接的损害，从保存、使用寿命来看，灾害天气的频发缩短了栖真观建筑的寿命。栖真观环境中存留着多种多样的有害物质，主要包括堆积在壁画表面的灰尘、大气中有害污染物以及在墙壁支撑体及其建筑基础中的可溶性盐分。这些有害物质来源于环境中物质长期积累，与壁画的制成材料紧密结合，持续、稳定地侵蚀着壁画的支撑体、地仗层和颜料层，尤其是对暴露于外表面的绘画材料危害最大，损坏效果也最为明显。根据对壁画环境中的生物调查，栖真观内外的生物种类比较多样，危害栖真观壁画的生物来源于霉菌类、微生物类、昆虫类、鸟类、鼠类、爬行动物类以及其他类别的生物，每种生物的危害方式和手段各不相同。栖真观壁画在历史上遭受过许多人为的直接破坏，例如人为地在壁画上刻画等极端的破坏行为。正常的活动会间接给壁画带来缓慢、持续的影响，还有一些保护性活动，由于管理人员保护理念的偏差和保护技术的制约，也会给壁画带来伤害。

在保护工作中，栖真观壁画的修复可以使用其他研究成果，但是需要有针对性地遴选合适的修复材料和工艺来验证保护修复效果。根据栖真观壁画制作材料组成结构以及病害表现特征和发展趋势，需要选择合适的表面污染物清理、地仗层补配、地仗层加固、颜料层加固、防霉除虫等修复材料和工艺。

栖真观壁画表面灰尘、霉斑、泥渍、贴纸、蜘蛛网、涂写字迹等污染物遮盖画面，对壁画表面不同的污染物，应根据其特点和形成特征试验不同的清理方法。在分析了栖真观壁画地仗层的制成材料之后，结合传统地仗层制作过程，对缺失地仗层进行了补配试验，补配后的地仗层尽可能与原地仗材料保持相同的材料组成和宏观效果。壁画地仗层的病害类型主要有地仗层的缺失、空鼓、裂缝和酥碱粉化，因此修复壁画地仗层病害可以从缺失地仗层的修补和空鼓、酥碱地仗层的加固修复等方面来进行。根据对酥碱粉化壁画地仗层加固的研究成果，选用质量分数为 5% 的聚乙酸乙烯酯乳液作为栖真观玉皇殿壁画酥碱病害的加固剂。在加固酥碱地仗层后，可继续对酥碱颜料层做处理，加固材料不变，浓度控制在 3%—5% 即可。起甲壁画加固剂选用质量分数为 2% 的硅丙乳液或 Paraloid B72 丙酮溶液作为栖真观玉皇殿壁画颜料层起甲病害的修复材料。针对修复粉化颜料层拟以质量分数为 2% 的硅丙乳液或 Paraloid B72 丙酮溶液进行加固。栖真观壁画颜料层的虫害、霉害主要以当地常见的农业害虫和霉菌为主。根据栖真观所在地区自然气候、微生物和害虫生长条件，综合颜料色度变化幅度、杀虫剂溶液浓度和杀虫效力，本方案筛选出杀虫效力优良、副作用较小的植物源杀虫剂为防霉杀虫试剂，即浓度为 0.5% 苦参碱·印楝素乳油和 0.5% 苦参碱·烟碱水剂溶液。选用气雾型农药直接喷洒于玉皇殿内外即可，尽量不接触到壁画本体。

壁画现场保护修复工作包括表面污染物清理、地仗层补配、地仗层加固、颜料层加固、美学修复等修复实践操作。栖真观壁画的保护修复过程中需要对壁画的本体材料施加干预，使用的修复工具、材料与壁画材料直接接触，因此在壁画修复过程中必须坚持最低干预、保持原状和可再处理性的原则，强调使用材料的可逆性、兼容性和可辨识性，综合应用多学科知识来全面治理壁画病害。保护修复工作目标包括清除表面灰尘、泥渍和网状物等覆盖物，加固酥碱粉化地仗层，加固脱落起甲颜料层。

按照由上向下、由表面至深层的顺序，清理栖真观壁画表面覆盖的灰尘、霉斑、泥渍、贴纸、蜘蛛网等污染物，显现了壁画画面内容，展示了壁画艺术特征，还原了壁画大部分的历史价值、美学价值。针对不同种类的地仗层缺失，分别实施了补配修复操作，补配后的地仗层保持了原地仗材料相同的材料组成和宏观效果。加固回贴修复空鼓地仗层的主要手段是使用黏结剂黏结并施加外力进行压合，使白灰地仗层与粗泥地仗层之间或粗泥地仗层与墙体之间重新获得黏结力而连接在一起。对于缝隙、面积较小的空鼓区域，黏结剂能够比较顺利地将空鼓部位回贴获得连接力。在修复栖真观壁画颜料层起甲、酥碱、粉化、脱落病害过程中，针对颜料层厚度非常薄的状态，可以使用加固材料通过自然扩散实现对颜料层的完全渗透，选用5%的Primal B60A溶液和2%Paraloid B72丙酮溶作为加固材料。壁画地仗缺失使用白灰修补后，画面支离破碎，因此有必要对补配后的白灰地仗层实施美学修复，使用墨汁、灰土、白乳胶与水配制作旧用的溶液多次重复涂刷白灰地仗层直至颜色与周边老化后地仗表面的灰色调接近为止。

栖真观建筑本体修缮过程中，壁画受到损害的概率大，因此需要对加固修复后的壁画进行物理保护措施，以避免建筑修缮过程中破坏、污染、损毁壁画。使用塑料薄膜、发泡薄膜和聚苯泡沫板三层防护材料来共同应对壁画的威胁因素，保护壁画的安全。

壁画作为栖真观建筑的重要组成部分，在后续利用过程中，需要在遵循安全保障的基础上，维护壁画的建筑内保存环境的适宜性，做好壁画周边环境的空气净化、防虫防霉工作，为壁画的展览陈列利用提供保障。为了维护壁画的安全，需要从加固窗户大门、构筑安全保障体系、运用远程安全监控和人为安全防范等方面为壁画的长久保存提供保障。栖真观壁画的日常维护管理是创造壁画安全保存的重要条件，因此必须控制壁画保存过程中的温湿度，不引入新的危害因素。对进入栖真观建筑内的有害气体有必要进行除尘、净化处理，通过种植植物来改善周围环境的空气质量，可以起到美化环境、净化空气、调节区域气候的多重功效。为了防止建筑内外环境中微生物、害虫的破坏，栖真观在日常管理工作中应制定详细的微生物、害虫综合治理措施。阻断微生物、害虫的入侵路径，杀灭建筑内外已经出现的昆虫和微生物。栖真观壁画在陈列展览过程中，可以通过画面的虚拟化修复部分还原缺失信息，再现完整的画面内容。画面中描绘的道教故事通过详细诠释，得到通俗易懂的故事情节，能够为大部分民众所知晓。通过设计、开发出壁画衍生产品来满足爱好者的需求，以达到扩大壁画影响、传承绘画文化、保存历史记忆的功能，持续发挥壁画为乡村文化建设服务、为社会经济发展服务、为传统文化传承服务、为历史研究服务的重要作用。

# 参考文献

一、论文

[1] 侯鲜婷，李立，刘成：《山东济南华阳宫三皇殿壁画病害调查及修复研究》，《重庆交通大学学报》2014 年第 4 期.

[2] 李立：《山东济南华阳宫古建筑壁画病害及其治理对策研究》，硕士学位论文，西北大学，2013 年.

[3] 仝艳锋，王晶：《济南华阳宫古建筑群壁画保护修复理念研究》，《中国名城》，2011 年 10 期.

[4] 仝艳锋：《山东地区古建筑壁画保存分布特点调查报告》，《东方考古》2015 年第 1 期.

[5] 仝艳锋：《山东地区古建筑壁画病害形成机理》，《齐鲁艺苑》2014 年第 1 期.

[6] 汪万福，马赞峰，李最雄，等：《空鼓病害壁画灌浆加固技术研究》，《文物保护与考古科学》2006 年第 1 期.

[7] 赵祥明：《泰山岱庙天贶殿壁画的文物价值和科学保护》，《古建园林技术》2014 年第 4 期.

[8] 赵林毅，李黎，樊再轩等：《古代墓室壁画地仗加固材料的室内研究》，《敦煌研究》2016 年第 2 期.

[9] 夏寅：《偏光显微法在中国古代颜料分析中的应用研究及相关数据库建设》，硕士学位论文，西北大学，2006 年.

[10] 栗淑萍：《中国古代壁画制作技术初步分析》，《中国文物科学研究》，2009 年第 2 期.

[11] 王小伟，柴勃隆，孙胜利：《莫高窟壁画现状调查记录方法的思考》，《敦煌研究》2007 年第 5 期.

[12] 潘云鹤，鲁东明：《古代敦煌壁画的数字化保护与修复》，《系统仿真学报》2003 年第 3 期.

[13] 王旭东：《基于中国文物古迹保护准则的壁画保护方法论探索与实践》，《敦煌研究》2011 年第 6 期.

[14] 马赞峰，青木繁夫，犬竹和：《敦煌莫高窟壁画地仗修补材料筛选》，《敦煌研究》2007 年第 5 期.

[15] 马赞峰，汪万福：《敦煌莫高窟第 44 窟壁画材质及起甲病害研究》，《敦煌研究》

2014 年第 5 期.

[16] 夏寅：《显微镜探知中国古代颜料史》，《文博》2009 年第 6 期.

[17] 补雅晶：《基于可见光谱的壁画颜料无损识别方法研究》，硕士学位论文，武汉大学，2017 年.

[18] 陈庚龄，马清林：《潮湿环境下壁画地仗修复材料与技术》，《敦煌研究》2005 年第 4 期.

[19] 成小林，杨琴：《三种含 Cu、As 绿色颜料的拉曼光谱研究》，《文物保护与考古科学》2015 年第 3 期.

[20] 郭宏，李最雄，裘元勋等：《敦煌莫高窟壁画酥碱病害机理研究之三》，《敦煌研究》1999 年第 3 期.

[21] 侯晓斌：《从材料的使用和制作工艺看中国古代壁画的变化与发展》，《文博》2011 年第 4 期.

[22] 姜啸，张虎元，严耿升等：《湿度对盐溶液在壁画地仗中的毛细迁移影响研究》，《岩土力学》2014 年 35 卷第 2 期.

[22] 梁金星，万晓霞：《基于可见光谱的古代壁画颜料无损鉴别方法》，《光谱学与光谱分析》2017 年第 37 卷第 8 期.

[23] 罗黎：《唐墓壁画地仗层加固及材料研究》，《中国文物科学研究》2009 年第 2 期.

[24] 孟元亮，杨文宗，霍晓彤等：《唐懿德太子墓壁画青龙、白虎图的分析检测与保护修复》《文博》2018 年第 5 期.

[25] 苏伯民，陈港泉：《不同含盐量壁画地仗泥层的吸湿和脱湿速度的比较》，《敦煌研究》2005 年第 5 期.

[26] 王进玉：《敦煌石窟合成群青颜料的研究》，《敦煌研究》2001 年第 1 期.

[27] 王丽琴，严静，樊晓蕾等：《中国北方古建油饰彩画中绿色颜料的光谱分析》，《光谱学与光谱分析》2010 年第 2 期.

[28] 徐莉娜，李季璋，郭宏：《青海湟源县城隍庙壁画制作材料与工艺研究》，《文博》2017 年第 5 期.

[29] 闫玲：《壁画地仗酥碱病害非饱和水盐迁移试验研究》，硕士学位论文，兰州大学，2009 年.

[30] 杨晋松，郭宏，陈坤龙等：《成都武侯祠彩塑的制作工艺和颜料科学分析研究》，《中国文物科学研究》2016 年.

[31] 杨景龙：《秦代咸阳宫建筑壁画彩绘颜料偏光显微分析》，《人类文化遗产保护》2009 年.

[32] 于宗仁，赵林毅，李燕飞等：《马蹄寺、天梯山和炳灵寺石窟壁画颜料分析》，《敦

煌研究》2005 年第 4 期.

[33] 岳永强，王通玲，徐博凯等：《古代壁画地仗缺失部位的修复研究》，《新丝路（下旬）》2016 年第 7 期.

[34] 张虎元，姜啸，王锦芳等：《壁画地仗中盐分的毛细输送机制研究》，《岩土力学》2016 年 37 卷第 1 期.

[35] 张亚旭：《莫高窟 196 窟壁画保存现状研究》，硕士学位论文，西北大学，2018 年.

[36] 郭宏：《古代干壁画与湿壁画的鉴定》，《中原文物》，2004 年第 2 期.

[37] 陈家昌：《关于壁画揭取保护中"干涉层"的使用和"地仗层"的去留问题》，《文物保护与考古科学》，2004 年第 16 卷第 3 期.

[38] 马清林，陈庚龄，卢燕玲等：《潮湿环境下壁画地仗加固保护材料研究》，《丝绸之路古遗址保护第二届石窟遗址保护国际学术讨论会》，2004 年.

[39] 陆建明：《古建筑壁画保护的现状及改建研究》，《美术文献》2022 年.

[40] 李琼：《古建筑壁画保护相关问题研究》，《文物鉴定与鉴赏》，2021 年.

[41] 张化冰，苏伯民等：《壁画起甲修复材料性能评价指标体系的构建初探》，《文物保护与考古科学》，2021 年.

[42] 苏伯民，张化冰等：《一种新的壁画修复材料黏结性评价装置及应用研究》，《文物保护与考古科学》，2018 年.

[43] 成倩，赵丹丹等：《早期失效保护修复材料对壁画的影响》，《文物保护与考古科学》，2013 年.

[44] 张子迎，税午阳等：《数字壁画病害提取与修复算法研究》，《计算机应用研究》，2021 年.

[45] 汪万福，苏伯民等：《几种壁画修复材料物性指数的实验测试》，《敦煌研究》，2000 年.

[46] 尚立滨：《中国传统寺观壁画制绘工艺》，《建筑创作》，2009 年第 2 期.

二、著作

[1] 王旭东，苏伯民，陈港泉等：《中国古代壁画保护规范研究》，科学出版社，2013 年.

[2] 郭宏：《文物保存环境概论》，科学出版社，2001 年.

[3] 祝重寿：《中国壁画史纲》，文物出版社，1995 年.

[4] 祁英涛：《中国古代建筑的保护与维修》，文物出版社，1996 年.

[5] 仝艳峰：《山东地区古建筑壁画保护研究》，山东大学出版社，2016 年.

[6] 蒋玄佁：《中国绘画材料史》，上海书画出版社，1986 年.

[7] 马瑞田：《中国古建彩画》，文物出版社，1996 年.

[8] 郭宏，马清林：《馆藏壁画保护技术》，科学出版社，2011 年.

三、规范

[1] 中华人民共和国国家文物局：《古代壁画现状调查规范》（WW/T2006—2007），文物出版社，2008年.

[2] 中华人民共和国国家文物局：《古代壁画地仗层可溶盐分析的取样与测定》（WW/T 0032—2010），文物出版社，2010年.

[3] 中华人民共和国国家文物局：《古代壁画脱盐技术规范》（WW/T 0031—2010），文物出版社，2010年。

[4] 中华人民共和国国家质量监督检验检疫局，中国国家标准化管理委员会：《古代壁画病害与图示》（GB/T 30237—2013），中国标准出版社，2014年.

[5] 中华人民共和国国家质量监督检验检疫局，中国国家标准化管理委员会：《古代壁画保护修复方案编制规范》（GB/T 30236—2013），中国标准出版社，2014年.

[6] 中华人民共和国国家质量监督检验检疫局，中国国家标准化管理委员会：《古代壁画保护修复档案规范》（GB/T 30235—2013），中国标准出版社，2014年.

# 附 录

## 附录一：实验报告

### 沂源县栖真观壁画清洗材料实验报告

栖真观玉皇殿壁画历时久远，表面灰尘、污物遮盖画面，不仅严重影响壁画艺术价值，而且影响其长期保存，因此壁画画面污染的清理是显现壁画画面内容、展示壁画艺术特征的首要任务，也是取得良好保护效果的关键。

**一、实验目的**

选择合适的清理材料、工具，清理壁画画面的污染物，目的在于消除壁画病变造成的后果，延长壁画保存和使用时间，尽可能还原壁画的历史价值、美学价值。

**二、实验试剂、设备**

蒸馏水、无水乙醇、丙酮、洗涤用碱性蛋白酶、碱性蛋白酶、氨三乙酸、草酸、EDTA、双氧水。毛刷、毛笔、竹刀、塑料刀、手术刀、色度仪、数码视频显微镜。

**三、实验依据**

《古代壁画保护修复方案编制规范》（GB—T 30236—2013）中对于壁画修复实验的要求；《馆藏壁画保护技术》（科学出版社，2011年）中有关壁画清洗的材料试验数据；《山东地区古建筑壁画保护研究》（山东大学出版社，2016年）中有关壁画清洗的材料试验数据。

**四、配制清洗试剂**

蒸馏水、丙酮、分析纯无水乙醇、50%无水乙醇的水溶液、1%洗涤用碱性蛋白酶

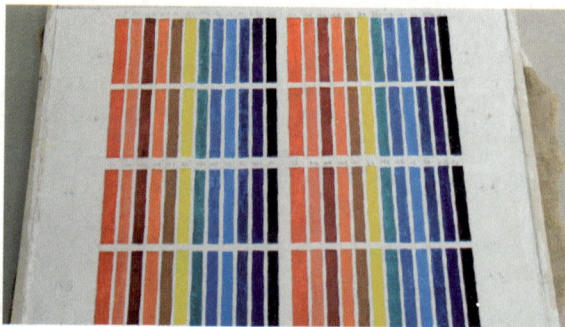

图 1 模拟壁画制作效果

50℃水溶液、1%碱性蛋白酶50℃水溶液、5%氨三乙酸水溶液、5%和2%草酸的水溶液、10%和5%EDTA的水溶液、3%和1.5%双氧水的水溶液。

## 五、实验过程

1. 模拟实验

（1）制作模拟壁画

首先使用2厘米见方的方木制作间隔为20厘米的木框，制作壁画的支撑体，其次，在经过前道程序处理过的粗麻布面上制作由粗泥和白灰泥复合而成的地仗层。整个地仗层厚度至少应在1.5厘米以上。模拟壁画的绘制颜料选用国画颜料，颜色种类有大红、朱砂、胭脂、朱磦、赭石、藤黄、翡翠绿、湖蓝、石青、花青、酞青蓝、碳黑。分别使用每种颜料绘制宽2cm、长20cm的长方形色块，共12条色块，制作效果如图1所示。

（2）记录颜料初始状态

测定初始状态下模拟壁画各组颜料的色度，测量数据分别表示为L0、a0、b0，拟涂刷乙醇的颜料初始色度如表1所示。其他各种清洗试剂的初始色度同样以此为示例。显微记录颜料表面微观状态。

（3）涂刷清洗试剂

分别涂刷蒸馏水、无水乙醇、50%无水乙醇的水溶液、1%洗涤用碱性蛋白酶50℃水溶液、1%碱性蛋白酶50℃水溶液、5%氨三乙酸水溶液、5%和2%草酸的水溶液、10%和5%EDTA的水溶液、3%和1.5%双氧水的水溶液。

（4）记录颜料变化

测定涂刷无水乙醇100%、50%水溶液后状态下模拟壁画各组颜料的色度，测量数据分别表示为L1、a1、b1，拟涂刷乙醇的颜料色度变化如表2所示。其他各种清洗试剂的色度变化同样以此为示例。显微记录颜料变化表面微观状态。

### 表1 未涂刷乙醇初始状态下颜料的色度

| 颜料 | 50% | | | 100% | | |
|---|---|---|---|---|---|---|
| | L0 | a0 | b0 | L0 | a0 | b0 |
| 大红 | 48.6 | 66.4 | 26.4 | 48.4 | 61 | 21.7 |
| 朱砂 | 53.5 | 52.2 | 20.8 | 51.8 | 45.4 | 16.3 |
| 胭脂 | 37.5 | 42.5 | 6.3 | 34.9 | 35 | 5.4 |
| 朱磦 | 58.2 | 51.3 | 25.8 | 57.1 | 50.3 | 25.2 |
| 赭石 | 47.1 | 23.8 | 15.8 | 49.3 | 20.9 | 16.7 |

续表

| 藤黄 | 84.5 | 6.7 | 85.8 | 83.7 | 6.4 | 83.4 |
| 翡翠绿 | 54.7 | −38.3 | 4.8 | 52.5 | −32.7 | 2.5 |
| 湖蓝 | 59.4 | −18.7 | −31.7 | 54.1 | −17.1 | −30.6 |
| 石青 | 62.6 | −22 | −18.6 | 61.3 | −22.2 | −16.6 |
| 花青 | 35.3 | −5.5 | −17.6 | 38.1 | −6 | −17.4 |
| 酞青蓝 | 33.5 | 4.6 | −28.5 | 34.2 | 2.1 | −31.5 |
| 碳黑 | 31.5 | −2.7 | 4.7 | 27.6 | 2.2 | 0.3 |

表2 涂刷乙醇2天后颜料的色度

| 颜料 | 50% | | | | | | 100% | | | | | |
|---|---|---|---|---|---|---|---|---|---|---|---|---|
| | L1 | △L1 | a1 | △a1 | b1 | △b1 | L1 | △L1 | a1 | △a1 | b1 | △b1 |
| 大红 | 50 | 1.4 | 67.6 | 1.3 | 25.4 | −1.0 | 47.3 | −1.1 | 61.7 | 0.7 | 21.6 | −0.1 |
| 朱砂 | 54.5 | 1.0 | 51.6 | −0.6 | 20 | −0.8 | 50.2 | −1.6 | 43.2 | −2.2 | 15 | −1.3 |
| 胭脂 | 39.2 | 1.7 | 43 | 0.5 | 4.4 | −1.9 | 34.2 | −0.7 | 35.3 | 0.3 | 5.8 | 0.4 |
| 朱磦 | 58.7 | 0.5 | 50.8 | −0.5 | 25.9 | 0.1 | 56.2 | −0.9 | 49.6 | −0.7 | 24.5 | −0.7 |
| 赭石 | 49.8 | 2.7 | 24 | 0.2 | 16.9 | 1.1 | 49.2 | −0.1 | 21.5 | 0.6 | 17.1 | 0.4 |
| 藤黄 | 84.7 | 0.2 | 5.5 | −1.2 | 84.3 | −1.5 | 83.9 | 0.2 | 5.4 | −1.0 | 80.5 | −2.9 |
| 翡翠绿 | 55.6 | 0.9 | −38.8 | −0.5 | 5.8 | 1.0 | 52.3 | −0.2 | −32.8 | −0.1 | 3.9 | 1.4 |
| 湖蓝 | 57.6 | −1.8 | −18.6 | 0.1 | −32.8 | −1.1 | 56.3 | 2.2 | −18.1 | −1.0 | −29.5 | 1.1 |
| 石青 | 63.1 | 0.5 | −21.4 | 0.6 | −18.8 | −0.2 | 63.5 | 2.2 | −23.1 | −0.9 | −15.9 | 0.7 |
| 花青 | 36.3 | 1.0 | −5.5 | 0 | −18.6 | −1.0 | 38.6 | 0.5 | −6.4 | −0.4 | −17.4 | 0 |

| 酞青蓝 | 35.6 | 2.1 | 1.3 | −3.3 | −34 | −5.5 | 33 | −1.2 | 3.1 | 1.0 | −30.3 | 1.2 |
| 碳黑 | 30.7 | −0.8 | −2.3 | 0.4 | 3.8 | −0.9 | 26.5 | −1.1 | 1.4 | −0.8 | 0.3 | 0 |

2．现场实验

（1）选取实验区域

选取不重要的壁画区域，避开壁画人物部分。有比较明显的欲清洗病害，使用纸胶带将实验区域分区为 5 厘米 ×5 厘米的正方形实验块。

（2）记录颜料初始状态

首先测定初始状态下壁画表面颜料的色度，测量数据分别表示为 L0、a0、b0，各种清洗试剂未清洗前的试验区域初始色度如表 3 所示。显微记录颜料表面微观状态。

（3）涂刷清洗试剂

分别涂刷蒸馏水、无水乙醇、50% 无水乙醇的水溶液、1% 洗涤用碱性蛋白酶 50℃水溶液、1% 碱性蛋白酶 50℃水溶液、5% 氨三乙酸水溶液、5% 和 2% 草酸的水溶液、10% 和 5%EDTA 的水溶液、3% 和 1.5% 双氧水的水溶液。待软化污染病害后，使用毛刷、毛笔和竹刀、塑料刀等工具清理污染病害。烟熏病害使用丙酮重复涂刷。

（4）记录颜料变化

测定涂刷各种清洗试剂 2 天后状态下模拟壁画颜料的色度，色度变化如表 3 所示。显微记录颜料表面微观状态。

### 表 3 清洗前后颜料层色度变化

| 清洗剂种类 | 清洗前 | | | 清洗后 | | | 清洗前后变化 | | |
|---|---|---|---|---|---|---|---|---|---|
| | L0 | a0 | b0 | L1 | a1 | b1 | △ L | △ a | △ b |
| 3%双氧水 | 48.4 | 5.5 | 13 | 45.4 | 4.9 | 14.3 | −3.0 | −0.6 | 1.3 |
| 1.5%双氧水 | 42.9 | 5.1 | 11.1 | 52 | 4.9 | 15.1 | 9.1 | −0.2 | 4.0 |
| 10%EDTA | 45.1 | 4.9 | 9.7 | 43.5 | 3.4 | 11.1 | −1.6 | −1.5 | 1.4 |

续表

| | | | | | | | | | |
|---|---|---|---|---|---|---|---|---|---|
| 5% EDTA | 38.8 | 4 | 6.8 | 46.2 | 3 | 10.2 | 7.4 | −1 | 3.4 |
| 5% 草酸 | 38.9 | 6.1 | 8.6 | 45.8 | 2.9 | 9.5 | 6.9 | −3.2 | 0.9 |
| 2% 草酸 | 48.3 | 7 | 10.3 | 47.4 | 4.8 | 12.6 | −0.9 | −2.2 | 2.3 |
| 氨三乙酸 | 36.8 | 2.2 | 11.1 | 36.1 | 4.2 | 8.4 | −0.7 | 2.0 | −2.7 |
| 碱性蛋白酶 | 37.4 | 6.3 | 3.8 | 31.5 | 2.8 | 6.5 | −5.9 | 0.2 | 2.7 |
| 洗涤用碱性蛋白酶 | 42.7 | 3.2 | 8.6 | 38 | 7.6 | 13.4 | −4.7 | 4.4 | 4.8 |
| 乙醇 | 59.3 | 10.5 | 16.5 | 63.2 | 8.5 | 14.9 | 3.9 | −2 | −1.6 |
| 蒸馏水 | 56.7 | 10.1 | 17 | 55.3 | 6.5 | 13.2 | −1.4 | −3.6 | −3.8 |

## 六、实验结论

根据清洗剂的去除土垢效果和去除土垢后画面颜料颜色改变情况来筛选清洗剂的浓度。使用了洗涤用碱性蛋白酶、碱性蛋白酶、5% 氨三乙酸水溶液、5% 和 2% 草酸溶液、10% 和 5%EDTA 溶液、3% 和 1.5% 双氧水溶液来试验清洗效果。各种清洗剂清洗前后宏观效果

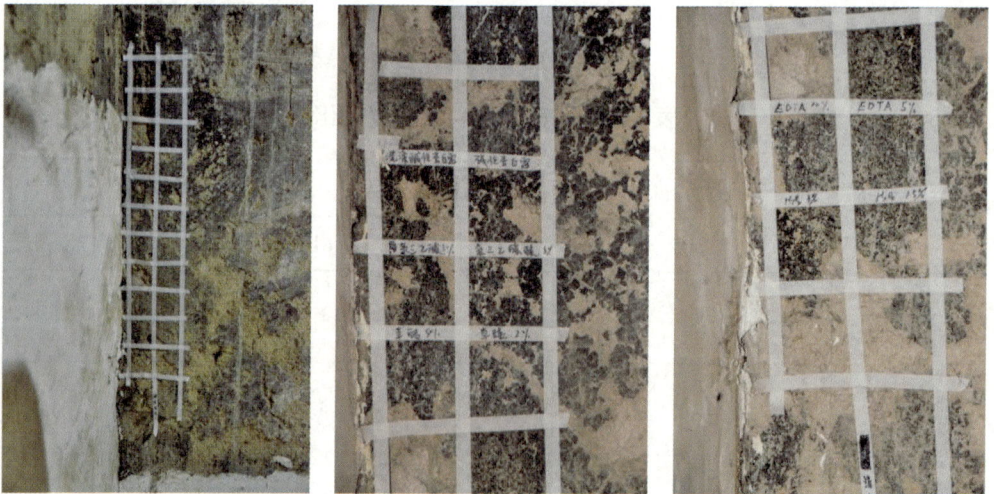

图 2　各类清洗剂清洗前后壁画颜料层表面效果对比

如图 2、图 12、图 15、图 17 所示，微观效果如图 3、图 4、图 5、图 6、图 7、图 8、图 9、图 10、图 11、图 13、图 14、图 16 所示。各种清洗剂具有一定的清洗效果，其中洗涤用碱性蛋白酶、碱性蛋白酶和 3% 双氧水溶液清除表面硬结物效果比较明显。

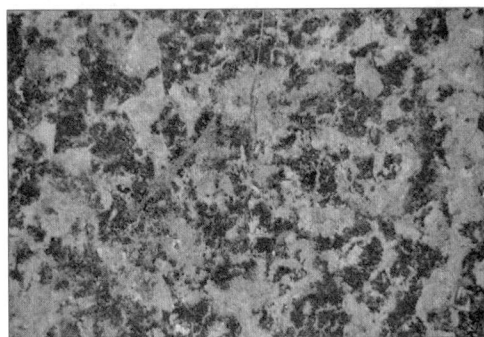

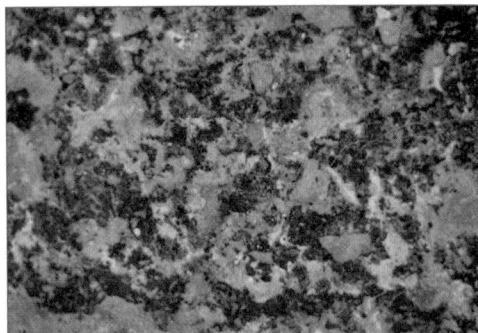

图 3　5%EDTA 清洗前后微观效果

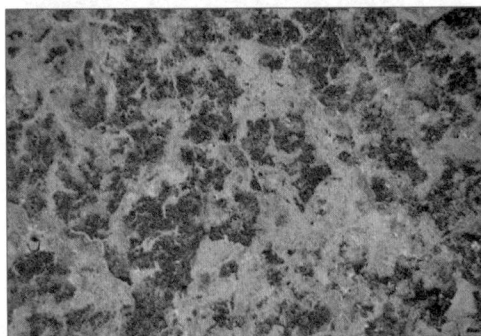

图 4　10%EDTA 清洗前后微观效果

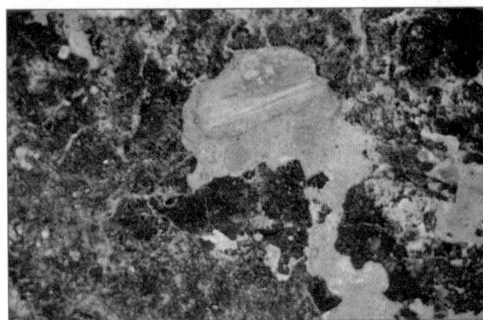

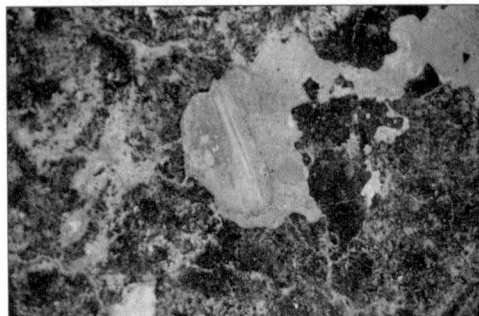

图 5　5% 氨三乙酸溶液清洗前后微观效果

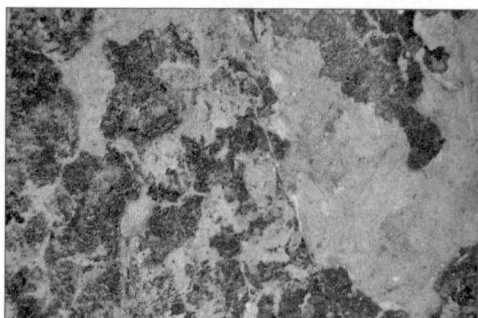

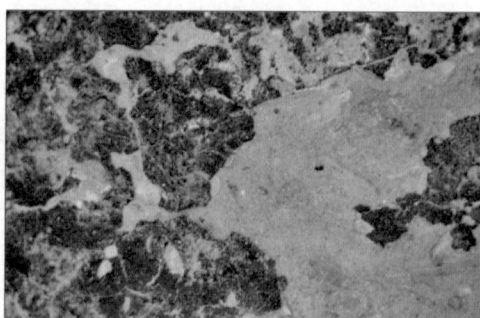

图6  2%草酸清洗前后颜料层表面微观效果

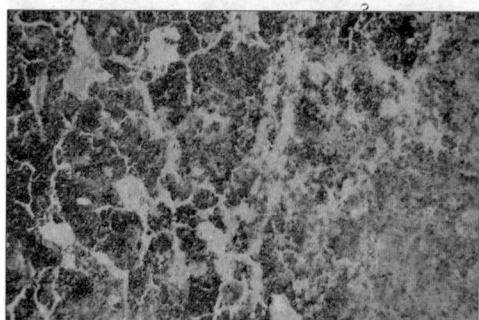

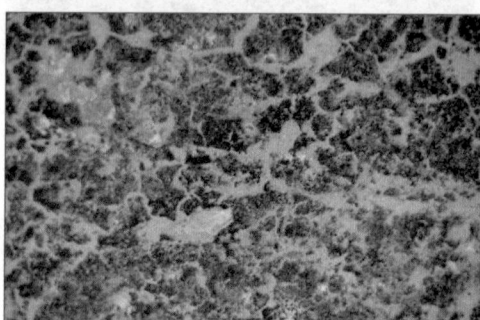

图7  5%草酸清洗前后颜料层表面微观效果

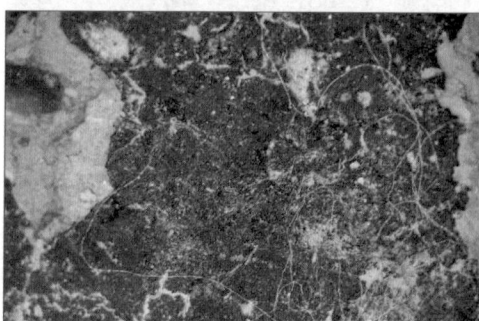

图8  碱性蛋白酶清洗前后颜料层表面微观效果

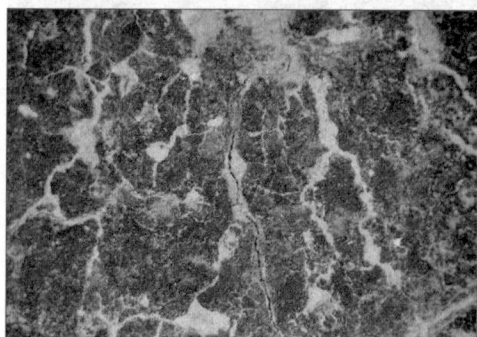

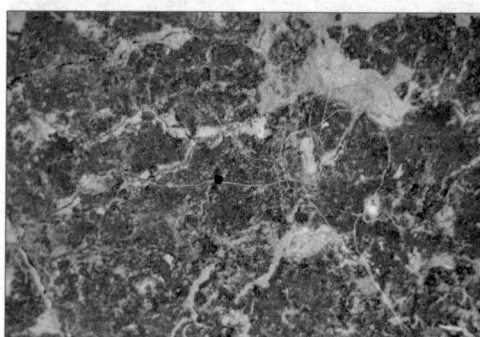

图9  洗涤用碱性蛋白酶清洗前后颜料层表面微观效果

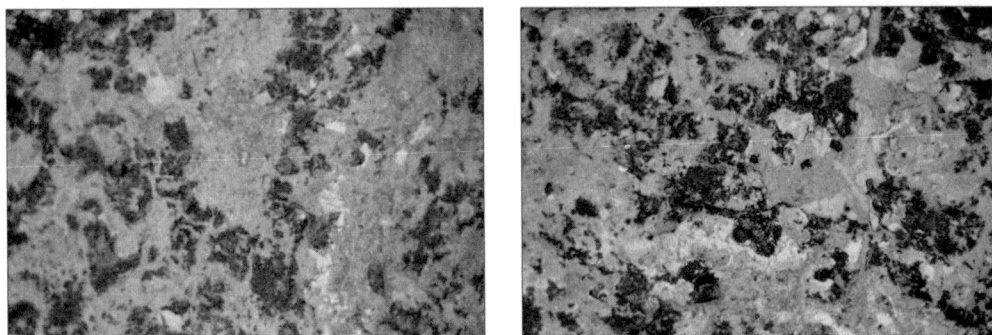

图 10　1.5% 双氧水清洗前后颜料层表面微观效果

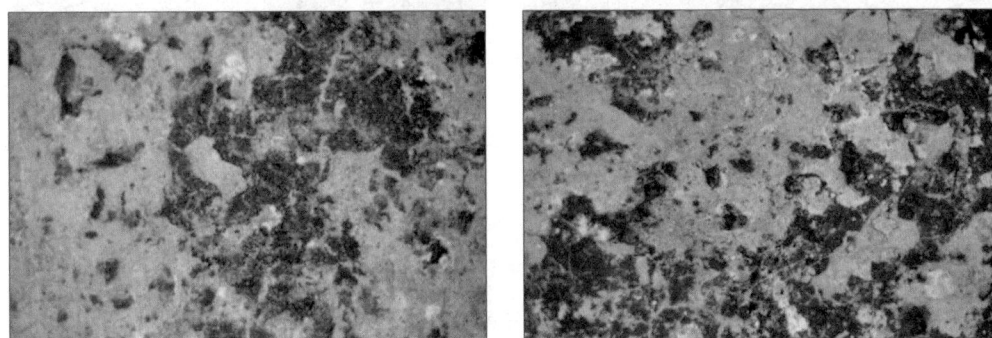

图 11　3% 双氧水清洗前后颜料层表面微观效果

　　蒸馏水、乙醇两种清洗剂对于壁画颜料的色度改变有着轻微的差别，乙醇、蒸馏水对颜色的改变比较轻微，颜色改变较小意味着表面污染物去除的并不彻底，结合宏观外观的变化，这两种清洗剂具有比较小的清洗功效。

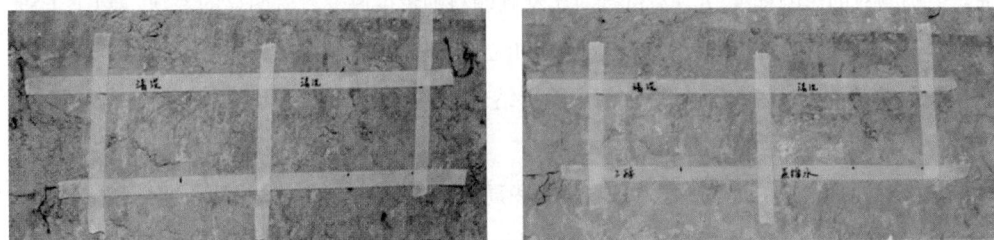

图 12　蒸馏水、乙醇溶液清洗前后效果

　　根据人眼对颜色差别的识别能力，人们对不同大小的色差进行了划分。通常对于两种颜色的色差在 0—0.5 之间为微量（trace）差别，0.5—1.5 之间为轻微（slight）的差别，1.5—3.0 之间的色差人眼就能够感觉到（noticeable），3.0—6.0 之间为明显的（obvious）差别，6.0—

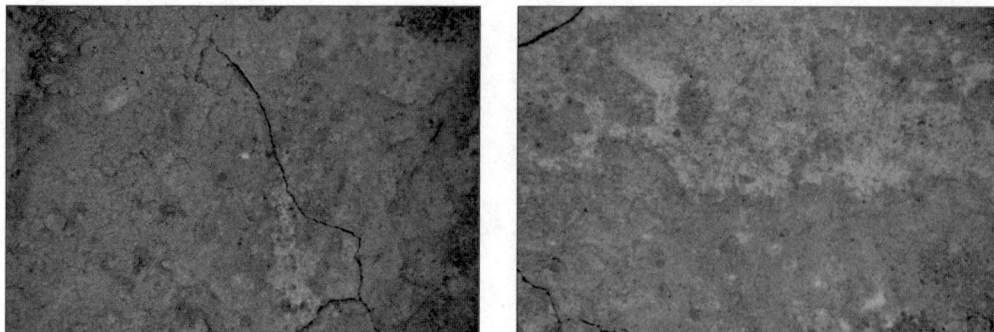

图 13 使用乙醇清洗前后表面微观效果

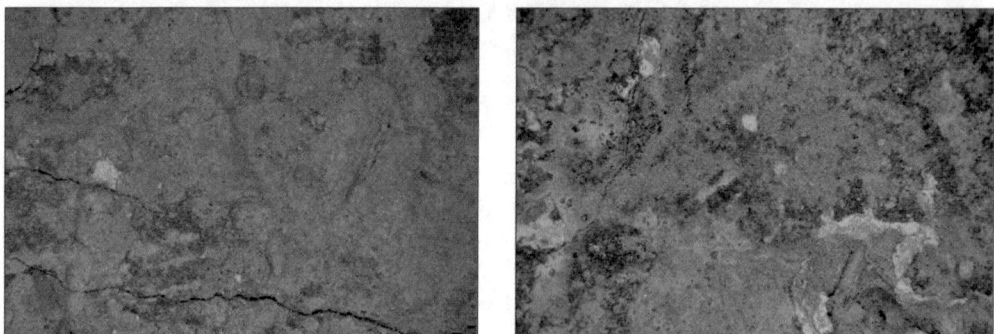

图 14 使用蒸馏水清洗前后表面微观效果

12.0 之间为很大的差别（much），色差大于 12.0 以上时，两个样品的颜色就有截然不同的感觉（very much）。$\triangle L > 0$ 表示偏白，$\triangle L < 0$ 表示偏黑；$\triangle a > 0$ 表示偏红，$\triangle a < 0$ 表示偏绿；$\triangle b > 0$ 表示偏黄，$\triangle b < 0$ 表示偏蓝。因此，可以通过判断壁画颜料在施用清洗剂前后 $\triangle L$（L1—L0）、$\triangle a$（a1—a0）、$\triangle b$（b1—b0）的大小来判断各类型的清洗剂对壁画颜料的影响程度。8 种清洗剂对于壁画颜料的色度改变有着明显的差别（表 1），1.5% 双氧水、5%EDTA、5% 草酸、碱性蛋白酶和洗涤用碱性蛋白酶对于颜色的改变比较明显，显然颜色的改变意味着表面污染物的去除，结合宏观变化，这几种清洗剂具有比较适合的清洗功效。

对壁画油烟污迹的处理，经过现场小面积局部实验，用有机溶剂如酒精、丙酮进行处理，可减小清洗剂对壁画绘画层胶质的溶解作用并可清除部分表面油污。但是由于油烟与壁画颜料的结合力已经远远超过了部分壁画颜料层与白灰地仗层之间的结合力，所以大部分油烟很难完全彻底清理干净（图 15、图 16）。

针对壁画表面的贴纸，用蒸馏水软化后，使用镊子轻轻揭取。贴纸去除实验区域效果如图 17 所示，贴纸去除后对壁画颜料层无影响。

图 15　清理后的烟熏宏观效果

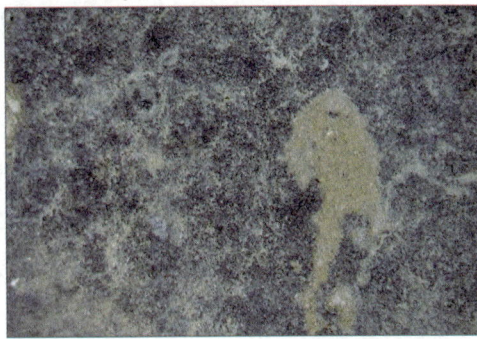

图 16　机械方法清理烟熏后表面微观效果

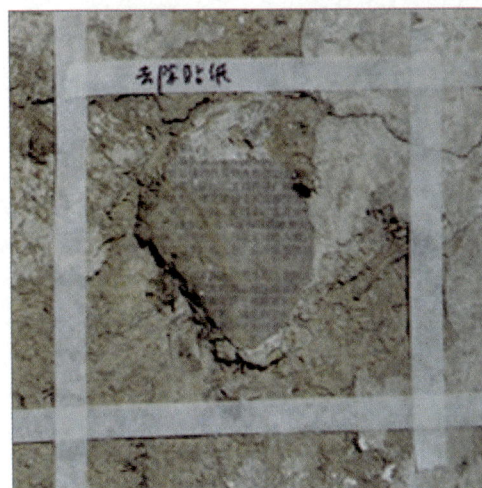

图 17　贴纸去除前后效果

# 沂源县栖真观壁画加固材料实验报告

沂源县栖真观壁画地仗层的缺失、空鼓、裂缝和酥碱以及颜料层起甲、起翘、缝隙，其中地仗层的裂缝与缺失、空鼓相联系，因此在治理和修复壁画地仗层病害的过程中，针对这些病害类型可以从地仗层的加固修复等方面来实施加固实验。

## 一、实验目的

选择合适的加固材料、工具，加固壁画地仗层、颜料层，目的在于消除壁画老化变质造成的疏松状态，提高壁画的整体稳定性，延长壁画保存和使用时间。

## 二、实验试剂、工具和设备

蒸馏水、无水乙醇、苯丙乳液、纯丙乳液、硅丙乳液、聚乙酸乙烯酯乳液、Paraloid B72、桃胶、明胶、明矾。毛刷、毛笔、竹刀、塑料刀、注射器、纺绸、脱脂棉、手术刀、色度仪、数码视频显微镜。

## 三、实验依据

《古代壁画保护修复方案编制规范》（GB—T 30236—2013）中对于壁画修复实验的要求；《馆藏壁画保护技术》（科学出版社，2011年）中有关壁画加固的材料试验数据；《山东地区古建筑壁画保护研究》（山东大学出版社，2016年）中有关壁画加固的材料试验数据。

## 四、配制加固试剂

分别配置20%硅丙乳液的水溶液、5%聚乙酸乙烯酯乳液的水溶液、1%桃胶的水溶液、2% Paraloid B72的丙酮溶液、10%硅丙乳液的水溶液。

## 五、实验过程

1. 模拟实验

（1）制作模拟壁画

首先使用2厘米见方的方木制作间隔为20厘米的木框作为壁画的支撑体，其次，在经过前道程序处理过的粗麻布面上制作由粗泥和白灰泥复合而成的地仗层。整个地仗层厚度至少应在1.5厘米以上。模拟壁画的绘制颜料选用国画颜料，颜色种类有大红、朱砂、胭脂、朱磦、赭石、藤黄、翡翠绿、湖蓝、石青、花青、酞青蓝、碳黑。分别使用每种颜料绘制宽2cm、长20cm的长方形色块，共12条色块，制作效果如图1所示。

（2）记录颜料初始状态

测定初始状态下模拟壁画各组颜料的色度，测量数据分别表示为L0、a0、b0，拟涂刷乙醇的颜料初始色度如表 1 所示。其他各种加固试剂的初始色度同样以此为示例。显微记录颜料表面微观状态。

（3）涂刷加固试剂

分别涂刷 20% 硅丙乳液的水溶液、5% 聚乙酸乙烯酯乳液的水溶液、1% 桃胶的水溶液、2% Paraloid B72 的丙酮溶液、10% 硅丙乳液的水溶液。

（4）记录颜料变化

测定涂刷 2% Paraloid B72 的丙酮溶液状态下模拟壁画各组颜料的色度，测量数据分别表示为 L1、a1、b1，涂刷 2% Paraloid B72 的丙酮溶液 2 天后的颜料色度变化如表 2 所示。其他各种加固试剂的色度变化同样以此为示例。显微记录颜料编号表面微观状态。

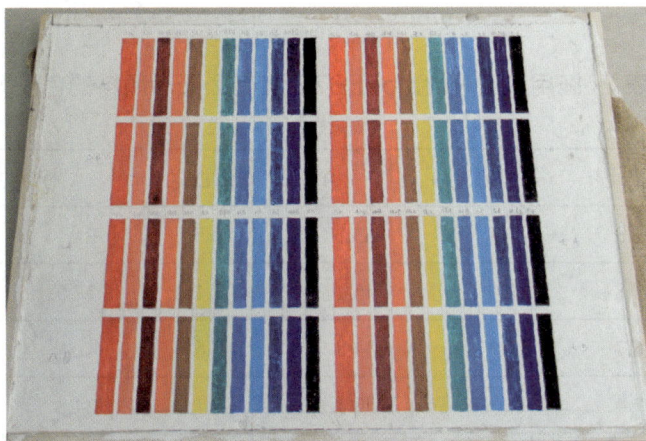

图 1 模拟壁画制作效果

表 1 未施用 2% Paraloid B72 溶液初始状态下颜料的色度

| 颜料 | L0 | a0 | b0 |
| --- | --- | --- | --- |
| 大红 | 51.2 | 63.7 | 21.3 |
| 朱砂 | 56.9 | 47.2 | 17.5 |
| 胭脂 | 35.4 | 35.4 | 5.6 |
| 朱磦 | 57.4 | 51.2 | 24.7 |
| 赭石 | 49.4 | 22.3 | 15.5 |

| | | | |
|---|---|---|---|
| 藤黄 | 83.6 | 6.2 | 88.7 |
| 翡翠绿 | 50.8 | −35.3 | 3.6 |
| 湖蓝 | 51.1 | −16.2 | −32.9 |
| 石青 | 64.5 | −22.6 | −18.2 |
| 花青 | 43.7 | −10.6 | −19.7 |
| 酞青蓝 | 31.8 | 3.5 | −29.8 |
| 碳黑 | 26.1 | 2.3 | 0.6 |

## 表 2 施用 2% Paraloid B72 溶液 2 天后颜料的色度

| 颜料 | L1 | △L1 | a1 | △a1 | b1 | △b1 |
|---|---|---|---|---|---|---|
| 大红 | 51.3 | 0.1 | 63.2 | −0.5 | 21 | −0.3 |
| 朱砂 | 57.8 | 0.9 | 45.1 | −2.1 | 17.5 | 0 |
| 胭脂 | 36.7 | 1.3 | 34.8 | −0.6 | 4.2 | −1.2 |
| 朱磦 | 57.4 | 0 | 50.1 | −1.1 | 24.8 | 0.1 |
| 赭石 | 49.4 | 0 | 22.3 | 0 | 15.5 | 0 |
| 藤黄 | 83.8 | 0.2 | 4.2 | −2.0 | 82.6 | −6.5 |
| 翡翠绿 | 50.9 | 0.1 | −35.1 | 0.2 | 4.2 | 0.6 |
| 湖蓝 | 51.4 | 0.3 | −16.4 | −0.2 | −32.8 | 0.1 |
| 石青 | 64.9 | 0.4 | −22.8 | −0.2 | −18.2 | 0 |
| 花青 | 45 | 1.3 | −12.7 | −2.1 | −18.6 | 1.1 |
| 酞青蓝 | 32.3 | 0.5 | 2.9 | −0.6 | −28.9 | 0.9 |
| 碳黑 | 24.4 | −1.7 | 2.1 | −0.2 | −0.6 | −1.2 |

2．现场酥粉病害加固实验

（1）选取实验区域

选取不重要的壁画酥粉区域，避开壁画人物部分。有比较明显的欲加固区域，使用纸胶带将实验区域分区为 5 厘米 ×5 厘米的正方形实验块。

（2）记录颜料初始状态

首先测定初始状态下壁画表面颜料的色度，测量数据分别表示为 L0、a0、b0，各种加固试剂未加固前的试验区域初始色度如表 3 所示。记录宏观外观效果如图 2 所示，显微记录颜料表面微观状态如图 3、图 4、图 5、图 6、图 7、图 8 所示。

（3）涂刷清洗试剂

分别涂刷 20% 硅丙乳液的水溶液、5% 聚乙酸乙烯酯乳液的水溶液、1% 桃胶的水溶液、2% Paraloid B72 的丙酮溶液、10% 硅丙乳液的水溶液。

（4）记录颜料变化

测定涂刷各种加固试剂 2 天后壁画颜料的色度，色度变化如表 3 所示。记录宏观外观效果如图 2 所示，显微记录颜料表面微观状态如图 3、图 4、图 5、图 6、图 7、图 8 所示。以硬质毛刷来摩擦颜料，除了桃胶加固区域，颜料粉末掉落较多外，其他加固区域均掉粉极少。

**表 3　加固剂加固前后颜料层颜色色度变化**

| 加固剂种类 | 加固前 | | | 加固后 | | | 加固前后变化 | | |
| --- | --- | --- | --- | --- | --- | --- | --- | --- | --- |
| | L0 | a0 | b0 | L1 | a1 | b1 | △L | △a | △b |
| 20% 硅丙乳液绿颜料 | 55.5 | −1 | 4.9 | 43.4 | 0.6 | 8.3 | −12.1 | 1.6 | 3.4 |
| 5% 聚乙酸乙烯酯乳液绿颜料 | 61.6 | 1.4 | 9 | 60.2 | −0.3 | 7.6 | −1.4 | −1.7 | −1.4 |
| 桃胶绿颜料 | 70.4 | 2.9 | 6.5 | 61.9 | 3.3 | 8 | −8.5 | 0.4 | 1.5 |
| 2%B72 绿颜料 | 70.5 | 0.6 | 7.8 | 52.2 | −2.2 | 14.7 | −18.3 | −2.8 | 6.9 |
| 10% 硅丙乳液绿颜料 | 68.2 | 0.6 | 6.3 | 62.6 | 1.9 | 10.8 | −5.6 | 1.3 | 4.5 |

图 2  各种加固剂加固前后壁画外观效果

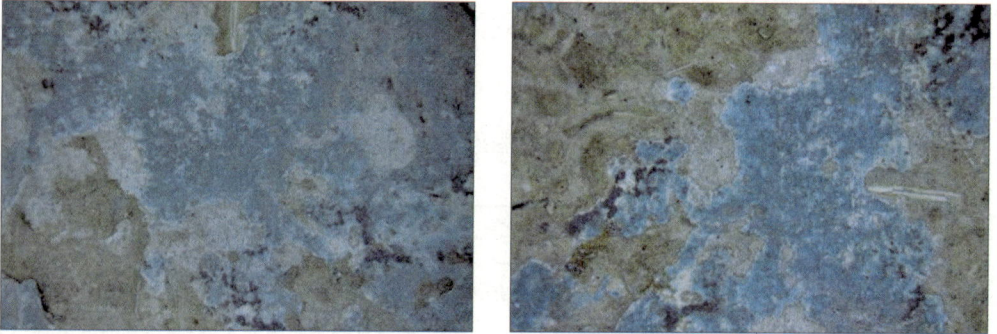

图 3  2%B72 溶液加固前后颜料层表面微观效果

图 4  10% 硅丙乳液加固前后颜料层表面微观效果

图 5　5%聚乙酸乙烯酯乳液加固前后颜料层表面微观效果

图 6　10%硅丙乳液加固前后颜料层表面微观效果

图 7　20%硅丙乳液加固前后颜料层表面微观效果

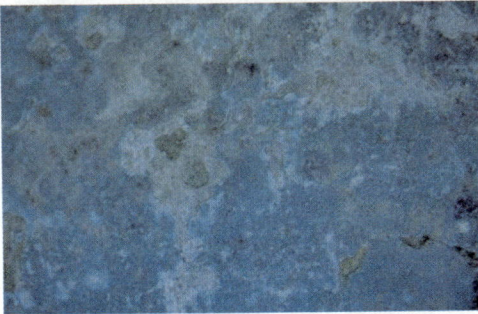

图 8　桃胶溶液加固前后绿色颜料表面微观效果

3. 现场其他病害加固实验

（1）缺失地仗层的加固实验

针对栖真观玉皇殿壁画地仗层特点，在国内已有研究成果基础上，选择适当的胶结材料加入壁画原地仗原材料中以改进新修补地仗性能的试验。以所在区域的生土、当地出产的麦秸和麦糠为原料制作而成，因此可以继续使用这些当地的材料来制作缺失部位的新地仗层。

为了增强黄泥地仗层与墙体之间的连接力，并且增大粗泥地仗层与外层白灰层地仗之间的连接性能，在其中加入质量分数为 1% 的聚乙酸乙烯酯乳液。在粗泥地仗层外面的皮纸白灰地仗材料以石灰、皮纸为主。为了选取更加适合栖真观玉皇殿壁画的白灰地仗材料，选用发酵一年以上的熟石灰灰膏，并添加 1% 的聚乙酸乙烯酯乳液制成的石灰泥作为修补壁画白灰地仗的材料。由于皮纸的强度相对较小，选用棉纱布作为皮纸的替代材料，可以增加白灰地仗层的强度和连接力，并且也能够保持壁画地仗原有的传统材料和制作工艺。

实验过程中对其中的一处原有不适当粗泥补配处进行了去除清理，并且新作了补配，补配前后效果如图 9 所示，粗泥完全干燥后与原粗泥地仗材料外观基本相同。

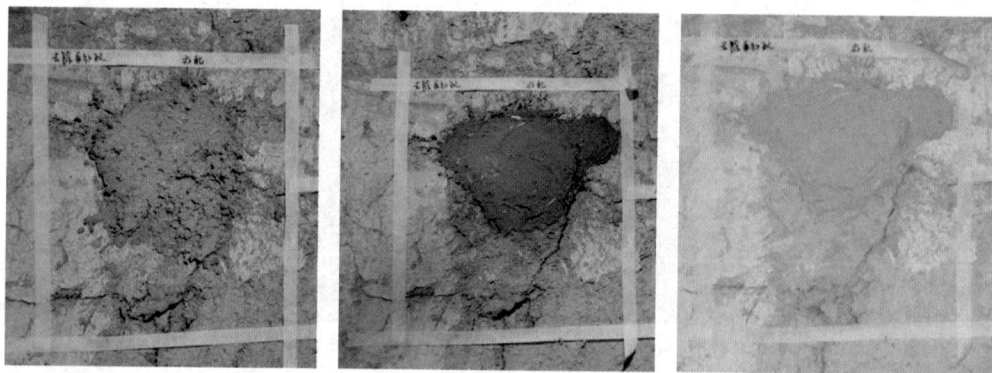

图 9 原有不适当补配处及新作补配次日及两周后外观效果对比

对一处仅缺失白灰层区域重新做了白灰地仗，待白灰干燥至七成左右时，表面使用黄土做旧处理，以使得白灰层地仗外观相互协调。补配后效果如图 10 所示，材料性能、外观与原地仗基本相同。

图 10　新做白灰地仗层

（2）空鼓地仗层的加固回贴实验

选用质量分数为 10% 的聚乙酸乙烯酯乳液用于壁画空鼓粗泥地仗层的渗透回贴加固。采用注射器进行滴注加固，加固时间以 3—5 分钟为宜。加固实验区域前后加固外观效果如图 11 所示。

选用质量分数为 20% 的聚乙酸乙烯酯乳液用于壁画白灰地仗层的黏结加固，使用毛笔涂刷于已脱离白灰地仗层的背面将其黏贴回粗泥地仗层。加固实验区域前后加固回贴外观效果如图 12 所示。

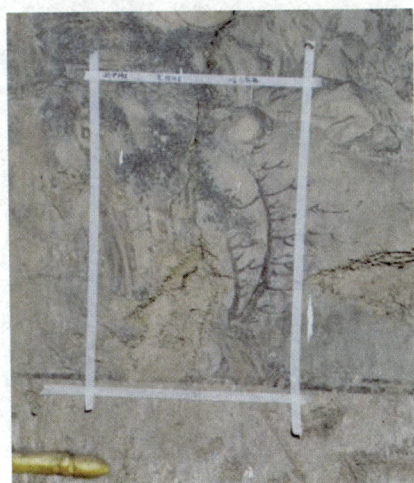

图 11　地仗层裂隙实验区域加固后外观效果

图12 白灰地仗层实验区域加固回贴前后外观效果

（3）颜料层起甲病害的加固实验

根据模拟实验、现场酥粉病害加固实验结果，选用质量分数为5%的硅丙乳液或5%白乳胶溶液作为栖真观壁画颜料层起甲病害的加固实验材料。两处起甲壁画实验区域在加固起甲壁画的过程中使用了上述操作工艺和材料，起甲部位加固回贴效果明显，如图13、图14所示。

图13 起甲实验区域加固后外观效果

图 14　泡状起甲壁画加固前后对比效果

（4）颜料层的显色加固

使用显色加固剂来对变浅的颜色做显色加固处理，加固修复工艺与粉化病害的治理相同。可以确定，以胶矾水加固较为合适，其作为传统壁画的固色材料至今仍然使用。实验过程中显色加固后的颜料颜色加深，显色效果宏观即可显示（图15），微观效果如图16、图17、图18、图19、图20所示。测量胶矾水在加固前后绿红蓝黑色颜料的色度变化，如表4所示。

图 15　显色剂加固前后颜色变化明显

图 16　5%胶矾水显色加固前后绿色颜料表面微观效果

图 17　10% 胶矾水显色加固前后红色颜料表面微观效果

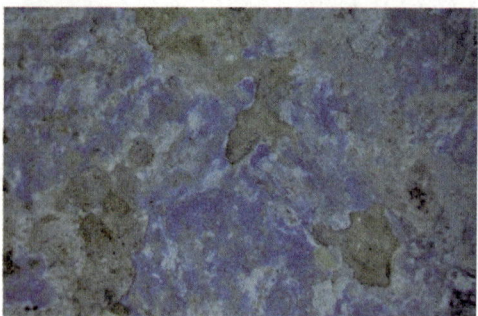

图 18　10% 胶矾水显色加固前后蓝色颜料表面微观效果

图 19　10% 胶矾水显色加固前后绿色颜料表面微观效果

图 20　10% 胶矾水显色加固前后黑色颜料表面微观效果

<h2 style="text-align:center;">表 4  显色剂加固前后颜料层色度变化</h2>

| 加固剂种类 | 加固前 | | | 加固后 | | | 加固前后变化 | | |
|---|---|---|---|---|---|---|---|---|---|
| | L0 | a0 | b0 | L1 | a1 | b1 | △L | △a | △b |
| 5% 胶矾水绿颜料 | 60.1 | 6 | 14.9 | 66.9 | 5.2 | 7.3 | 6.8 | −0.8 | −7.6 |
| 10% 胶矾水蓝颜料 | 68.4 | 2.4 | 5 | 63.9 | 4.1 | 3 | −4.5 | 1.7 | −2.0 |
| 10% 胶矾水黑颜料 | 59.5 | 4.9 | 6.3 | 53.8 | 1.7 | 6.5 | −5.7 | −3.2 | 0.2 |
| 10% 胶矾水绿颜料 | 61.8 | 2.9 | 8.9 | 60.7 | 4.5 | 10 | −1.1 | 1.6 | 1.1 |
| 10% 胶矾水红颜料 | 65 | 11.9 | 8.4 | 59.7 | 13.5 | 12.4 | −5.3 | 1.6 | 4.0 |

## 六、实验结论

1. 对于酥粉地仗层、颜料层的加固试验，可以得出以下结论：（1）20% 的硅丙乳液，加固性能较为理想，但是表面出现眩光，颜料层与地仗层之间的致密性加大，颜料加深变黑趋势明显，建议使用浓度较低的乳液；（2）桃胶、明胶等具有较好的透气透水性，对颜料颜色影响较小，但桃胶、明胶等天然材料黏结强度小，易受微生物侵蚀变质；（3）聚乙酸乙烯酯乳液加固的壁画样品表面较为粗糙，光泽度降低，显色较明显，也无眩光出现，易吸附灰尘，对颜料层色度改变较大，可以作为粗糙壁画的加固剂，不宜作为平整致密壁画颜料层的加固剂；（4）10% 的硅丙乳液对壁画颜料层颜色影响较小，光泽度、防尘效果和透气性符合壁画加固修复要求，必要时可再降低浓度；（5）2% 的 Paraloid B72 丙酮溶液对壁画颜料层颜色影响很小，光泽度、透气性和防尘效果很好，加固较为合适。

2. 缺失地仗层的加固选用聚乙酸乙烯酯乳液结合壁画原有地仗材料来修补是能够符合整体外观效果的。

3. 壁画空鼓地仗层的渗透回贴加固，选用质量分数为 10% 的聚乙酸乙烯酯乳液是能够达到强度要求的，对于纸张白灰层、黏贴加固使用聚乙酸乙烯酯乳液也是能够达到强度要求的。

4. 根据模拟实验、现场酥粉病害加固实验结果，选用质量分数为 5% 的硅丙乳液或 5% 白乳胶溶液作为栖真观壁画颜料层起甲病害的实验材料是可行的。

5. 胶矾水作为传统壁画的固色材料至今仍然使用，可以确定以胶矾水作为显色加固剂较为合适的。

# 沂源县栖真观壁画除虫防霉材料实验报告

栖真观玉皇殿壁画颜料层的虫害、霉害主要以当地常见的农业害虫和霉菌为主。结合栖真观玉皇殿所在地区自然气候、微生物和害虫生长条件，本方案选择使用植物源杀虫剂作为壁画的除虫防霉试剂。

## 一、植物性杀虫剂材料的选择

根据当前植物源农药市场的开发情况，本方案选用利用效率高、市场开发比较成熟的植物性杀虫剂作为试验用材料。选用单一性植物性杀虫剂 8 种，分别为 1% 苦皮藤素、0.3% 丁子香酚、40% 阿维菌素矿物油、7.5% 鱼藤酮、0.5% 藜芦碱、1.3% 苦参碱、除虫菊素和兔鼠羊鸟（禽）趋避忌食剂；选用粉剂 1 种，为茶粕；选用复合性植物性杀虫剂 2 种，分别为 1% 苦参碱·印棟素乳油和 0.5% 苦参碱·烟碱水剂。

## 二、模拟壁画的制作

选择壁画地仗制作的材料黄土、沙子和麻刀，使用矿物颜料，仿照壁画的制作工艺制作若干模拟壁画试块。模拟壁画的绘制颜料选用国画颜料，颜色种类有大红、朱砂、胭脂、朱磦、赭石、藤黄、翡翠绿、湖蓝、石青、花青、酞青蓝、碳黑。分别使用每种颜料绘制宽 2cm、长 20cm 的长方形色块。施药组每组绘制 A、B 两部分，每部分由 12 条长方形色块组成，共 24 条色块，另外制作 1 组对照组，共 12 条色块，制作效果如图 1 所示。

图 1　模拟壁画制作效果

### 三、模拟施药

考虑到杀虫剂在实际喷施过程中基本上都需要稀释为原药液浓度的0.1%甚至浓度更低，因此在实验过程中适当提高了施药浓度（表1）。对于乳油和水剂性的10种植物性杀虫剂，即1%苦皮藤素、0.3%丁子香酚、40%阿维菌素矿物油、7.5%鱼藤酮、0.5%藜芦碱、1.3%苦参碱、除虫菊素、兔鼠羊鸟（禽）趋避忌食剂、1%苦参碱·印楝素乳油和0.5%苦参碱·烟碱水剂，分别用水作为溶剂稀释为杀虫剂原液浓度的0.25%和0.5%。对于粉末状的茶粕，以茶粕浸泡入水中，浓度为0.5%和1%，提取浸泡液使用。本方案实验测试和数据分析研究过程中的植物源杀虫剂种类均指原药，即1%苦皮藤素、0.3%丁子香酚、40%阿维菌素矿物油、7.5%鱼藤酮、0.5%藜芦碱、1.3%苦参碱、除虫菊素、兔鼠羊鸟（禽）趋避忌食剂、1%苦参碱·印楝素乳油和0.5%苦参碱·烟碱水剂，并非指代100%的植物源杀虫剂试剂。

### 表1　植物性杀虫剂实验配制

| 序号 | 杀虫剂种类 | 施药浓度A | 施药浓度B |
|---|---|---|---|
| 1 | 1%苦皮藤素 | 0.25% | 0.5% |
| 2 | 0.3%丁子香酚 | 0.25% | 0.5% |
| 3 | 40%阿维菌素矿物油 | 0.25% | 0.5% |
| 4 | 7.5%鱼藤酮 | 0.25% | 0.5% |
| 5 | 0.5%藜芦碱 | 0.25% | 0.5% |
| 6 | 1.3%苦参碱 | 0.25% | 0.5% |
| 7 | 除虫菊素 | 0.25% | 0.5% |
| 8 | 茶粕 | 0.5% | 1% |
| 9 | 趋避忌食剂 | 0.25% | 0.5% |
| 10 | 0.5%苦参碱·烟碱水剂 | 0.25% | 0.5% |
| 11 | 1%苦参碱·印楝素乳油 | 0.25% | 0.5% |

模拟壁画施药前分别进行初始状态下的微观拍照和色度测试。然后再分别以毛笔蘸取稀释后的杀虫剂溶液轻轻涂刷于模拟壁画上，壁画的颜料层基本上没有脱落的现象。溶液被壁画充分吸收后停止涂刷，静置于实验室中自然干燥即可。等待 1 天左右的时间即可进行施药后的微观拍照和色度测试。

**四、实验结果数据**

以对照组 1% 苦皮藤素、0.3% 丁子香酚、40% 阿维菌素矿物油、7.5% 鱼藤酮、0.5% 藜芦碱、1.3% 苦参碱、除虫菊素、茶粕、兔鼠羊鸟（禽）趋避忌食剂、0.5% 苦参碱·烟碱水剂和 1% 苦参碱·印楝素乳油分组分别记录初始状态放置 1 天后、放置 7 天后、放置 18 天后、放置 40 天后、放置 101 天后、放置 163 天后颜料的色度作为实验结果数据。

本方案选用 11 类比较成熟的植物源杀虫剂，研究其施用于颜料上之后的颜料色度变化情况，花青、酞青蓝、藤黄属于色度变化比较明显的颜料，而朱砂、朱磦、赭石、石青、碳黑等颜料的色度变化较小，比较稳定。大红、翡翠绿、湖蓝等颜料的色度变化波动较大，不同的植物源杀虫剂产生的变化大小不均。阿维菌素矿物油、鱼藤酮、藜芦碱、茶粕浸泡液属于致使颜料色度变化幅度较大的杀虫剂，苦皮藤素、兔鼠羊鸟（禽）趋避忌食剂、苦参碱、除虫菊素、苦参碱·烟碱水剂、苦参碱·印楝素乳油属于致使颜料色度变化幅度较小的杀虫剂。

关于颜料色度的变化与植物源杀虫剂浓度之间的关系，由于杀虫剂均使用水作为溶剂，一般来说，浓度较小的植物源杀虫剂中的水作为溶剂具有更大的几率溶解颜料。施用 0.25% 的苦皮藤素、阿维菌素矿物油、藜芦碱、苦参碱·印楝素乳油溶液的属于颜料色度的变化大于 0.5% 的溶液，施用 0.25% 的丁子香酚、鱼藤酮、苦参碱、除虫菊素、趋避忌食剂、苦参碱·烟碱水剂溶液的属于颜料色度的变化比较接近于 0.5% 的溶液，施用 0.5% 的茶粕浸泡液颜料的属于色度变化程度比较接近于 1% 的茶粕浸泡液。因此选择这些种类的杀虫剂优先选用浓度较大的类型。从杀虫效力的效果来看，浓度较大时，杀虫效力较大，因此所有的植物源杀虫剂都可以选用 0.5% 的溶液。

根据对植物源杀虫剂的杀虫效力分析，复合型杀虫剂的杀虫效力大于单一型杀虫剂的杀虫效力，因此这 11 种植物性杀虫剂中，杀虫效力比较强大的类型是苦参碱·印楝素乳油、苦参碱·烟碱水剂。综合颜料色度变化幅度、杀虫剂溶液浓度和杀虫效力，本方案筛选出的杀虫效力优良、副作用较小的植物源杀虫剂为 0.5% 苦参碱·印楝素乳油、0.5% 苦参碱·烟碱水剂溶液。

# 附录二：栖真观玉皇殿壁画病害图示符号

| 编 号 | 图示符号 | 名 称 | 符号说明 |
|---|---|---|---|
| 01 | 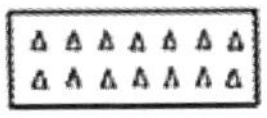 | 起甲 | 单个符号大小以 4mm² 为宜，间隔不小于 1mm。 |
| 02 | 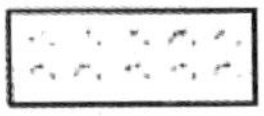 | 泡状起甲 | 单个符号大小以 4mm² 为宜，间隔不小于 1mm。 |
| 03 | 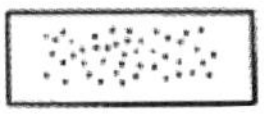 | 粉化 | 黑点直径以 0.5mm 为宜。 |
| 04 | 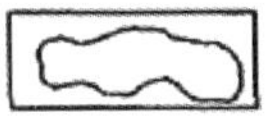 | 颜料层脱落 | 闭合曲线。 |
| 05 | 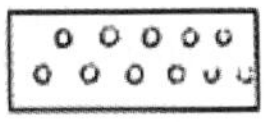 | 点状脱落 | 圆圈直径以 2mm 为宜，间隔不小于 1mm。 |
| 06 | 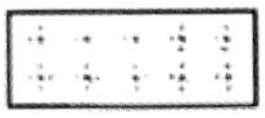 | 疱疹状脱落 | 单个符号大小以 4mm² 为宜，间隔不小于 1mm。 |
| 07 | 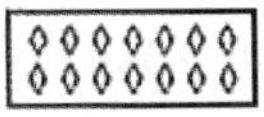 | 龟裂 | 4mm² 为宜，间隔不小于 1mm。 |
| 08 | 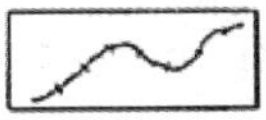 | 裂隙 | 长线随裂隙走向表示，短线以长 2mm、相隔 5mm 为宜。 |
| 09 | 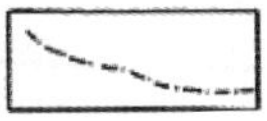 | 划痕 | 线段长 5mm，黑点直径与线段宽度一致，随划痕走向表示。 |
| 10 | 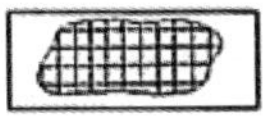 | 覆盖 | 平行线间隔以 3mm—5mm 为宜。 |

| 11 | | 涂写 | 单个符号大小以 10mm² 为宜，间隔不小于 1mm。 |
|---|---|---|---|
| 12 | | 烟熏 | 为 2mm 线段的闭合虚线。 |
| 13 | | 盐霜 | 单个符号大小以 4mm² 为宜，间隔不小于 1mm。 |
| 14 | | 酥碱 | 单个符号大小以 4mm² 为宜，间隔不小于 1mm。 |
| 15 | | 空鼓 | 平行线间隔以 3mm—5mm 为宜。 |
| 16 | | 地仗脱落 | 平行线间隔以 3mm—5mm 为宜。 |
| 17 | | 水渍 | 线段长以 2mm、平行间隔以 3mm—5mm 为宜。 |
| 18 | | 泥渍 | 线段长以 2mm、平行间隔以 3mm—5mm 为宜。 |
| 19 | | 动物损害 | 单个符号大小以 4mm² 为宜，间隔不小于 1mm。 |
| 20 | | 植物损害 | 随枝条或根系的走向、分布表示。对称短线长度以 1mm 为宜，分布均匀。 |
| 21 | | 微生物损害 | 单个符号大小以 4mm² 为宜，间隔不小于 1mm。 |

# 附录三：栖真观玉皇殿壁画病害图

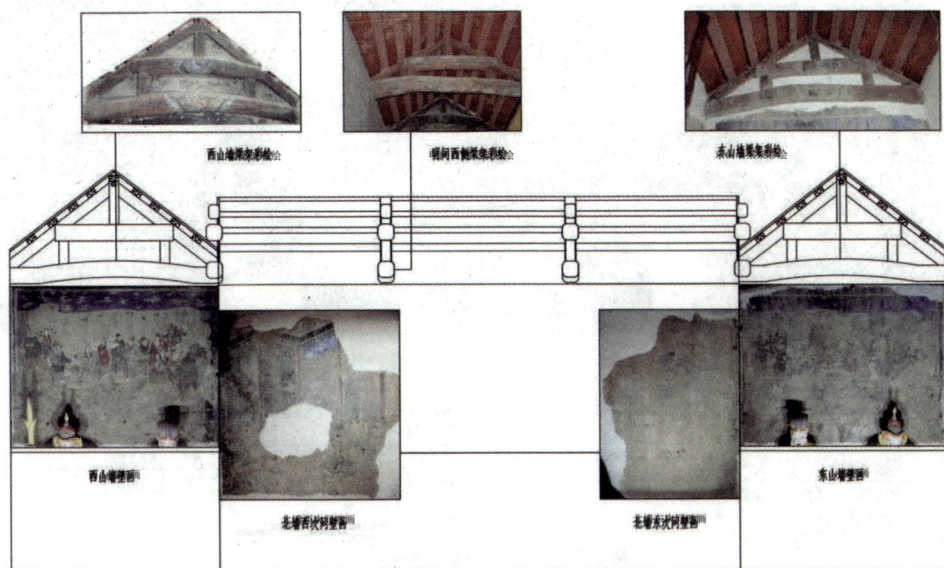

壁画、梁架彩绘位置示意图1:60

栖真观玉皇殿东墙壁画分区图

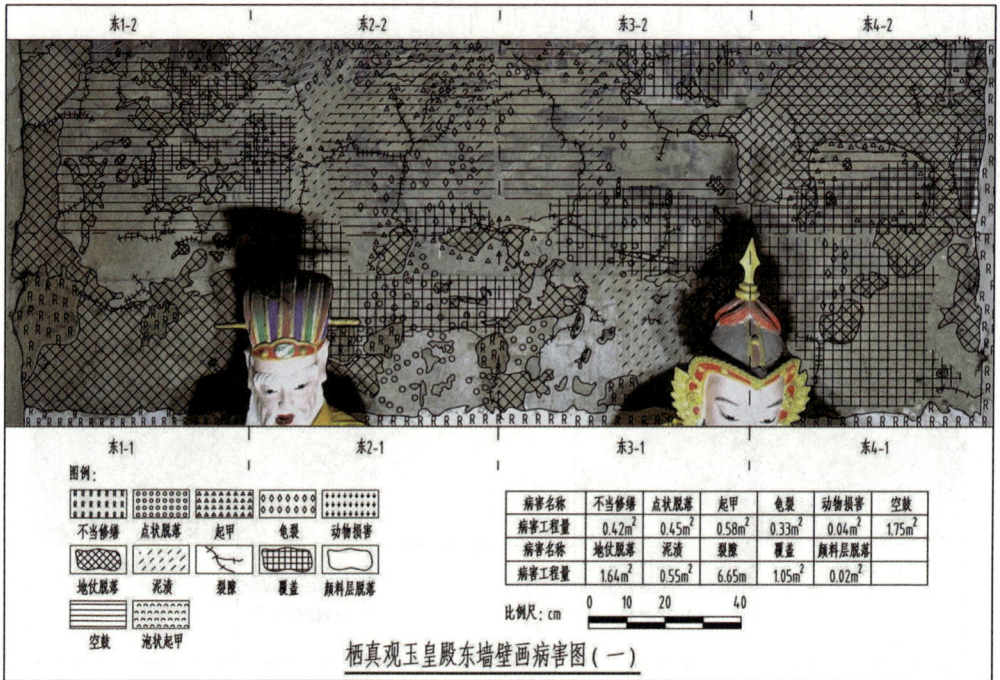

栖真观玉皇殿东墙壁画病害图（一）

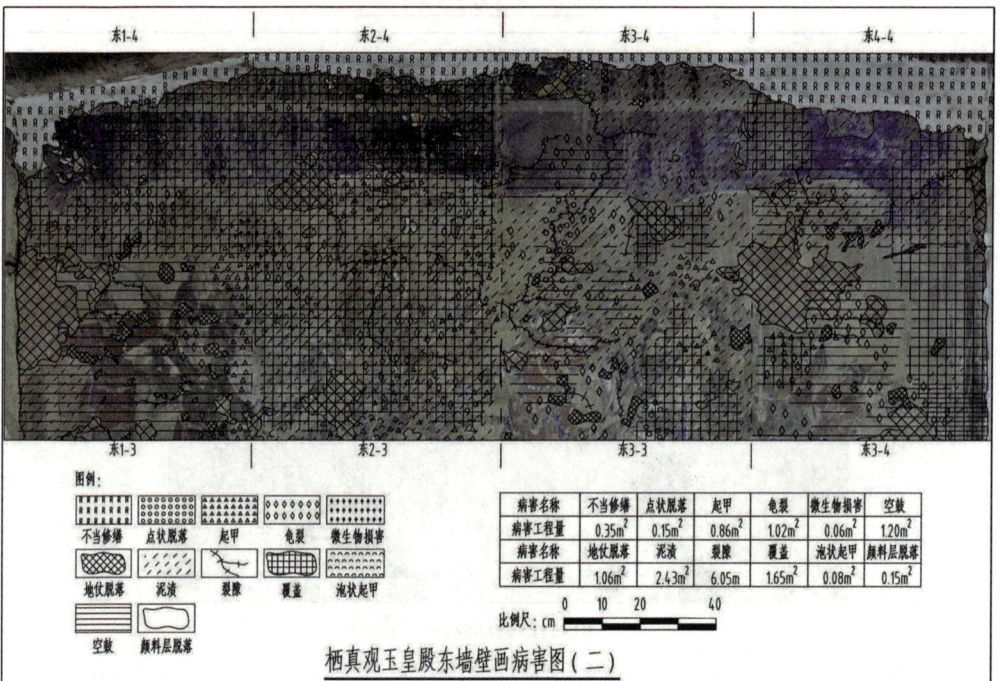

栖真观玉皇殿东墙壁画病害图（二）

栖真观玉皇殿西墙壁画分区图

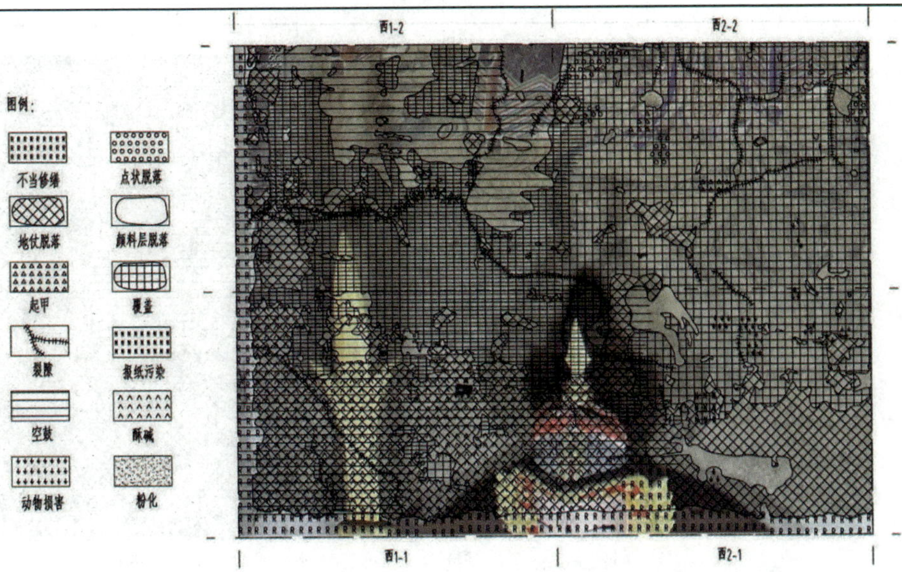

图上注记（自左上顺时针）：栖真观玉皇殿西墙壁画病害图（二）、栖真观玉皇殿西墙壁画病害图（四）、栖真观玉皇殿西墙壁画病害图（三）、栖真观玉皇殿西墙壁画病害图（一）

图例：
不当修缮　点状脱落
地仗脱落　颜料层脱落
起甲　覆盖
裂隙　报纸污染
空鼓　酥碱
动物损害　粉化

西1-2　西2-2
西1-1　西2-1

| 病害名称 | 不当修缮 | 地仗脱落 | 起甲 | 裂隙 | 空鼓 | 点状脱落 | 颜料层脱落 | 覆盖 | 报纸污染 | 酥碱 | 动物损害 | 粉化 |
|---|---|---|---|---|---|---|---|---|---|---|---|---|
| 病害工程量 | 0.22m² | 0.86m² | 0.05m² | 6.10m | 1.38m² | 0.03m² | 0.09m² | 1.52m² | 0.02m² | 0.56m² | 0.03m² | 0.02m² |

比例尺：cm　0　8　16　24　32

栖真观玉皇殿西墙壁画病害图（一）

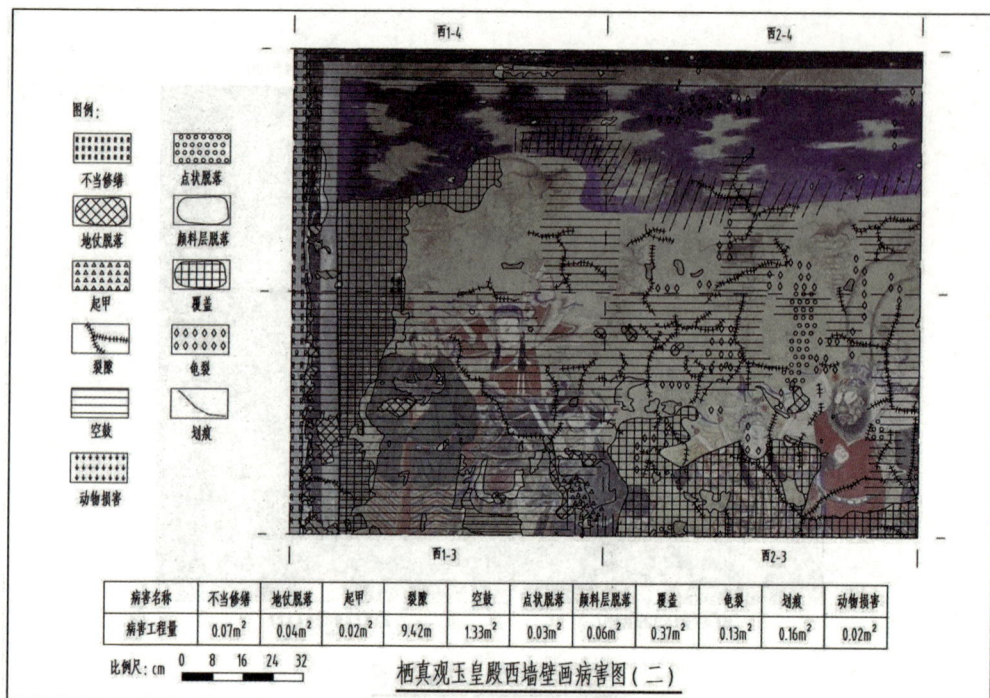

图例：
不当修缮　点状脱落
地仗脱落　颜料层脱落
起甲　覆盖
裂隙　龟裂
空鼓　划痕
动物损害

| 病害名称 | 不当修缮 | 地仗脱落 | 起甲 | 裂隙 | 空鼓 | 点状脱落 | 颜料层脱落 | 覆盖 | 龟裂 | 划痕 | 动物损害 |
|---|---|---|---|---|---|---|---|---|---|---|---|
| 病害工程量 | 0.07m² | 0.04m² | 0.02m² | 9.42m | 1.33m² | 0.03m² | 0.06m² | 0.37m² | 0.13m² | 0.16m² | 0.02m² |

比例尺：cm　0 8 16 24 32

**栖真观玉皇殿西墙壁画病害图（二）**

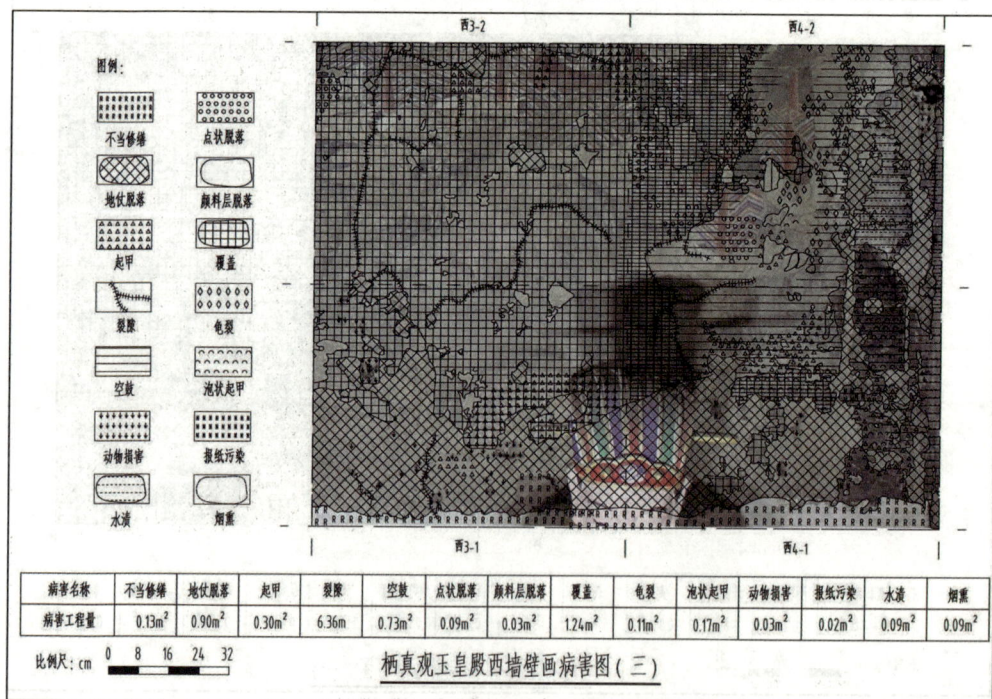

图例：
不当修缮　点状脱落
地仗脱落　颜料层脱落
起甲　覆盖
裂隙　龟裂
空鼓　泡状起甲
动物损害　揭纸污浆
水渍　烟熏

| 病害名称 | 不当修缮 | 地仗脱落 | 起甲 | 裂隙 | 空鼓 | 点状脱落 | 颜料层脱落 | 覆盖 | 龟裂 | 泡状起甲 | 动物损害 | 揭纸污浆 | 水渍 | 烟熏 |
|---|---|---|---|---|---|---|---|---|---|---|---|---|---|---|
| 病害工程量 | 0.13m² | 0.90m² | 0.30m² | 6.36m | 0.73m² | 0.09m² | 0.03m² | 1.24m² | 0.11m² | 0.17m² | 0.03m² | 0.02m² | 0.09m² | 0.09m² |

比例尺：cm　0 8 16 24 32

**栖真观玉皇殿西墙壁画病害图（三）**

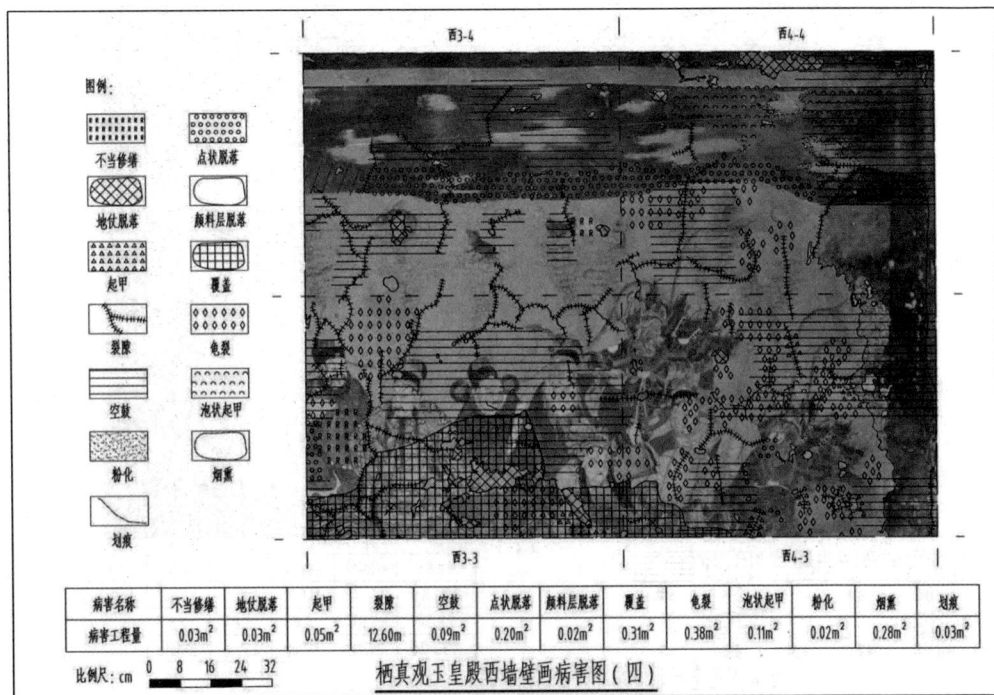

图例：

不当修缮　点状脱落
地仗脱落　颜料层脱落
起甲　　　覆盖
裂隙　　　龟裂
空鼓　　　泡状起甲
粉化　　　烟熏
划痕

| 病害名称 | 不当修缮 | 地仗脱落 | 起甲 | 裂隙 | 空鼓 | 点状脱落 | 颜料层脱落 | 覆盖 | 龟裂 | 泡状起甲 | 粉化 | 烟熏 | 划痕 |
|---|---|---|---|---|---|---|---|---|---|---|---|---|---|
| 病害工程量 | 0.03m² | 0.03m² | 0.05m² | 12.60m | 0.09m² | 0.20m² | 0.02m² | 0.31m² | 0.38m² | 0.11m² | 0.02m² | 0.28m² | 0.03m² |

比例尺：cm 0 8 16 24 32

**栖真观玉皇殿西墙壁画病害图（四）**

栖真观玉皇殿北墙东次间壁画病害图（二）

栖真观玉皇殿北墙东次间壁画病害图（一）

**栖真观玉皇殿北墙东次间壁画分区图**

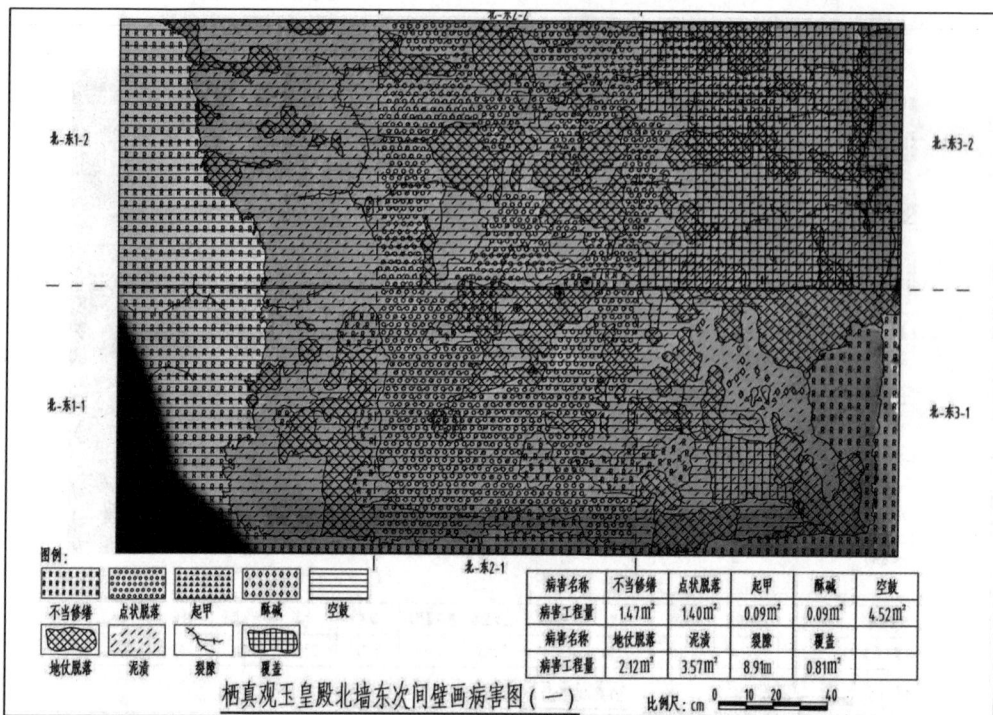

图例：

| 不当修缮 | 点状脱落 | 起甲 | 酥碱 | 空鼓 |
|---|---|---|---|---|

| 地仗脱落 | 泥渍 | 裂隙 | 覆盖 |
|---|---|---|---|

| 病害名称 | 不当修缮 | 点状脱落 | 起甲 | 酥碱 | 空鼓 |
|---|---|---|---|---|---|
| 病害工程量 | 1.47m² | 1.40m² | 0.09m² | 0.09m² | 4.52m² |
| 病害名称 | 地仗脱落 | 泥渍 | 裂隙 | 覆盖 | |
| 病害工程量 | 2.12m² | 3.57m² | 8.91m | 0.81m² | |

**栖真观玉皇殿北墙东次间壁画病害图（一）** 比例尺：cm  0 10 20 40

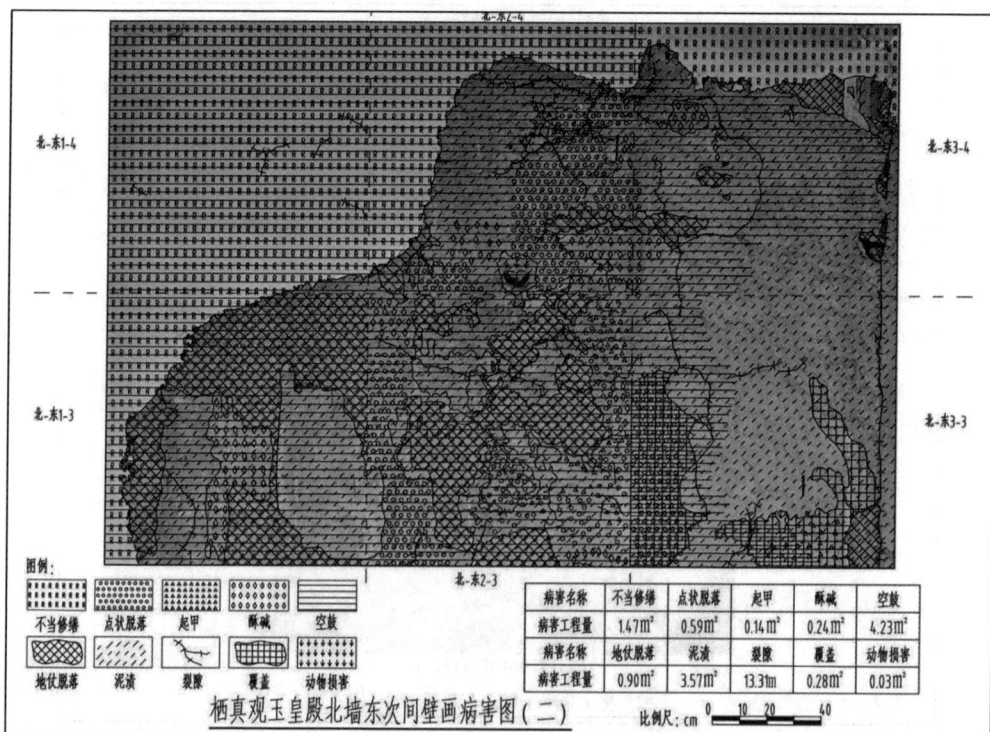

图例：

| 不当修缮 | 点状脱落 | 起甲 | 酥碱 | 空鼓 |
|---|---|---|---|---|

| 地仗脱落 | 泥渍 | 裂隙 | 覆盖 | 动物损害 |
|---|---|---|---|---|

| 病害名称 | 不当修缮 | 点状脱落 | 起甲 | 酥碱 | 空鼓 |
|---|---|---|---|---|---|
| 病害工程量 | 1.47m² | 0.59m² | 0.14m² | 0.24m² | 4.23m² |
| 病害名称 | 地仗脱落 | 泥渍 | 裂隙 | 覆盖 | 动物损害 |
| 病害工程量 | 0.90m² | 3.57m² | 13.31m | 0.28m² | 0.03m² |

**栖真观玉皇殿北墙东次间壁画病害图（二）** 比例尺：cm  0 10 20 40

栖真观玉皇殿北墙西次间壁画病害图（二）

栖真观玉皇殿北墙西次间壁画病害图（一）

**栖真观玉皇殿北墙西次间壁画分区图**

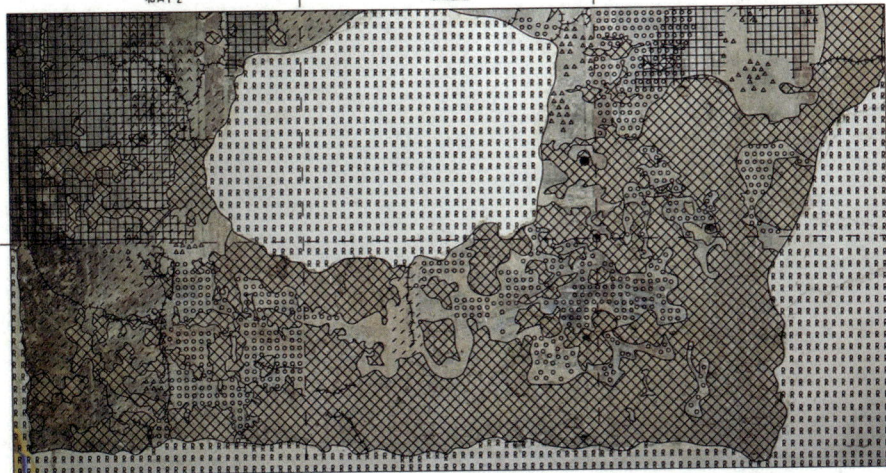

| 病害名称 | 不当修缮 | 点状脱落 | 起甲 | 酥碱 | 地仗脱落 | 泥渍 | 覆盖 | 裂隙 |
|---|---|---|---|---|---|---|---|---|
| 病害工程量 | 2.60m² | 1.42m² | 0.25m² | 0.25m² | 4.05m² | 1.29m² | 1.15m² | 7.16m |

图例：

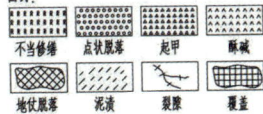

不当修缮　　点状脱落　　起甲　　酥碱

地仗脱落　　泥渍　　裂隙　　覆盖

比例尺：cm　0　10　20　40

**栖真观玉皇殿北墙西次间壁画病害图（一）**

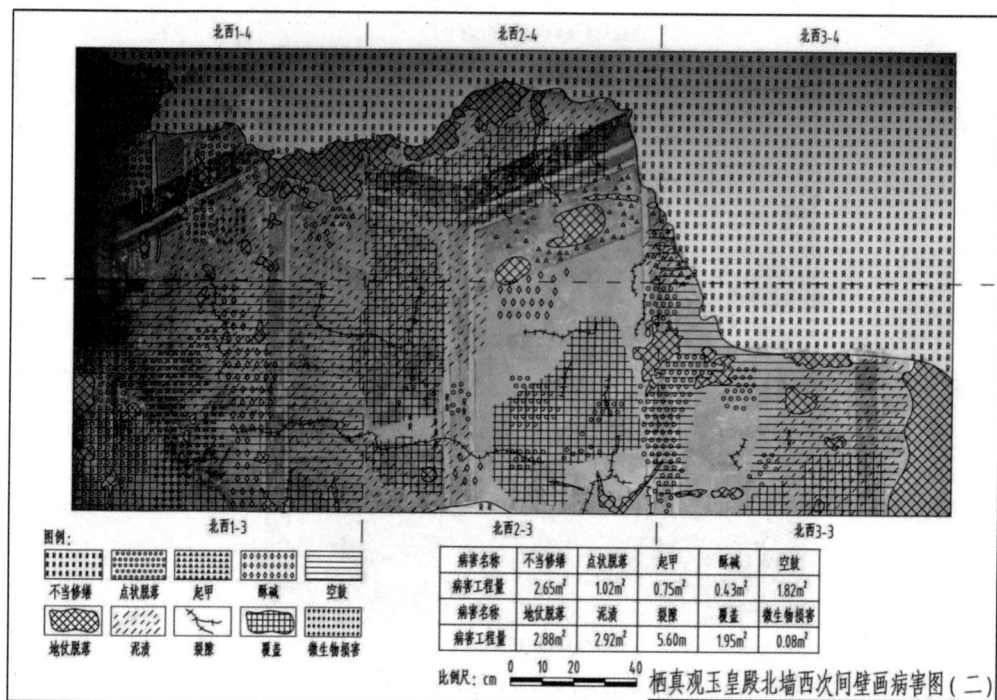

| 病害名称 | 不当修缮 | 点状脱落 | 起甲 | 酥碱 | 空鼓 |
|---|---|---|---|---|---|
| 病害工程量 | 2.65m² | 1.02m² | 0.75m² | 0.43m² | 1.82m² |
| 病害名称 | 地仗脱落 | 泥渍 | 裂隙 | 覆盖 | 微生物损害 |
| 病害工程量 | 2.88m² | 2.92m² | 5.60m | 1.95m² | 0.08m² |

栖真观玉皇殿北墙西次间壁画病害图（二）

# 附录四：（WW/T 0006—2007）古代壁画现状调查规范

A16
备案号：23614-2008

**WW**

# 中华人民共和国文物保护行业标准

WW/T 0006-2007

---

## 古代壁画现状调查规范

Specification for condition survey of ancient murals

2008-02-29 发布                    2008-03-01 实施

中华人民共和国国家文物局        发 布

中华人民共和国文物保护行业标准

**古代壁画现状调查规范**

Specification for condition survey of ancient murals

WW/T 0006-2007

\*

中华人民共和国国家文物局主编

文物出版社出版发行

（北京市东城区东直门内北小街 2 号楼）

http://www.wenwu.com

E-mail:web@wenwu.com

北京达利天成印刷公司印刷

新 华 书 店 经 销

\*

开本：880 毫米 × 1230 毫米　1/16

印张：1.25

2008 年 7 月第 1 版　2008 年 7 月第 1 次印刷

统一书号：115010 · 1768　定价：18.00 元

WW/T 0006—2007

# 古代壁画现状调查规范

## 1 范围

本标准规定了古代壁画现状调查的工作内容、工作程序、工作方法和现状调查报告的相关格式。

本标准适用于我国古文化遗址、古墓葬、古建筑、石窟寺、近现代建（构）筑物的壁画以及馆藏壁画的病害调查和壁画保护修复工程。

## 2 规范性引用文件

下列文件中的条款通过本标准的引用而成为本标准的条款。凡是注日期的引用文件，其随后所有的修改单（不包括勘误的内容）或修订版均不适用于本标准，然而，鼓励根据本标准达成协议的各方研究是否可使用这些文件的最新版本。凡是不注日期的引用文件，其最新版本适用于本标准。

WW/T 0001-2007 古代壁画病害与图示

## 3 术语和定义

WW/T 0001-2007确立的以及下列术语和定义适用于本标准。

### 3.1

**现状调查 condition survey**

对壁画保存现状的记录以及对壁画保存产生影响的各种因素，如壁画赋存环境条件、壁画结构与制作材料、人为干预历史等的考察和分析。内容包括：前期调查、环境调查、测绘、摄影、壁画病害调查、壁画制作材料及工艺分析。

### 3.2

**价值评估 value assessment**

对古代壁画所具有的历史价值、艺术价值和科学价值所进行的评估。

## 4 现状调查

### 4.1 壁画价值评估调查

#### 4.1.1 价值评估调查方法

通过文献调研、现场调查、考古研究等方法了解并逐渐认识保护对象的价值所在。

#### 4.1.2 壁画历史价值包括：

a) 因某种重要历史原因而绘制，并真实地反映了这种历史实际；
b) 真实反映某重要事件或重要人物活动的壁画；
c) 反映了某一历史时期的物质生产、生活方式、思想观念、风俗习惯等；
d) 可以证实、订正、补充文献的史实；
e) 年代和类型独特珍稀，或在同一类型中具有代表性；
f) 能够反映出壁画历史的发展变化。

#### 4.1.3 壁画艺术价值包括：

a) 绘画风格独特，具有鲜明的地域性、阶段性、民族性等个性特征，或在同一类型中具有代表性；
b) 具有被当前或以往，或是部分区域内民众的审美要求和审美倾向所认可的审美效果；
c) 在年代、类型、题材、形式、工艺等方面具有创意的构思和表现手法。

#### 4.1.4 壁画科学价值专指在科学史和技术史方面的价值，体现在：

1

WW/T 0006—2007

# 目　次

WW/T 0006—2007

# 前　言

本标准的附录F为规范性附录，附录A、附录B、附录C、附录D、附录E为资料性附录。

本标准由中华人民共和国国家文物局提出。

本标准由全国文物保护标准化技术委员会(SAC/TC289)归口。

本标准起草单位：敦煌研究院。

本标准主要起草人：王旭东、陈港泉、樊再轩、苏伯民、段修业、汪万福、王小伟、傅鹏、徐淑青、薛平、范宇权。

本标准是首次发布。

WW/T 0006—2007

# 古代壁画现状调查规范

## 1 范围

本标准规定了古代壁画现状调查的工作内容、工作程序、工作方法和现状调查报告的相关格式。

本标准适用于我国古文化遗址、古墓葬、古建筑、石窟寺、近现代建（构）筑物的壁画以及馆藏壁画的病害调查和壁画保护修复工程。

## 2 规范性引用文件

下列文件中的条款通过本标准的引用而成为本标准的条款。凡是注日期的引用文件，其随后所有的修改单（不包括勘误的内容）或修订版均不适用于本标准，然而，鼓励根据本标准达成协议的各方研究是否可使用这些文件的最新版本。凡是不注日期的引用文件，其最新版本适用于本标准。

WW/T 0001-2007  古代壁画病害与图示

## 3 术语和定义

WW/T 0001-2007确立的以及下列术语和定义适用于本标准。

### 3.1

**现状调查**  condition survey

对壁画保存现状的记录以及对壁画保存产生影响的各种因素，如壁画赋存环境条件、壁画结构与制作材料、人为干预历史等的考察和分析。内容包括：前期调查、环境调查、测绘、摄影、壁画病害调查、壁画制作材料及工艺分析。

### 3.2

**价值评估**  value assessment

对古代壁画所具有的历史价值、艺术价值和科学价值所进行的评估。

## 4 现状调查

### 4.1 壁画价值评估调查

#### 4.1.1 价值评估调查方法

通过文献调研、现场调查、考古研究等方法了解并逐渐认识保护对象的价值所在。

#### 4.1.2 壁画历史价值包括：

a) 因某种重要历史原因而绘制，并真实地反映了这种历史实际；

b) 真实反映某重要事件或重要人物活动的壁画；

c) 反映了某一历史时期的物质生产、生活方式、思想观念、风俗习惯等；

d) 可以证实、订正、补充文献的史实；

e) 年代和类型独特珍稀，或在同一类型中具有代表性；

f) 能够反映出壁画历史的发展变化。

#### 4.1.3 壁画艺术价值包括：

a) 绘画风格独特，具有鲜明的地域性、阶段性、民族性等个性特征，或在同一类型中具有代表性；

b) 具有被当前或以往，或是部分区域内民众的审美要求和审美倾向所认可的审美效果；

c) 在年代、类型、题材、形式、工艺等方面具有创意的构思和表现手法。

#### 4.1.4 壁画科学价值专指在科学史和技术史方面的价值，体现在：

1

WW/T 0006—2007

a) 壁画中表现或记录了重要的科学技术资料；

b) 壁画结构、材料、工艺，以及它们所代表的当时科学技术水平，或科学技术发展过程中的重要环节。

## 4.2 前期调查

4.2.1 调查壁画及其支撑体的材质与结构。

4.2.2 调查、了解壁画病害种类及其分布。

4.2.3 调查壁画的自然和人为影响情况，壁画保存状况，壁画所在单位的开放、管理状况。

4.2.4 调查、收集与壁画有关的历史文献，并对其价值做出评估。

## 4.3 环境调查

4.3.1 采取收集文献资料、现场调查或监测的方式，采集与被保护对象密切相关的气候、水文、地质环境等信息或数据。

4.3.2 壁画依托的建（构）筑物所处大环境气象数据采集

采集项目内容包括：温湿度，降水量，风速、风向，光照度。

4.3.3 地质环境调查

调查项目包括：地层，地层岩性，地质结构构造，不良地质现象，地下水环境。

4.3.4 壁画依存的（室内）小环境气象数据采集

4.3.4.1 采集项目内容包括：温湿度，壁画支撑体水汽状况，光照度。

4.3.4.2 数据采集探头布置。以水平和垂直方向布点，布点方法和数量以能够反映出壁画所处环境状况为原则。

4.3.5 气象监测时段。对壁画依托的建（构）筑物所处大环境和壁画依存的气象小环境应进行不少于一年的连续监测，风速、风向、温湿度数据采集时间间隔不应长于30分钟。

4.3.6 气象环境监测应采用规范的记录格式。记录格式参见附录A。

4.3.7 对环境监测取得的数据进行处理，应得出各气象数据日、月、年的极值、均值，得出地质调查结论，提交环境调查报告。

4.3.8 有特殊需要还可进行空气质量指数或其他有害气体的监测，如悬浮颗粒物、二氧化硫、氮氧化物、二氧化碳等项目。

## 4.4 测绘

4.4.1 测绘图种类。对被保护对象所依托的建（构）筑物进行平、剖（纵、横）面图测绘以及壁画所依托的各壁面展开图测绘。条件允许也可进行平面投影图测绘。

4.4.2 测绘图比例。根据被保护对象所依托的建筑体量的大小，平、剖（纵、横）面图和各壁面展开图比例尺一般选择1：5至1：200范围。平、剖（纵、横）面测绘图幅面的大小不应小于A4纸（297mm × 210mm）幅面，各壁面展开图不宜小于A4纸幅面。

4.4.3 测量精度。不同比例尺的测绘图，其测量精度应满足表1。

### 表1 测量精度要求

| 比例 | 1：5 | 1：10 | 1：20 | 1：50 | 1：50 | 1：100 | 1：200 |
|---|---|---|---|---|---|---|---|
| 精度% | ≤0.1 | ≤0.2 | ≤0.25 | ≤0.3 | ≤0.4 | ≤0.5 | ≤0.6 |

4.4.4 测绘设备。根据条件和现场状况，可以选择小平板仪、全站仪、三维扫描仪、近景数字摄影等方式进行单独或组合测量，应尽量选择精度好、自动化程度高的工具。

4.4.5 其他要求。各测绘图应采用字号合适的宋体字标明该图的名称，有方向指示（平面图）、线

2

段比例尺。图注框中应有测量单位、图名、项目名称、测绘人、校核人、审定人、图纸编号、测绘时间、数字比例尺等内容。字号、字体、字的编排以清晰明了为原则。附录B列出了几种测绘图的示例。

### 4.5 摄影

4.5.1 相机选择与摄影方式。使用数码照相机全景摄影方式记录壁画的原始状况。

4.5.2 相机镜头选择。宜采用35mm或50mm标准镜头。

4.5.3 拍摄精度。拍摄对象实际分辨率不应低于75dpi。

4.5.4 光源要求。光拍摄应使用恒定色温光源，色温值宜在5500K左右。拍摄区域布光应均匀。

4.5.5 拍摄时应保持相机的水平或与拍照壁面垂直。

4.5.6 对于壁画壁面较大，一幅照片拍摄不能满足精度要求时，应对壁面分区域并编号，按照一定的顺序依次拍照。拍照按4.5.1至4.5.5的步骤进行。

4.5.7 摄影过程应采用规范的记录格式。记录格式参见附录C。

4.5.8 应建立调查对象摄影记录档案。记录档案中还应有按照4.5.1至4.5.5的步骤进行的、配置色标卡和标尺的壁画照片。

### 4.6 壁画病害调查

4.6.1 目的。调查壁画病害种类和分布状况等现状，以图示和文字的形式进行说明。

4.6.2 调查方式。可根据条件选择计算机绘制或手工绘制壁画病害。

4.6.3 计算机绘制壁画病害图

4.6.3.1 宜采用AUTOCAD、CorelDRAW等适用的软件作为病害标识数字化的工具，以壁画整幅数码相机拍照的、无变形的图片作为底图，嵌入相应的壁面测绘展开图中。

4.6.3.2 对壁面测绘展开图建立平面直角坐标系，原点位置的确定取决于是否较易测量和计算，一般以壁面左下角为原点，与地面交界线为X轴。

4.6.3.3 通过现场调查，按照WW/T 0001-2007中规定的图例辅以计算机绘制的方式完成不同病害标注。

4.6.3.4 每一种病害单独作为一个图层。

4.6.3.5 若壁画面积较大，可以对壁面进行等距离网格划分并编号，分区域进行计算机绘制壁画病害。步骤按4.6.3.1至4.6.3.4进行。

4.6.4 手工绘制壁画病害图

4.6.4.1 打印出需要进行壁画病害现状调查的整幅壁画图片（不宜小于A4规格纸张的大小）。

4.6.4.2 将透明的薄膜纸覆盖于打印出的壁画图片上，在薄膜纸上框画出所要调查的壁画的四周以固定薄膜纸的位置。

4.6.4.3 按照WW/T 0001-2007中规定的图例在薄膜纸上标出壁画病害。

4.6.4.4 如果壁画的壁面面积较大，可以将4.4形成的壁面测绘展开图按适合拍照的区域进行划分、编号，对各区域拍照后打印出来（不宜小于A4规格纸张的大小），再将透明的薄膜纸覆盖于打印出的照片上，按4.6.4.3的要求进行壁画病害详细调查。

4.6.4.5 手工绘制壁画病害时可以根据壁画病害情况，以清晰明了为原则，有选择地绘制几种病害于一张图上。

4.6.5 壁画病害详细调查图中要标注调查单位、项目名称、图名、图例、线段比例尺、调查、制图、校核、审定、图纸编号、调查日期等项目。字号、字体、字的编排以清晰明了为原则。附录D列出了采用计算机和手工绘制壁画病害调查图的示例。

4.6.6 壁画详细调查应根据情况附有能反映出壁画病害特征的、清晰的图片。图片应配有比例尺、色标卡。

### 4.7 壁画制作材料及工艺分析

4.7.1 分析取样

WW/T 0006—2007

4.7.1.1 取样原则。根据保护修复工作的需要确定取样的位置，再根据可能采用的分析方法来确定取样量。取样应选择壁画的破损或不重要的画面部位。宜采用无损分析方法。

4.7.1.2 取样方法。针对不同的研究目标决定取样的方法，可取块状、粉末状样品。对壁画支撑体和地仗层可以采用钻孔取样的方法。取样前根据壁画的保存现状，可采用适当的方法对壁画表面进行清理。

4.7.1.3 样品的编号。编号可以英文、拼音字母加序号来反映保护对象、样品种类等信息。

4.7.1.4 样品记录。记录内容包括项目名称、取样目的、取样者、取样时间、样品编号、取样位置、样品描述、取样方法、分析方法等，应配有必要的取样位置照片（照片应附有比例尺和色标卡）。取样记录表参见附录 E。取样位置和编号应在数字或打印出的壁面图中标示。

4.7.2 样品分析

4.7.2.1 壁画底色层和颜料层的分析。应解析壁画底色层、颜料层的结构和组成。

4.7.2.2 壁画地仗层的分析。应解析地仗层结构，并根据地仗层存在状况的不同，有选择地进行地仗层物理力学性质测试（密度，颗粒密度，粒径，加筋材料含量，孔隙率，含水量，界限含水量，收缩性，膨胀性，力学强度等）和化学分析（化学全分析，可溶盐的种类、含量及分布等）。

4.7.2.3 壁画支撑体的分析。根据支撑体的不同，有选择地进行支撑体的物理力学性质测试（密度，颗粒密度，粒径，孔隙率，含水量，界限含水量，收缩性，膨胀性，力学强度等）及化学分析（化学全分析、岩相分析，可溶盐的种类、含量及分布）。应分析馆藏壁画支撑体的物理化学特性。

4.7.3 壁画色度监测。宜对壁画画面中主要颜色的色度进行测定。

## 4.8 现状调查报告编写格式

4.8.1 现状调查报告内容：

a) 应有委托单位、承担单位、技术负责人、项目负责人、报告编写人、报告审核人、主要参加人员等内容；

b) 用于保护修复工程的现状调查报告应附有现状调查承担单位的文物保护工程勘察设计资质证书；

c) 调查内容。包括：基本状况（自然和人为影响情况，开放、管理状况，历史保护记录调查等）、调查对象价值评估、环境调查结果、调查对象测绘图、壁画病害调查结果（图）、壁画制作材料与工艺研究结果等；

d) 现状调查报告应有评估、结论及建议。

4.8.2 现状调查报告封面格式应遵照附录 F，幅面尺寸为 210mm × 297mm，即 A4 规格的纸张尺寸。封面格式根据字数的多少选择字号、字体，并进行适宜编排。现状调查报告正文以宋体、小四号字进行适宜的编排。

4

附录　A

（资料性附录）

壁画现状调查——气象环境监测记录表格式

表A.1列出了一种壁画现状调查——气象环境监测记录表的格式。

表A.1　××××（调查对象）壁画现状调查——气象环境监测记录表

| 序号 | 监测探头类型 | 放置时间 | 放置位置 | 采集频率 | 放置人 | 备注 |
|------|------------|---------|---------|---------|-------|------|
|      |            |         |         |         |       |      |
|      |            |         |         |         |       |      |
|      |            |         |         |         |       |      |
|      |            |         |         |         |       |      |

5

WW/T 0006—2007

附录　B

（资料性附录）

洞窟测绘图示例

图 B.1、B.2、B.3 分别列出了洞窟平面测绘图、洞窟纵剖面图、洞窟壁面展开图的绘制样式。

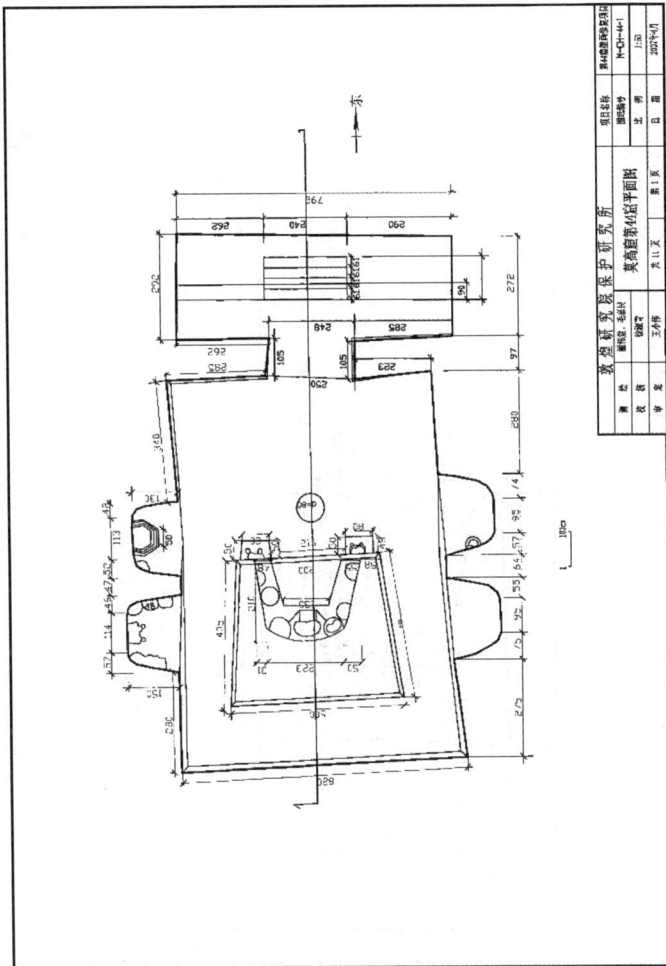

图 B.1　洞窟平面测绘示例图

6

WW/T 0006—2007

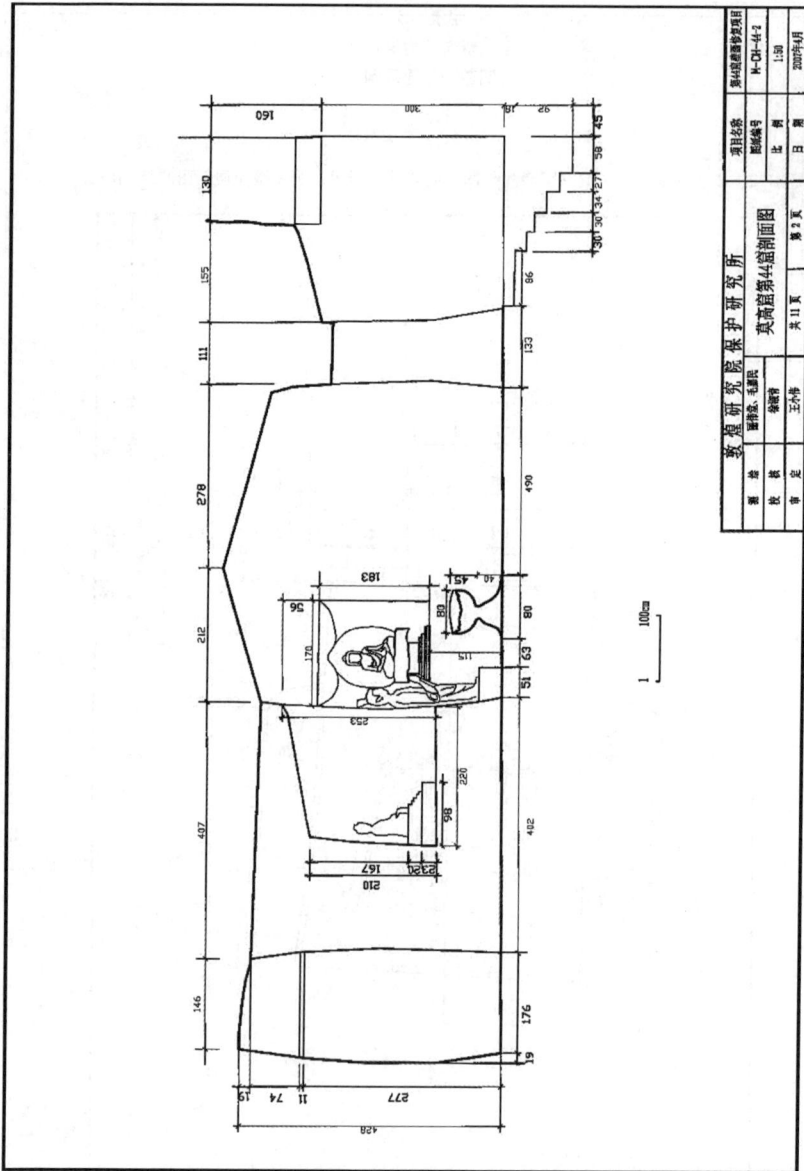

图B.2 洞窟纵剖面示例图

7

WW/T 0006—2007

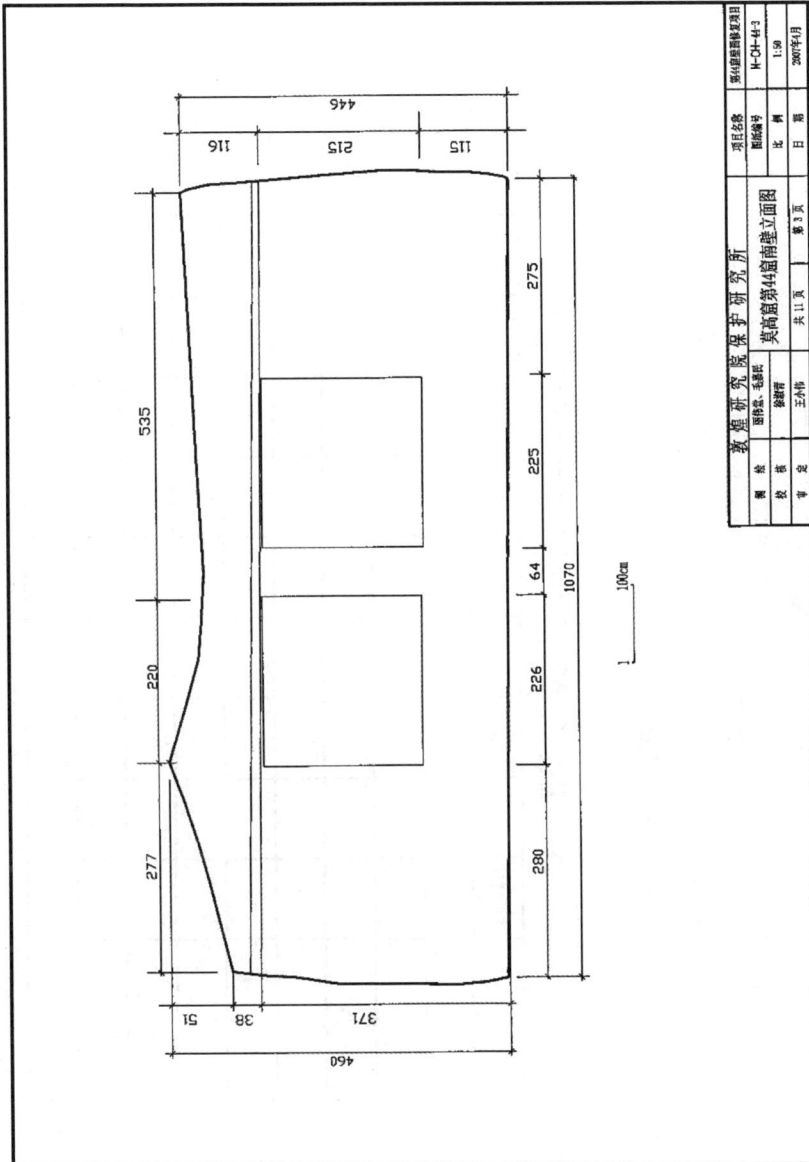

图 B.3 洞窟壁面展开图示例图

WW/T 0006—2007

附录 C

（资料性附录）

壁画现状调查——摄影调查记录表格式

表C.1列出了一种壁画现状调查——摄影调查记录表的格式。

表C.1 ××××（调查对象）壁画现状调查——摄影调查记录表

| 序号 | 编号 | 相机型号 | 镜头 | 焦距 | 曝光时间 | 光圈 | 拍摄距离 | 拍摄时间 | 拍摄位置 | 光源 | 拍摄人 | 备注 |
|---|---|---|---|---|---|---|---|---|---|---|---|---|
|  |  |  |  |  |  |  |  |  |  |  |  |  |
|  |  |  |  |  |  |  |  |  |  |  |  |  |
|  |  |  |  |  |  |  |  |  |  |  |  |  |
|  |  |  |  |  |  |  |  |  |  |  |  |  |
|  |  |  |  |  |  |  |  |  |  |  |  |  |
|  |  |  |  |  |  |  |  |  |  |  |  |  |
|  |  |  |  |  |  |  |  |  |  |  |  |  |
|  |  |  |  |  |  |  |  |  |  |  |  |  |
|  |  |  |  |  |  |  |  |  |  |  |  |  |
|  |  |  |  |  |  |  |  |  |  |  |  |  |

9

WW/T 0006—2007

附录 D
(资料性附录)
壁画病害现状调查图示例

图 D.1、D.2 分别列出了采用计算机和手工绘制的壁画病害现状调查图的样式。

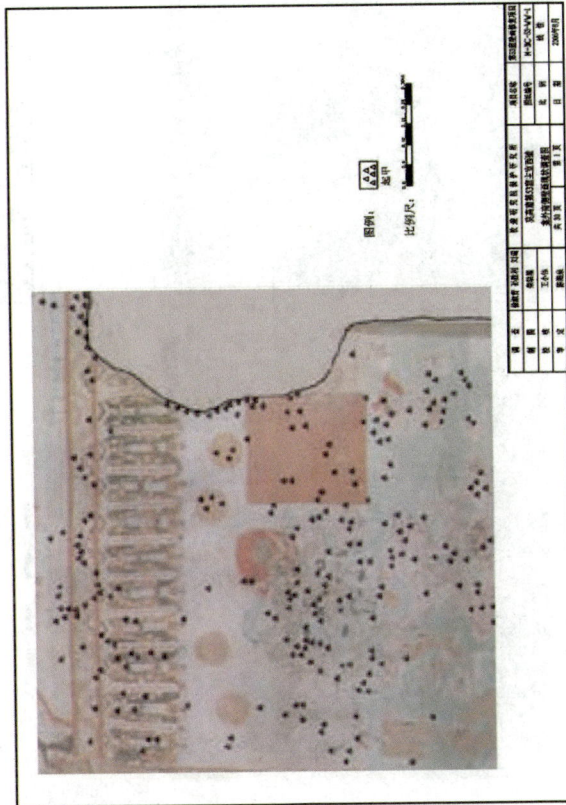

图 D.1 计算机绘制的壁画病害现状调查图示例

10

199

WW/T 0006—2007

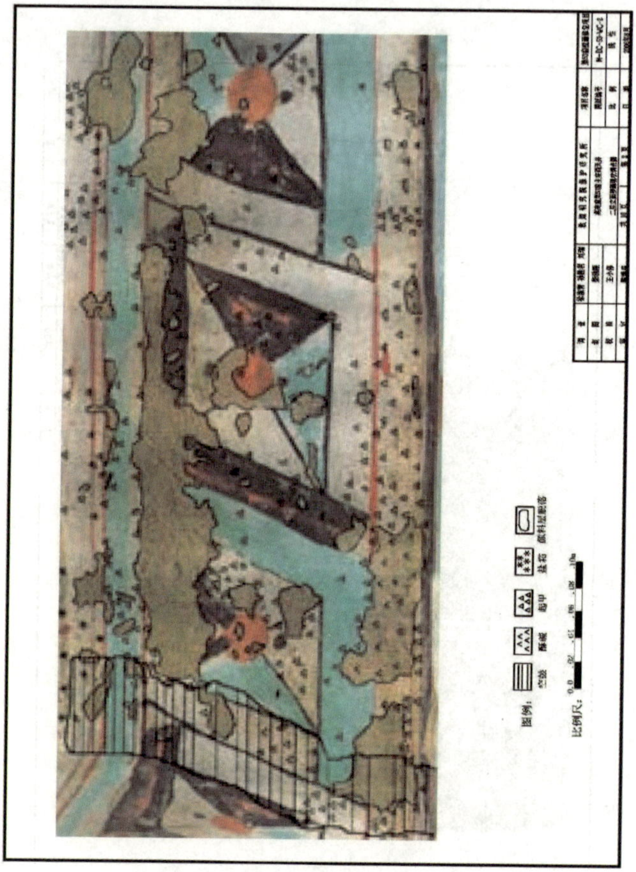

图 D.2 手工绘制的壁画病害现状调查图示例

11

WW/T 0006—2007

附录　E

（资料性附录）

壁画现状调查——取样记录表格式

表E.1列出了一种壁画壁画现状调查——取样记录表格式。

表E.1　××××（调查对象）壁画现状调查——取样记录表

取样人：　　　　　　　　　　　　　　　取样时间：

| 序号 | 编号 | 取样目的 | 取样位置 | 样品描述 | 取样方式 | 分析方法 | 样品照片编号 | 备注 |
|---|---|---|---|---|---|---|---|---|
|  |  |  |  |  |  |  |  |  |
|  |  |  |  |  |  |  |  |  |
|  |  |  |  |  |  |  |  |  |
|  |  |  |  |  |  |  |  |  |
|  |  |  |  |  |  |  |  |  |
|  |  |  |  |  |  |  |  |  |
|  |  |  |  |  |  |  |  |  |
|  |  |  |  |  |  |  |  |  |

12

WW/T 0006—2007

附录　F
(规范性附录)
壁画现状调查报告封面格式

×××× (调查对象)

壁画现状调查报告

×××××××(承担单位)

××××年××月
中华人民共和国国家文物局制

13

WW/T 0006—2007

## 参考文献

[1]  《中国文物古迹保护准则》，国际古迹遗址理事会中国国家委员会，2000 年 10 月，承德。

14